重庆工商大学财经文库

CHONGQING GONGSHANG DAXUE CAIJING WENKU

西南财经大学出版社重庆工商大学分社　策划

基于熵定律的人口分布与再分布机制研究

Research on the Mechanism of Population Distribution and
Redistribution Based on the Entropy Law

史学斌　著

西南财经大学出版社
Southwestern University of Finance & Economics Press

图书在版编目(CIP)数据

基于熵定律的人口分布与再分布机制研究/史学斌著.—成都:西南财经大学出版社,2012.5
ISBN 978 - 7 - 5504 - 0233 - 1

Ⅰ.①基… Ⅱ.①史… Ⅲ.①人口分布—研究 Ⅳ.①C922

中国版本图书馆 CIP 数据核字(2011)第 061487 号

基于熵定律的人口分布与再分布机制研究

史学斌 著

责任编辑:李特军
装帧设计:杨红鹰
责任印制:封俊川

出版发行	西南财经大学出版社(四川省成都市光华村街55号)
网 址	http://www.bookcj.com
电子邮件	bookcj@foxmail.com
邮政编码	610074
电 话	028 - 87353785 87352368
照 排	四川胜翔数码印务设计有限公司
印 刷	郫县犀浦印刷厂
成品尺寸	148mm×210mm
印 张	11.375
字 数	290 千字
版 次	2012 年 5 月第 1 版
印 次	2012 年 5 月第 1 次印刷
书 号	ISBN 978 - 7 - 5504 - 0233 - 1
定 价	32.00 元

总序

在过去的半个多世纪以来，伴随祖国的发展和重庆地方经济的不断增长，不管是响应 20 世纪 60 年代国家提出的"调整、巩固、充实、提高"倡导教学与生产劳动相结合，还是直接参与 20 世纪 80 年代地方财贸系统恢复建设的过程，直至 21 世纪，重庆工商大学审时度势，进一步明确办学目标定位，凝练鲜明的财经特色和与时俱进的商科优势。重庆工商大学学人从来没有停滞过对科学真理的探索和对自身使命的躬身实践。学校一批又一批的青年学者，他们具有国际化视野，醉心于财经科学研究，重视借鉴东西方前沿的学术理论与丰富的文化内涵；他们关注国计民生，身体力行，襟怀巴渝，以科学、真知的学人风范，亲身参与地方经济社会建设，让理论之花在实践中绽放，广大教师在教学耕耘与学术研究中收获了累累硕果。科学研究——这一党和人民赋予高等院校的使命和事业，在重庆工商大学得到了蓬勃发展。这其中，凝聚着几代学人的智慧，闪耀着创新的光芒！

理论从来就是为适应社会经济进步的需要而产生的，而最终又要服务于客观实践。结合近年来我校在财经学科学术理论的探索，我们遴选了一批我校中青年学者两年来在财经研究领域的部分优秀成果，以自由申报、匿名评审、多方资助、统一出版的方式，与西南财经大学出版社合作统一出版一批经济学、管理学专著，形成"重庆工商大学财经文库"。

首批汇集到"文库"的专著共 12 部，这批著作具有以下突出的特点：

一是力推新人。入选"文库"成果的作者，均系我校近年引进或培养的中青年博士。他们毕业于不同的重点大学，绝大多数有名师、严师学缘，对学术前沿动态有敏锐的把握；他们工作在我校教学科研工作第一线，对社会现实有深刻认识，具有较高的理论素养和较强的科研能力。诚然，现在他们并非学界泰斗、名师名家，但他们具有强烈的创新精神、开拓意识和发展潜力，可以预见，他们必将是学校未来学术、学科发展的新鲜血液和中流砥柱。"文库"首批推出他们的成果，旨在推新人于"前台"，接受学界检阅，激励、鞭策、促进他们尽快成长为学校科研教学中坚力量。

二是矢志创新。"文库"的这些成果均能够自觉运用马克思主义的立场、观点、方法认识问题、研究问题、解决问题，很好地坚持了理论联系实际，体现了学风严谨、文风朴实，做到了理论探索有进展，研究方法有创新，学术观点有新意，对策建议有建树。

三是注重导向。"文库"的成果无不涉及理论经济、应用经济、工商管理、管理科学与工程、公共管理等我校特色优势学科领域，既是对学校打造鲜明财经特色属性的力证，更为学校学科发展、科学研究、人才培养、社会服务提供了重要支撑。

学校高度重视"文库"的编纂、辑录，为"文库"出版投入了较多的人力、物力。我们始终认为：作为一所具有鲜明财经特色的多学科性大学，我们要培养出高质量的包括财经学科在内的专门人才，科研无疑是教学的先导、教育的基础。没有高质量的学术研究，以己昏昏，使人昭昭，很难想象有深入浅出、鞭辟入里的课堂教学；没有教师对财经实践的敏感触觉和对社会经济问题的深刻领悟，很难想象有生动活泼、贴近实际的课堂艺术。唯有在科研方面的进步和成就，才能保证造就一支具有坚实理论基础、深厚学术底蕴，并富有远见卓识和深刻洞察力的师资队伍，从而推动具有鲜明财经特色的多学科、全方位、多层次的发展。是故，学校多方筹资，购置图书、激励科研、补贴出版；众多学者皓首穷经、笔耕不辍；兄弟高校、出版界同仁大力襄助，终有今日"重庆工商大学财经文库"付梓。

综上，"文库"的出版，寄托了对我校中青年学术才俊的一份清新期许，与其说是一种对他们单纯的奖掖、褒赞，毋宁说是在搭建一个文汇达观、聚贤纳侨的平台。我们诚挚地渴盼有更多青年学者，能够砥砺自修，卓尔有成，产出更多更好的成果；也恳请更多的学界名流、前辈泰斗，关心、点拨中青年学者的学术成长，让他们尽快健康、科学地投身学科、学术拔尖团队的自我培养和群体塑造，早日成长为我校科研、教学的领军人才，担当重任。

相信"文库"出版以后，对我校的学科建设、科学研究、人才培养、社会服务必将产生积极的促进作用，也为学界了解我校中青年学者的科研状况提供一个重要的窗口，祝愿师生们和广大读者能从"文库"中受益。当然，因本套成果编校时间短以及我们的研究水平有限，其中难免存在差漏和不足之处，敬请读者谅解并批评指正。

我们衷心地希望我校广大中青年学者潜心研究，把握学术前沿，深入社会实际，产出更多优秀的科研成果；期待我校教师和科研人员有更多更好的学术专著问世！

柳佳绪 谨识

2012 年春　于重庆南山书院

序言
Preface

　　史学斌经过几年的沉思或为一番忙碌之后，决定出版他的博士学位论文《基于熵定律的人口分布与再分布机制研究》这部专著，邀请我为之写个序。作为他的导师我不好推诿，同意了。为别人的著述作序从来都被认为是无尚荣誉的事，我却心存推诿，何为？如果你读过这部思想深邃、知识渊厚、论达殊奇的论文之后，就知道要为之写一个不枉其文的序并非一件轻松的事。

　　首先，放在我们面前的这部专著是一个横跨自然科学和社会科学的艰深理论课题；其次，它涉及一个少有人问津的且带争议的研究内容；再次，该文直到现在可能也因鲜有人看懂而难以发表明显肯定或否定的看法；最后，最让我不敢贸然落笔的是我对被爱因斯坦称为科学定律之最的熵定律毫无研究，是纯粹的门外汉！

　　但是，作为当初极力支持史学斌博士完成这一研究成果的导师，作为学术"修道院"的道友，我还是欣然接受了他的邀请，以一发之力，承万钧之重，慎慎地但是发自内心地写下如下一些文字，为这篇我以为十分难得的论文向读者推介。

　　这篇论文的宗旨，如作者所说："试图借鉴物理学中的热力学第二定律和耗散结构理论，将人口分布与人口迁移结合起来，站在整个人类发展史的角度，对人口分布与再分布问题进行时空大尺度的系统研究，以期获得对人口分布与再分布现象的本质的认识，进而形成一种能够对不同时期、不同地区的大部分人口分布与迁移现象作出较好解释的人口分布生成机制理论。"由此看出作者主观上是想从"历史"的高度和"本质"的深度探寻人口分布与人口迁移运动的内在机理。其欲攀登学术制高点和独辟蹊径的理论勇气实在令人佩服。无论其将"热力学第二定律和耗散结构理论"引入人口分布研究是否就能够揭示其本质，是否就能说明人口的历史运行机制，但这种立意高远、敢于挑战、大胆追求的学术品质，无论如何都是值得赞扬的。

该论文与其他研究人口分布与人口迁移论文不同之处在于：它不是从一般的经济、社会、文化、生态、地理空间和历史等研究视角出发，对一定时期或一定地域内的人口分布与迁移现象做出解释，而是将人口分布与人口迁移结合为一个有机的统一的过程进行考察；不是仅仅从人口的社会变动层面或者地域变动层面考察二者变动的关系，而是将其放在自然与社会共同作用的交织状态中进行综合的观察；不是按照常规运用人口学惯用的分析技术和方法或者专门的人口地理学方法分析人口分布与人口迁移问题，而是独辟蹊径，将物理学中的热力学第二定律和耗散结构原理引入人口学研究，并得出全新的结论，确实令人耳目一新！

但是，要真正从上述几个方面对人口学特别是人口分布与人口迁移过程作出科学的研究，得出正确的结论，并非易事。没有相当的理论功底和确实的把握是不能贸然行事的。

我一再提醒研究生，在研究工作中只要做到两点，即能避免常规性错误：一是言之成理、论之有据、实事求是；二是学术讨论无禁区，公开发表有分寸。

以此来衡量史学斌这篇独树一帜、独辟蹊径的论文，我给出的评语是二八开。即八分成功，二分缺陷。

论文最大的特色，与以往的人口分布与迁移理论不同，该论文对人口分布生成机制的理论研究不是从高级层次系统——社会系统中去寻求社会问题的答案，而是借助物理学定律试图从低级层次系统——物理系统入手，逆流而上与社会生活衔接，与"生命熵""信息熵"结合进行考察，以期获得对人口分布与再分布问题的本质性认识。为此，作者倾注了满腔激情和心血，构建了一个庞大的以"熵定律和耗散结构"为理论构架的"人口熵"概念体系及其运行的理论模型，其中内能流、外能流、食物链能流、技术链能流、信息链能流、区域内能流、城市内能流、农村内能流、内能流吸纳率、内能流热效率、人均有效能量、区域有效能量、公平系数、人口能量密度、能量势差力等概念，都是本文首次提出并加以界定的。此外，本文还首次提出了人体耗散结构系统能量摄入的层次性模型、人口容量和适度人口的热力学模型、人口能量密度均衡律模型和能量交换不等律等崭新学术见解。

关于能否将作为热力学第二定律的熵定律引入人口学研究和是否行得通的问题，是存在争论的。正如将社会生物学引入社会人文科学解释社会现象一样，曾经遭到苏联学者的强烈抨击。他们认为用低级物质运动形式解释高级物质运动的本质是违背事物发展规律的错误理论。现在关于"熵定律"和"耗散结构"的普遍应用也存在同样问题。

由于熵在物理学上表示的是物质系统状态的一个物理量，表示系统中无序或无效能状态的度量，熵的增加就意味着有效能量的减少。因此，推而广之，凡类似一个不可逆的物质形态其状态存在无序或无效能状态的系统都可运用熵定律给以解释。在科学技术上，熵泛指某些物质系统状态的一种量度，某些物质系统状态可能出现的程度。

有的将熵运用于社会学研究，从宏观上表示世界和社会在进化过程中的混乱程度。按照一些后现代的西方社会学家的观点，熵的概念被其移植到社会学中，表示随着人类社会科学技术的发展及文明程度的提高，"社会熵"，即社会生存状态及社会价值观的混乱程度将不断增加。按其学术观点，现代社会中恐怖主义肆虐、疾病疫病流行、社会革命、经济危机爆发周期缩短，人性物化等等，都是社会"熵"增加的表征。多次获诺贝尔文学奖提名的托马斯·品钦发表的短篇小说《熵》，即阐释了熵的社会学概念。

在信息论中，熵表示的是不确定性的量度。信息论的创始人香农在其著作《通信的数学理论》中提出了建立在概率统计模型上的信息度量。他把信息定义为"用来消除不确定性的东西"。

在生命科学中，生命体是一个开放的系统，时刻与外界进行着物质、能量、信息的交换，符合"耗散结构"，可以用熵来分析一个生命体从生长、衰老、病死的全过程，用"生命熵"来独立定义。生命熵的内容包含生命现象的时间序、空间结构序与功能序，生命熵变量就直接反应这三个序的程度变化之和。

既然熵定律的运用已经超越了原来物理学的范围，事实上已经上升到一种哲学认识的层面，那么对于相同运动形态的物质系统均可以通用。在杰里米·里夫金和特德·霍华德的《熵，一种新的世界观》一书中，在论述热力学定律的基础上，就着重探讨了人类乃至宇宙的前途。那么，对于与社会熵、信息熵、生命熵具有同一性的人口系统，显然可以引入熵定律进行考察分析研究，应该是没有问题的。

史学斌博士正是循着这一思路运用熵定律和耗散结构理论，创造性地拟制出一系列恰当反映人口熵概念和耗散结构体系的新范畴，对人口系统中人口分布与人口迁移变动作了深入的考察和研究，正确地作出了"区域有效能量的分布状况决定人口在地域空间的分布状况，人口在地域空间的分布状况实际上是对区域有效能量分布状况的反映"，"在静态上，人口分布状况是对区域内能流在地域空间分布状况的反映。在动态上，人口再分布（通过自身增殖和迁移两种方式）则是对区域内能流在地域空间分布变化的反映"的关于人口分布与再分布规律的结论，以及"能量势差力会驱动人口从高人口能量密度的地区向低人口能量密度的地区迁移；根据能量势差力产生的方式不同，人口迁移大致可以分为拉力型、推力型和混合型人口迁移"的关于人口迁移变动规律的新结论，同时还论证了人口分布与人口迁移运动导致人口城市化的效能转化原因及过程。

论文的第二个创新点是将人口分布与人口迁移作了有机的一体化考察和研究。有别于传统的将人口分布与人口迁移各自单独进行考察和研究不同，史学斌博士坚决反对这种割裂式研究。他认为人口分布与人口迁移本来就是一个过程的两种不同表现形式。人口分布是静态的人口迁移，人口迁移是动态的人口分布，并由此导致对人口城市化及其进程的全新理解。

论文的第三个创新点是从人类社会总体发展运行的能量消费形式所呈现出的熵增和负熵补偿过程，对社会生产的本质作出了全新的解释和概括："本质上讲，生产是人类基于对客观世界的认识与理解，以人类能够用于消费的能量形式为目标，有意识的将人类不能消费利用的能量形式转化为人类能够消费利用的能量形式的活动。人类进行有意识的能量转化所形成的能量流就是内能流，是人类所掌握控制的所有形式的能量总和，也是人类的负熵之源，主要由食物链、技术链和信息链三条能量支流构成。人类社会的进步就表现在内能流吸纳率和热效率的不断提高。"

以上三方面的研究及其结论，作者均不是从事物运行过程的本身和表象上寻求其原因和答案，而是从形成现实物质系统运行的深层次的本源上探求其原始的驱动力。

论文的第四个亮点是注重理论与实践的结合。熵增原理本来是个十分抽象的概念，论文没有从理论到理论去推导人口过程的熵增熵减和能量耗散问题，而是密切结合了人类发展的历史和现实过程进行了比较深入浅出的对照印证，把一般人难以看懂的十分抽象的理论内容以人们都能理解的经验事实和历史事件表达出来，既使其艰深的理论内容一目了然，能够为更多的人所接受，同时也显示出作者理论功底之坚实厚重和实际运用能力的超然自如。

此外，论文在各章的具体论述中还有许多闪光的思想和见解，这里就不一一列举了。

既然前面谈到了二八开，对于论文的不足之处也应有所明示。其实，再优秀的文章，也都不可能是尽善尽美的。对于史学斌博士的这部"入道"之作，虽然不失为优秀之作，但也确实还存在一些明显的不足之处，是需要在后续研究中注意的。譬如第二章列举的相关基础理论中马克思主义的一些内容，好像跟后面研究的内容没有什么联系。其实，马克思关于"劳动异化"的思想，跟熵增定律有非常相似之处。再就是作为低级运动形式的物理学定律如何与高级运动形式的人类社会相衔接的问题，还需从自然无机界、自然有机界到社会无机界、社会有机界的转化过程进行探究；对马克思主义历史唯物论跟熵定律与耗散结构理论之间如何相通的转换关系，也还需要厘清。尽管如此，瑕不掩瑜，史学斌博士的这篇论文仍然不失为一篇独辟蹊径、独树一帜、具有较高学术造诣的优秀博士论文和高质量科研成果。

"江山代有才人出，各领风骚数百年"。

在该著作即将出版问世之际，写下这些文字，一是追溯美好的回忆；二是表示由衷的祝贺；三是对作者更多研究成果的期待。祝愿史学斌博士在自己开启的学术领地中，继续勤奋耕耘，收获一个彩霞满天的未来！

善为策，非为勉。爱为序，以励来者。

陈明立

2011 - 4 - 7 于西南财经大学

摘要

　　人口在地域空间的分布与再分布问题是人口学研究的重要领域。传统的人口分布与再分布理论一般是从经济的、社会的、文化的、生态的、地理空间的、历史的等研究视角出发，对一定时期或一定地域内的人口分布与迁移现象作出解释。这必然导致切割研究，而无法准确把握人口分布与再分布现象的本质。

　　针对当前人口分布和迁移理论研究存在的问题与不足，本书试图借鉴物理学中的热力学第二定律和耗散结构理论，将人口分布与人口迁移结合起来，站在整个人类发展史的角度，对人口分布与再分布问题进行时空大尺度的系统研究，以期获得对人口分布与再分布现象的本质的认识，进而形成一种能够对不同时期、不同地区的大部分人口分布与迁移现象作出较好解释的人口分布生成机制理论。

　　围绕所要阐述的中心论点，全书共分八章，各章的内容梗概如下：

　　第1章"绪论"。本章主要结合当前国内外人口分布和迁移理论的研究现状和不足，阐明了本研究的目的和意义。在此基础上，本章还对本书的研究方法、基本思路、逻辑框架及主要创新点进行了交待。

　　第2章"本研究的相关理论基础"。本章主要是对全书展开论述所依据的辩证唯物主义人化自然观、热力学第二定律及其相关理论、耗散结构理论和广义进化综合理论四种自然科学、社会科学理论作一简要介绍，并阐释了借用自然科学的概念和定律来研究社会学问题的可能性和科学性。

第3章"生命热力系统与人类消费的本质"。本章从生命体的热力学系统分析入手，对人类消费的本质进行了探讨，并得出结论：人体是一种耗散结构，需要不断从外界环境摄入负熵，而消费的过程就是人体摄入负熵的过程。在此基础上，本章又从能量的角度出发对人类消费的类型和特点进行了总结。

第4章"生产的本质与内能流"。同消费活动一样，人类的生产活动也不像其表面上表现出来的那样单纯。本质上讲，生产是人类基于对客观世界的认识与理解，以人类能够用于消费的能量形式为目标，有意识地将人类不能消费利用的能量形式转化为人类能够消费利用的能量形式的活动。人类进行有意识的能量转化所形成的能量流就是内能流，是人类所掌握控制的所有形式的能量总和，也是人类的负熵之源，主要由食物链、技术链和信息链三条能量支流构成。人类社会的进步表现在内能流吸纳率和热效率的不断提高上。

第5章"人口分布原理"。本章从人口容量和适度人口的热力学模型推导出社会系统中的人口数量及其人均能量消费水平都受内能流中有效能量的重要影响。这一原理在人口地域空间分布上则表现为人口按照区域有效能量分布状况进行分布。在人类社会系统中，人口生育率是一种重要的系统规律，要随着人均有效能量的增加而下降。在生育率下降机制没有被触发的情况下，人口数量会随着内能流的扩张而不断增长，从而实现人口按照区域有效能量分布状况进行分布。在生育率下降机制触发的情况下，人口会通过迁移的方式按照区域有效能量实现再分布。

第6章"人口迁移原理"。人口迁移的动力来自于由于地区间区域内能流不均衡发展而产生的人口能量密度差，以及由此而产生的能量势差力。与人口增殖方式实现人口再分布一样，人口迁移的结果也是缩小地区间人口能量密度差的。人口自身通过自然变动和迁移变动两种方式实现在地域空间按照区域有效能量的分布状况进行分布的机制就是人口能量密度均衡律。与一般的人口迁移一样，人口城乡迁移也是人口按照区域有效能量的分布状况进行再分布的结果。自从人类产生以来，人口城乡迁移的方向总是朝向城市化的方向的，其根本原因在于城市在能量转化器、转化利用的能量来源和城乡之间的能量交换上具有农村所不具备的三点优势，从而使城市内能流具有比农村内能流更快的增长趋势。工业革命使城市的这三种优势更加突出了，从而引发了近代人类社会城市化的洪流。

第7章"世界人口分布演化简史"。本章目的在于从大尺度时间跨度中勾勒出人口按照内能流进行分布的大致轮廓。根据所使用的能量转化器的不同，人类历史大体上可以划分为三个历史时期，即采集狩猎时代、生物能量转化器时代和非生物能量转化器时代。这三个时代的人口分布与再分布特点都是由这三个时代所特有的能量获取方式决定的。并且，人口在地域空间的分布变化是朝向人口分布密度增加、范围扩展、自由度上升的方向发展的。

第8章"结论与启示"。本章是全书的总结，主要是简单归纳了全书的基本结论和观点，并尝试运用本书的分析框架对我国当代一些人口分布与再分布现象与问题作了简略分析，以期为后继研究者和社会管理者的研究和实践工作开拓思路。

本研究在理论上的主要贡献在于，系统提出了一种研究人口分布与迁移的新范式——人口分布生成机制理论。围绕这一理论，作者构建了一个庞大的概念体系，其中内能流、外能流、食物链能流、技术链能流、信息链能流、区域内能流、城市内能流、农村内能流、内能流吸纳率、内能流热效率、人均有效能量、区域有效能量、公平系数、人口能量密度、能量势差力等概念都是本书首次提出并加以界定的。此外，本书还首次提出了人体耗散结构系统能量摄入的层次性模型、人口容量和适度人口的热力学模型、人口能量密度均衡律模型和能量交换不等律。

关键词：熵定律、耗散结构、人口分布、人口迁移、人口城市化、人口分布生成机制理论

目录
Contents

1

绪论

1.1　问题的提出

　　人口在地域空间的分布与再分布问题历来是经济学、社会学、人口学、地理学、生态学、历史学等多种学科的传统研究领域与研究课题，甚至心理学、系统学等学科也有所涉及。这说明了这一问题的重要性，同时也说明了这一问题的复杂性。

　　长期以来，这些学科分别从各自专业的角度对人口分布与再分布问题作出了理论解释，取得了数量可观的研究成果。但是，这些研究基本上都不同程度地遵循了一个传统——对人口分布与再分布问题进行切割研究，具体表现在以下三个方面：

　　首先，对研究对象进行切割。

　　人口分布与再分布是人口在地域空间的分布状态及其变化过程，于静态上表现为人口分布状态，于动态上表现为人口迁移变化。人口分布是人口迁移的结果，人口迁移是人口分布变动的主要形式，二者本质上是统一的，是一个问题的两个方面。但是，已有的研究，多出于研究的方便，要么只专注于对人口在地域空间静态分布的描述和影响因素进行分析，而忽视

1

了影响因素的变化对人口动态再分布的作用；要么只注重对动态迁移流的解释，而忽视了静态人口分布状况对迁移流产生以及迁移流对迁入与迁出地人口静态分布的影响。人口分布理论不能用于解释人口迁移现象，人口迁移理论也不能用于解释人口分布现象。人口分布与再分布研究被人为地分割为两个相互独立的学术王国。

其次，对研究的时间范围进行切割。

人口分布与再分布现象在人类诞生之初就存在了，人类的发展演化史也就是一部人口在地域空间再分布的演化史。但是，已有的研究很少从整个人类发展史的角度对人口分布与再分布问题进行研究，而是在时间范围上作了切割，进行分别研究。例如，史前人口分布与再分布研究是以考古学和历史学面目出现的，研究视角是在距今 300 万年前到公元前 3000~4000 年这一历史阶段；人口学和历史学对有文字记载以来的人口分布与迁移现象研究较多；经济学和地理学基本上只关注近代工业革命后的城乡人口分布与人口城市化现象；生态学的研究视角多集中于当代环境危机严重时期。

除了由于各学科对不同时期的人口分布与再分布现象的关注度不同而导致对人口分布与再分布问题的分时段研究以外，这种在时间范围上的切割还表现在：由于对人口分布与再分布问题的研究多集中于对特定现象的解释性研究，而极少有带有归纳性质的整体性研究，从而导致研究的时间范围过于狭窄。例如，对地理大发现后的欧洲人口向美洲的迁移研究、对工业革命以后人口城市化的研究等，这些特例研究都只针对某一特定历史阶段的人口分布与再分布现象。

最后，对研究的空间范围进行切割。

特定人口分布与再分布现象不但具有时间上的特殊性，而且往往具有空间上的特殊性。因此，对特定人口分布与再分布现象研究过多，导致的另一个后果就是对研究的空间范围进行切割。人口分布与再分布研究就是要找到人口在不同地理空间的共通的分布与再分布规律。但是，对人口分布与再分布的特例研究往往将研究视野局限在某一特定地理空间之中，从而失去了研究在空间上的一般性。其结果就是针对某一特定地区的人口分布与再分布现象得出的理论，在其他地区不具有同等的解释力。

这种切割研究使人们满足于对特殊人口分布与再分布现象的解释，而对人口分布与再分布问题的本质则关注甚少。其直接后果就是各种学科对人口分布与再分布问题的研究都是"见首或见尾"，而"不见神龙"。从而，人口分布研究被各种影响因素所包围，人口迁移研究则充斥着各种理论，而各种理论派别都是见仁见智，观点迥异、互不衔接，只能在一定领域与范围内具有较好解释力，同时又都不同程度地存在理论盲区。荷兰经济学家布雷克曼（S. Brakman）曾就人口集聚问题有过这样的评述："有诸多的原因来解释人们为何要集聚在一起：社会学角度看——你愿意跟其他人交往；从心理学角度看——你害怕孤独；从历史学角度看——你的祖辈就居住在你现在住的地方；从文化角度看——这里的氛围不像其他任何一个地方；从地理学角度看——这里景色壮观、海岸优美。"[①] "横看成岭侧成峰，远近高低各不同"，正是当前对人口分布与再分布研究的最好写照。

学术界对人口分布与再分布本质的看法莫衷一是，理论派别繁多，无法形成定论。近年来，学者们留下了一个人口分布与再分布受自然、社会等因素的综合影响的结论，不再过多地在人口分布与再分布理论上下工夫，而是倾向于更加讲究

---

① S布雷克曼，H盖瑞森，C范·马勒惠克. 地理经济学. 西南财经大学文献中心翻译部，译. 成都：西南财经大学出版社，2004：2.

"实用化"，专注于对实际问题的研究。但是，所有科学的任务都是作出解释，而理论是对社会现象作出的完整的、系统的解释。没有理论的指导，实际问题的研究也会流于表面化。正如大卫·哈维所说："没有理论，我们就不能指望对事件作出有控制的、始终如一的和合理的解释。没有理论，我们就很难声称了解自己学科的主题。"① 因此，针对这样一个人口分布与再分布的研究现状，人们不禁要发出这样的疑问：为什么对于同一个人口分布与迁移现象，不同学科会得出完全不同的解释？这些解释已经穷尽了对它的认识吗？如果没有，那么被表面现象所掩盖的人口在地域空间的分布与再分布现象的本质到底是什么？能不能用一种理论或不多的几个概念同时对大部分的人口分布与人口迁移现象作出始终如一的、系统的解释？

寻找以上问题的答案正是本研究的出发点。笔者认为，要在人口分布与再分布理论研究上实现突破，从而认清人口分布与再分布现象的"庐山真面目"，其关键有以下两点：

首先，研究视角的调整。

对于像人口分布与再分布这样具有极大时空延展度的研究课题，仅从时间或空间上取其一段进行分割研究，将很难把握人口分布与再分布问题的本质。这就像是盲人摸象寓言故事中的盲人，如果仅局限于对大象的某些细节的研究，那么研究得越透彻、越清楚，我们离事实的真相就越远。因此，若想获得对人口分布与再分布问题本质的认识，就必须跳出局部细节，站在盲人摸象故事中那个王公的视角，对人口分布与再分布问题进行整体性把握。具体说来，就是把人口分布与人口迁移作为一个整体，从整个人类发展史的角度，对全球范围内的典型的人口分布及其演化现象进行研究。

---

① 大卫·哈维. 地理学中的解释. 高泳源，刘立华，蔡运龙，译. 北京：商务印书馆，1996：582.

其次，研究思路的创新。

人口分布与再分布不是一个单一性范畴，而是一个复合性的范畴，包括自然意义、经济意义、社会意义、地理空间意义、生态意义、人口意义等内容。这些内容的每一个方面都构成人口分布与再分布的影响因素，但又不足以独立解释所有人口分布与再分布现象。因此，任何从单一角度去研究人口分布与再分布问题都难免有失偏颇，而要做到面面俱到又不太现实，同时也失去了理论归纳的意义。因此，研究者有必要进行思路转换，去寻找决定人口分布状态及其转变的自然、经济、社会、生态之外的原因。根据奥地利著名理论物理学家、一般系统论的创始人贝塔朗菲（L. V. Bertalanffy）的划分，科学定律可以被分为物理学定律、生物学定律和社会学定律三个层次。[①] 生物学和社会学定律是比物理学更高层次的定律。但生物学和社会学定律要以物理学定律为基础，并能最终"还原"为物理学定律。与贝塔朗菲的宇宙观和科学定律划分相类似，美国物理学家拉兹洛（E. Laszlo）认为世界是由不同组织层次的系统"嵌套"组成的，具有较弱结合力的高级层次系统（生物系统、社会系统）构建在具有较强结合力的低级层次系统（原子系统、分子系统）之上，并且前者是后者进化的结果，高级层次系统的物质运动要以低级层次系统的物质运动为基础。[②] 因此，笔者认为，要跳出对人口分布与再分布的研究在高层次的经济、社会定律中"徘徊"的怪圈（之所以称其为怪圈，是由于这必然导致切割研究），就必然要转向更基础的物理定律和物理系统中去寻找问题的答案。

---

① 路德维希·冯·贝塔朗菲. 生命问题. 吴晓江，译. 北京：商务印书馆，1999：160.

② E 拉兹洛. 进化——广义综合理论. 闵家胤，译. 北京：社会科学文献出版社，1988：32–36.

本研究正是基于以上两点，试图借鉴物理学中的热力学第二定律和耗散结构理论，将人口分布与人口迁移结合起来，站在整个人类发展史的角度，对人口分布与再分布问题进行时空大尺度的系统研究，以期获得对人口分布与再分布现象的本质的认识，进而形成一种能够对不同时期、不同地区的大部分人口分布与迁移现象作出较好解释的人口分布生成机制理论。

1.2 国内外的研究状况

人口在地域空间的分布与再分布包括一定时点上人口在地理空间上的分布状态及其在一定时段内的变化过程，即人口静态分布和动态分布。而改变人口在地域空间分布状态的一个重要因素是人口迁移。因此，这里分别对人口分布理论和人口迁移理论的研究现状予以综述。

1.2.1 有关人口分布理论的研究

严格地说，目前并没有一种能够对人口在地理空间分布状况作出合理的、系统的解释的理论。学术界对人口分布理论的研究主要是在对人口在地域空间分布特征的描述基础上，总结出了一些影响人口分布的因素和一般规律。这些影响因素和规律只是对世界不同地区的人口分布状况的相似点的归纳和提炼，并没有予以系统化，往往不能用一个或几个影响因素或分布规律对大部分人口分布现象作出一以贯之的合理的解释，从而上升为人口分布机制理论。

1.2.1.1 国外对人口分布理论的研究

人们很早就发现人口在地域空间的分布受众多因素的影响。拉采尔（F. Ratzel）在其1882年出版的《人类地理学》中，以纯自然主义的眼光观察人类及其地理变化过程，认为人类与一般动植物一样活动于某些特定的自然限区，人口分布受海拔、地貌、气候、植被等自然因素的影响。[①] 布拉什（P. V. Bla-che）除了看到自然因素对人口分布的影响，还强调人文因素对人口分布也有重要影响。[②] 埃尔斯沃斯·亨丁顿（E. Hunting-ton）发现人口多分布在气候适宜的地带，而气候恶劣的地带人口则稀少，并进而推断气候条件决定了文明的繁盛与衰落。[③] 1936 年，吉尔曼（C. Gilman）通过研究东非人口分布，发现人口分布与疾病流行关系密切。疾病传染媒介（舌蝇）密集的地区人口密度低或没有人居住。[④] 1957 年，波兰地理学家约·斯塔斯柴夫斯基（J. Staszewski）第一次给出了各大洲不同海拔高度带的人口密度表，从中揭示出地球上大多地区的人口密度随地面海拔高度上升而下降，温带和寒带尤其如此，而在热带，最大人口密度常出现于中等海拔高度地区。[⑤] 1959 年，约·斯塔斯柴夫斯基在对 1950 年世界人口数据进行计算的基础上，又发现人口密度随着距离海岸线距离的增加而下降，人口靠海分布的趋势十分明显。[⑥]

1965 年，英国人口地理学家约翰·克拉克（J. I. Clarke）在其《人口地理学》一书中，对人口分布的影响因素和人口

---

① 吴玉麟，王洪芬. 人口地理学（下册）. 济南：山东人民出版社，2001：8 - 9.

② 吴玉麟，王洪芬. 人口地理学（下册）. 济南：山东人民出版社，2001：11.

③ Ellsworth Huntington. Climate Change and Agricultural Exhaustion as Elements in the Fall of Roma. the Quarterly Journal of Economics, Vol. 31, No. 2 (Feb. , 1917)：173 - 208.

④ W 库尔斯. 人口地理学导论. 柴崇庆，等，译. 重庆：重庆出版社，1987：13.

⑤ John I Clarke. Population Geography. London：Pergamon Press Ltd, 1970：17.

⑥ W 库尔斯. 人口地理学导论. 柴崇庆，等，译. 重庆：重庆出版社，1987：10.

分布规律进行了系统梳理和分析。在书中，克拉克将对人口分布造成影响的因素归纳为以下十类：①

（1）离海岸线的距离

世界上主要的人口聚集区大部分集中在大陆边缘，随着向内陆的深入，人口开始变得稀少。全世界人口的 3/4 居住在距离海岸线 600 千米的陆地区域内，2/3 的人口居住在距离海岸线 300 千米的陆地区域内。显然，海岸线对人口有诱惑力，而内陆则对人口有排斥力。这一总趋势在高纬度地区更加明显。

（2）海拔高度

一般来说，人口在垂直方向上具有随着海拔高度越高，人口分布越稀少的特点。在海平面到海拔 500 米之间的空间范围内，占全部陆地面积 57.3% 的陆地上聚集了世界人口的 80%。在海平面到海拔 200 米之间的空间范围内，占全部陆地面积仅 27.8% 的陆地上聚集了世界人口的 56.2%。在这一区域内，人口密度最低的地区也比世界平均人口密度高两倍。

（3）地形地貌

一般说来，平原有利于农业发展，交通比较便利，容易形成人口聚集区，而陡峭险峻的山地则不利于人口密度的增加。尤其是在中高纬度地区，恶劣的环境和贫瘠的土地往往使人口分布稀少。地形对人口分布的影响在山地到平原的剧烈过渡地带表现得最为明显，靠近平原的山地人口稀少，而一进入平原往往人口就大幅增加。同样，河流由于能够提供灌溉用水、鱼类、水禽和沙金等资源，以及可以作为交通的媒介，因此成为吸引人口的因素。在沙漠地带，例如尼罗河流域，人口密度分布图与河流的形状高度一致，说明地形地貌对人口的分布具有重要意义。

① John I Clarke. London：Population Geography, Pergamon Press Ltd, 1970：13-27.

（4）气候条件

人只能在一定的温度、湿度、降水、光照的环境里生存。一般来说，具有适宜的气候的地区对人口有吸引力，而极端气候地区则对人口形成排斥。但是，气候对人口分布的影响并不是直接通过人体发生作用的，而是通过对土壤、植物和农业的影响间接产生作用的。在北半球高纬度地带，有地球1/10的陆地面积，却只生活着全世界人口总数的几千分之一的人口。地球上有大约640万平方英里（1平方英里＝2.59平方千米）的陆地由于过于寒冷而无法种植庄稼，几乎无人居住。高温一般并不构成人口分布的绝对障碍，南亚次大陆、东南亚、西部非洲的人口密度都很高。但降水对人口分布的影响十分明显。分布在亚洲腹地、西亚、大洋洲和北非等区域的沙漠地区的面积占到了地球陆地面积的1/5，而人口只有全部人口的1/25，而且这些人口多分布在海岸线和河流的两岸等水源充足的地区。

（5）土壤因素

土壤与人口分布关系密切。一般说来，肥沃的三角洲河流冲积土壤有利于庄稼的生长，从而有利于人口聚集。黑钙土、火山灰沉淀土和黏土的肥力也很高，也有利于形成人口稠密地区。而灰化土则不利于肥力的保持，要经过精细的改良和耕耘才能支撑农业发展和较稠密的农业人口。热带的红土地带由于只能生长灌木，不能种庄稼而只有稀少的人口。

（6）生物因素

一个地区的植物和动物的种类和数量也会影响人口分布。一方面，有利的生物种群有利于人口的聚集，例如北美大草原有利于印第安人的狩猎和种植小麦，亚马逊和马来西亚的热带雨林为当地人提供了充足的食物；另一方面，有害的生物种群不利于人口的聚集，例如东非的舌蝇、沙漠边缘的蝗虫、澳大利亚的野兔、热带沼泽的蚊子等都对当地居民造成威胁。当然，生物因素是与人们的生活方式和技术水平共同影响人口分布的。

（7）疾病与饥饿

疾病发生除与人体素质有关系以外，还与地理环境有关。一些疾病是纯地方性疾病，而有些疾病则在某些地方发病率明显高于其他地方，从而影响人口分布。例如，寄生虫疾病、细菌和病毒感染性疾病在热带地区的发病率就比温带地区高，沙眼常见于半干旱和地中海地区，黄热病多发于南美和非洲的热带地区，昏睡病常见于舌蝇活动区。

此外，还有很多疾病是由于营养不良导致的。人体会由于蛋白质、矿物质或维生素摄入不足而导致抵抗力下降，容易被疾病侵袭，从而影响人口分布。

（8）矿产资源

矿产资源会对人口产生吸引作用，特别是工业革命以来，但是影响这种吸引作用的因素有很多，例如，矿产资源的开采方式、使用特点、运输难易程度。一般来说，能源资源要比非能源资源对人口更具有吸引力。而在能源资源中，煤矿由于体积大、价值低，不利于运输，容易形成产业和人口集中区。欧洲的人口稠密区大多位于煤矿带。

（9）经济活动

人类经济活动的类型和规模对人口分布有显著影响。农业社会的人口密集地区就是主要粮食生产区，粮食产量越高人口密度相应也就越高。而从事畜牧业的地区则人口密度相应要低。前工业化社会要比经济活动更多的社会的人口分布更加平均，商业活动活跃的地区人口密度较高。工业革命以后，随着经济活动日趋活跃，更多的人从农业生产中解放出来，人口分布更加集中。随着技术不断进步，土地、矿产、物理环境等因素对人口分布的限制越来越弱，人们能够移居到过去不能从事农业生产的地区居住，这意味着在一定程度上人口分布得更广、更均衡了。

（10）历史和社会因素

不论受以上何种因素的影响，当前的人口分布状况都是在过去的人口分布状况基础上变化而来的。人口分布趋势具有保持过去状态的惰性（inertia）。许多人口分布现象只能从其过去的人口分布状况来作出解释。例如，亚洲悠久的文明造就了现在亚洲的人口分布状况；美国和新西兰目前的人口分布状况反映了西方殖民者最初来到这些地方时的定居点的选择；西非和东非的人口分布状况长期深受殖民时代奴隶贸易和防御工事布局的影响。此外，文化、宗教、教育、人口政策等社会政治因素也会通过对人口的自然变动和迁移变动对人口分布造成影响。

克拉克强调，这十类影响因素中，任何一种都不能单独解释所有的人口分布现象，一个地区的人口分布状况是由其自然禀赋、历史条件、经济潜力和社会形态共同作用的结果。因此，在现实中总有不符合这些人口分布规律的例外情况。例如，多山和表面布满岩石的海岸线人口稀少；在低纬度的一些地区，高海拔比低海拔更适宜人居住；巴西和西非平原分布着大面积热带雨林，人口密度比山地还小；俄罗斯高纬度极寒地区的人口密度不断增加；新石器时代的不列颠先民由于不具备处理掉覆盖在黏土上的森林的技术和力量，不得不放弃肥沃的黏土而追逐低地土壤；随着医疗卫生技术的进步，过去有害动植物和疾病肆虐的地区的人口开始逐渐增多；发现同样的矿藏在一些地方能够形成城镇，而另一些地方则不能；等等。对一个地区的人口分布作出合理的解释需要把所有这些因素纳入考量，并且不能孤立地分析，而是要将这些因素看做相互联系的整体，综合考虑其对人口分布的影响。

与西方把影响人口分布的自然因素和人的因素并列起来不

同，苏联的人口研究者则强调人口分布规律属于社会经济规律，人口分布状况由社会生产方式决定。具体来说就是人口的定居是由社会再生产的地域形式决定的，人口分布的具体性质是由生产布局和生产的空间特点决定的（人口呈点状分布、面状分布和线状分布）。自然条件无疑会影响人口的空间分布，但这种影响是间接的、通过生产环节而实现的。① 苏联的人口地理学家通过创造生产力地域组织系统这一范畴，使人口分布和生产力联系了起来。他们认为生产力地域组织系统决定人口分布状况，同时一个地区的人口分布状况也对生产力地域组织系统具有反作用。②

1.2.1.2 国内对人口分布理论的研究

中国人口分布研究始于 20 世纪 20 年代，始于对中国人口密度的讨论。对人口分布理论有所涉及的，最早开始于翁文灏先生 1932 年在《独立评论》第三、四号上发表的《中国人口分布与土地利用》一文。该文通过探讨土地利用与人口分布之间的互相依存关系，③ 并结合中国西部地区自然环境条件，指出西北移民"只是凭空冥想，或是任意空谈"。④

此后，胡焕庸教授在 1934—1936 年间，连续发表了多篇有关中国人口地理的论文，但主要是对当时中国人口分布现状的调查研究，只有 1935 年发表的《中国人口之分布》对人口分布的影响因素有所涉及。该文中，胡焕庸教授提出了著名的"瑷珲—腾冲"人口密度分界线，并首创了全国第一张《中国

① 瓦·维·波克希舍夫斯基. 人口地理学. 南致善，顾鉴堂，王钊贤，等，译. 北京：北京大学出版社，1987：61-67.

② 瓦·维·波克希舍夫斯基. 人口地理学. 南致善，顾鉴堂，王钊贤，等，译. 北京：北京大学出版社，1987：89.

③ 邬沧萍. 人口学学科体系研究. 北京：中国人民大学出版社，2006：256.

④ 李学通. 翁文灏与民国时期的西部开发 [J/OL]. (2008-03-28) [2008-04-25] http://jds.cass.cn/Article/20080328100002.asp.

人口分布密度图》。① 通过中国地形图、雨量图与人口密度图的比较，胡焕庸教授发现三者之间"具有十分密切之关系，所有人口稀少之西北半壁俱属于高原，如蒙古、新疆多数为一千公尺（1 公尺 = 1 米）以上之高原，其在一千公尺以下者，则多为极干燥之沙漠，西藏、西康、青海之高原，则其高度俱在三千公尺以上，其尤高者，在五千公尺以上；东南半壁则除云贵高原以外鲜有一千公尺以上之高地，东南半壁雨量最富者，达两千公厘（1 公厘 = 0.001 米），最少者亦在五百公厘以上，为在西北半壁则雨量多在五百公厘以下，其尤干燥者，乃在二百五十公厘以下，盖多为沙漠或半沙漠之区域矣"②。"此种人口稀、密不同之原因，绝非由于偶然分布之不平均，盖完全由于各地生产力之不同。"③ 论文最后得出结论，中国东南半壁人口密度已超过西欧人口高密度工业国，而西北半壁人口密度相对于土地生产力也很高，已无大量移民的可能，唯有东北嫩江流域尚有余地，然"其地处于他人治下"，"白山黑水，不知何日方能重返故国，以供我华夏民族之移植经营矣"④。国土沦丧之痛跃然纸上，作者拳拳之心溢于言表。

20 世纪 50 年代，胡焕庸教授又先后发表了《中国各省区面积人口指示图》和《常熟的农业人口和人口分布》、《江苏省的人口密度与农业区域》等研究全国及地方人口分布状况的论文。与胡先生 30 年代发表的文章一样，这些文章主要还是对当时中国人口分布现状的调查研究，并未对人口分布机制进行理论归纳，甚至没有对人口分布的影响因素进行总结。但

---

① 胡焕庸. 论中国人口之分布. 上海：华东师范大学出版社，1982：52 - 66.

② 胡焕庸. 中国人口之分布. 上海：华东师范大学出版社，1982：61.

③ 胡焕庸. 中国人口之分布. 上海：华东师范大学出版社，1982：52.

④ 胡焕庸. 中国人口之分布. 上海：华东师范大学出版社，1982：65.

从文中可知，当时中国人口分布与农业生产有明显的正相关关系，直接影响农业生产的气候、水文、土壤等自然因素对中国人口分布的作用十分显著。[①]

20 世纪 80 年代，中国的人口学和人口研究重新活跃了起来，出现了一大批有关人口分布理论的研究成果。

1982 年，胡焕庸和张善余教授在《世界人口分布》一书中，将影响人口分布的主要因素概括为自然环境、生产力发展水平和生产布局特点以及历史、社会和政治因素三大类。如果与克拉克的十因素进行对比就会发现，胡焕庸和张善余教授的三因素与克拉克的十因素在内容上并无根本区别：克拉克十因素中的前七种因素就是三因素的自然环境因素；十因素中的经济活动则对应三因素的生产力发展水平和生产布局特点；十因素中的历史和社会因素就是三因素中的历史、社会和政治因素。但是，需要指出的是，在克拉克的十因素中，所有影响因素的地位和作用并没有高低主次之分，并强调任何一种影响因素都不能单独解释所有的人口分布现象，一个地区的人口分布状况是由其自然禀赋、历史条件、经济潜力和社会形态共同作用的结果。而在胡焕庸和张善余教授的三因素中，虽然也认为人口分布是三种因素共同作用的结果，但这三大类影响因素的地位和对人口分布所起的作用是不同的，其中自然环境只对人口分布提供一个基础或一种可能；生产力发展水平和生产力布局是影响人口分布的决定性因素；历史因素使人口分布表现出较大的惰性，而社会和政治因素对人口分布的影响作用也很明显。[②]

---

① 胡焕庸. 中国人口之分布. 上海：华东师范大学出版社，1982：117 - 189.

② 胡焕庸，张善余. 世界人口分布. 上海：华东师范大学出版社，1982：134 - 148.

1983 年，满颖之、隋干城对人口分布与生产力分布的辩证关系做了研究，提出生产力分布决定人口分布的同时，人口分布对生产也有重要的反作用。①

1983 年，在《中国人口地理》一书中，胡焕庸和张善余教授对中国人口分布的研究依然沿袭了三因素理论，并指出我国当时人口分布模式还处在工业化的初级阶段，它的基本特点是与农业生产布局高度一致，我国人口迁移和再分布过程不能脱离这一现实。②

1986 年和 1987 年，原新在《西北人口》上连续发表《新疆人口垂直分布规律初探》和《论新疆人口东西分布不均与经济的关系》两篇文章，指出新疆人口分布主要受自然环境因素影响，人口垂直分布现象甚为明显。③

1988 年，童玉芬尝试用耗散结构理论解释人口的空间分布，认为人口系统是与外界环境进行物质交换与能量循环的开放系统，人口空间分布可以用熵来表示。当人口系统从环境得到的负熵流不足以抵消人口系统内部产生的熵的时候，整个人口系统总熵增加，有序性下降，人口密度相对于自然资源环境不协调。反之，人口系统总熵减少，人口分布趋于更合理。在此基础上，作者给出了判断人口系统空间分布合理性的数学公式。④

1991 年，祝卓将三因素理论中的生产力发展水平和生产布局特点与历史、社会和政治因素合并为社会经济因素，提出

① 满颖之，隋干城．关于人口地理分布规律的探讨．人口与城市地理研究，1983（4）．

② 胡焕庸，张善余．中国人口地理（上册）．上海：华东师范大学出版社，1984：233-234.

③ 原新．新疆人口垂直分布规律初探．西北人口，1986（1）．
原新．论新疆人口东西分布不均与经济的关系．西北人口，1987（2）．

④ 童玉芬．耗散结构理论与人口的空间分布．西北人口，1988（4）．

了影响人口分布的自然地理环境和社会经济两因素理论。在社
会经济因素中，除了生产方式、生产的发展与布局以及政治、
军事等社会文化因素以外，祝卓首次提出了科学技术进步对人
口分布的重要意义。[1]

1993 年，孟向京、贾绍凤选取了自然、经济、人口、教
育四大类 31 个影响因素指标，与 1987 年全国 29 个省区的人
口密度指标作了相关性分析。他们发现，在所分析的全部因素
中，自然因素，尤其是海拔高度，对中国人口分布的影响最为
密切，其次是经济因素（单位国土面积粮食产量、垦殖指数
等与农业生产有关的指标排在前列），再次是人口因素、教育
因素与人口密度相关性最弱，从而通过定量分析印证了 1983
年胡焕庸和张善余教授作出的我国人口分布与农业生产布局高
度一致的判断。[2]

1996 年，张善余在《人口垂直分布规律和中国山区人口
合理再分布研究》一书中，对中国人口垂直分布规律作了详
细的、系统的论述。[3]

1996 年，黎倩文通过对不同历史时期内环境恶劣地区人
口分布状况的研究，发现在一定时期内、技术水平相对稳定的
情况下，决定这些地区人口分布状况的是自然环境因素，而非
社会经济因素。从而得出结论，在基本相同的时间截面上，人
口分布的决定因素不是一个恒定的因素，而可能是经济、社
会、历史或者自然等诸条件或者是这些条件因素的各种组合。
但是随着人们改造自然、利用自然的能力不断提高，自然因素
作为决定因素的地域范围会不断缩小，社会经济等因素决定的

① 祝卓. 人口地理学. 北京：中国人民大学出版社，1991：94 – 112.
② 孟向京，贾绍凤. 中国省级人口分布影响因素的定量分析. 地理研究，1993：3.
③ 张善余. 人口垂直分布规律和中国山区人口合理再分布研究. 上海：华东师范大学出版社，1996：8 – 52.

地域范围会不断增大。^①

1997 年，王桂新结合区域经济区相关理论对人口分布与经济发展的关系作了深入而细致的研究。根据作者的研究，各地区人口分布不均是由于土地质量、自然资源和技术的不均匀分布；收益递增和规模经济效应；生产要素调配、交易的交通费以及其他交易费用不为零导致的。导致以上三点存在的主要原因有自然环境条件和经济发展水平两大因素。作者通过分别对人口分布指标与多种自然环境因素和经济发展因素指标进行回归分析，发现自然环境因素中的一等耕地的比例和亩均农作物种植业产值两个指标，以及经济发展因素中的国土生产力和工业产值比例两个指标对中国的人口分布影响最大。如果对人口分布与自然环境因素和经济发展因素指标进行综合多元回归分析，则海拔高度 100 米以下区域面积所占比例这一个自然环境指标和国土生产力、工业产值比例这两个经济发展变量，可以说明中国人口区域分布的人口密度的 98%。作者还通过对自然环境和经济发展因素对人口分布影响贡献度的定量分析发现，在经济相对发达的地区，经济发展水平因素对人口分布的贡献度较大，而在经济相对欠发达的地区，自然环境因素对人口分布的贡献度较大。可以说，王桂新的研究结论间接证明了黎倩文命题的正确性。^②

1.2.2　有关人口迁移理论的研究

与人口分布被看做人口学与地理学的交叉学科不同，人口迁移一直是人口学体系中重要的组成部分，在人口研究中占有

---

① 黎倩文. 试论人口分布的决定因素. 广州师范学院学报（社会科学版），1996（2）.

② 王桂新. 中国人口分布与区域经济发展——一项人口分布经济学的探索研究. 上海：华东师范大学出版社，1997：32 - 104.

重要的地位。因此，长期以来，人口迁移一直是人口学者关注的焦点问题和研究重点。这些学者也取得了丰硕的研究成果。概括来说，根据迁移动力的不同，现有人口迁移理论可以被分为非经济学理论和经济学理论，其中后者又可以分为宏观经济理论和微观经济理论。

1.2.2.1 人口迁移的非经济学理论

（1）推力—拉力理论

作为人口迁移理论中受到最广泛认知和运用的一种理论，推力—拉力理论的产生最早可以追溯到雷文斯坦（E. G. Ravenstein）的"人口迁移率"。对迁移来说，雷文斯坦认为"大多数人希望在物质方面得到改善的欲望"是引起迁移的最有力的因素。[①] 这实际上已经涉及推力—拉力理论模式的一半——"拉力"。

而后，赫伯尔（R. Herberle）在1938年发表的《乡村—城市迁移的原因》一文中较完整提出推力—拉力理论模式。赫伯尔认为迁移是由一系列力量引起的，这些力量包括使一个人离开一个地方的"推力"和吸引他到另一个地方的"拉力"。具体到乡村—城市迁移中，就是农村的失业、就业不足、耕地不足、缺乏基本的生活设施（如学校、医院等）、社会经济和政治关系的紧张、自然灾害（如水涝、旱灾）等构成了原住地的推力；与此同时，城市里更好的就业机会、更好的发展前景、更高的工资、更好的教育和卫生设施等构成了目的地的拉力。推力和拉力的共同作用促使人们由乡村向城市迁移。[②]

推力—拉力理论产生后，许多学者在该理论框架内对其进行了完善和补充。博格（D. J. Bogue）对不同推力、拉力进

---

① 李竞能. 现代西方人口理论. 上海：复旦大学出版社，2004：139.
② 段成荣. 人口迁移研究原理与方法. 重庆：重庆出版社，1998：48.

行了研究，概括出了 12 种推力因素和 6 种拉力因素。[①] 李
（E. S. Lee）把障碍因素和迁移者的特征纳入了模型，把影响
迁移的因素概括为四种：①和迁出地相关的正因素和负因素；
②和迁入地相关的正因素和负因素；③介入障碍（intervening
obstacles）；④个人因素。因此，李的迁移模型也叫做"四因
素"模型。前三种因素之间的关系如图 1.1 所示。这些因素可
再分为对决定迁移有利的因素、对决定迁移不利的因素以及对
某些迁移者来说无影响的中性因素。人口迁移正是这些因素综
合作用的结果。[②]

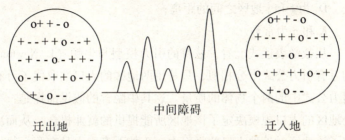

图 1.1　迁出地、迁入地因素与迁移中的中间障碍[③]

（2）引力理论

西方学者很早就发现了迁移量和迁移距离的负相关关系。
雷文斯坦在他总结的七条迁移规律中，排在第一位的就是迁移
和距离的规律。他认为"我们的迁移者大部分只在短距离内
进行迁移。而且当与某一迁移中心的距离增大时，热衷于这一

①　李竞能. 现代西方人口理论. 上海：复旦大学出版社，2004：139 - 140.
②　顾宝昌. 社会人口学的视野——西方社会人口学要论选译. 北京：商务
印书馆，1992：311 - 328.
③　顾宝昌. 社会人口学的视野——西方社会人口学要论选译. 北京：商务
印书馆，1992：316.

中心的迁移者数目就会减少"①。兹普（G. E. Zipf）注意到人口受城市吸引距离增加而减少与万有引力定律在形式上的相似性，提出了人口迁移的引力模型。按照兹普的模型，两个地区之间的人口迁移总量，与两地区的人口数量的乘积成正比，与两地区的距离的 a 次方成反比。② 用公式可以表示为：

$$M_{ij} = K \frac{P_i P_j}{(D)^a} \tag{1.1}$$

式中，M_{ij} 为从 i 地区到 j 地区的迁移量；

P_i 和 P_j 分别表示 i 和 j 地区的人口数；

D_{ij} 为 i 和 j 地区之间的距离；

K 和 a 为常数。

从数学表达式上看，兹普的引力模型与牛顿（I. Newton）的万有引力公式十分相似，只是用两地区的人口数取代了万有引力公式中的两个物体的质量。这其中隐含的假设前提是：一个地区的人口规模决定了该地区所能提供的就业机会，从而决定了该地区对外地人口的吸引力。正如万有引力是在两个物体之间的一对大小相等、方向相反的作用力与反作用力一样，在兹普的引力模型中，无法显示这一对引力的作用方向，从而导致迁出地的人口规模反而成了促使迁移的正因素了。为了能够反映人口迁移的方向，斯托弗（S. A. Stouffer）于 1960 年提出了人口迁移的介入机会模型。该模型认为：由 i 地区到 j 地区的人口迁移量不仅受两地区人口规模和距离的影响，而且与这两个地区之间的介入机会有关。所谓介入机会，就是指存在于 i 和 j 地区间的中间地带的就业、居住等机会。斯托弗认为，迁移是很费钱的，迁移者一旦找到合适的机会就会停止继续寻

① 顾宝昌. 社会人口学的视野——西方社会人口学要论选译. 北京：商务印书馆，1992：312.

② 段成荣. 人口迁移研究原理与方法. 重庆：重庆出版社，1998：75.

找别的机会。因此，原本打算由 i 地区迁移到 j 地区的人会由于受到中间地带介入机会的吸引而停滞下来，从而减少迁往 j 地区的人。[①] 斯托弗迁移模型可以用公式表示为：

$$M_{i \to j} = K \frac{M_{i} M_{\cdot j}}{(M_{I})^{a}} \tag{1.2}$$

式中，$M_{i \to j}$ 表示从 i 地区到 j 地区的迁移量；

M_{i} 表示从 i 迁移到其他地区的迁移者总和；

$M_{\cdot j}$ 表示从其他地区迁移到 j 地区的迁移者总和；

M_{I} 表示介于 i 和 j 地区的迁移人口总和；

K 和 a 为常数。

在兹普的引力模型中，人口规模被作为了产生吸引力的唯一因素，从而忽视了人们的迁移动机，这与现实中人们的迁移过程相去甚远。针对兹普引力模型的这一缺陷，劳里（I. S. Lowry）于 1966 年在其《迁移和大城市增长：两个分析模型》一文中，利用统计模型，把兹普引力模型中隐含的一个地区的人口规模决定了该地区所能提供的就业机会的假设前提具体化。在劳里的模型中，用来描述就业机会的项目是失业率、制造业的小时工资和用非农劳动力表示的两个地区的人口数量。[②] 其公式如下：

$$M_{i \to j} = K \left(\frac{U_{i}}{U_{j}} \times \frac{W_{i}}{W_{j}} \times \frac{L_{i} L_{j}}{D_{ij}} \right) \tag{1.3}$$

式中，$M_{i \to j}$ 表示从 i 地区到 j 地区的迁移量；

U_{i} 和 U_{j} 分别表示两地区的失业率；

W_{i} 和 W_{j} 分别表示两地区制造业的小时工资；

L_{i} 和 L_{j} 分别表示两地区非农劳动力人口数；

D_{ij} 是两地区间的距离。

---

① 段成荣. 人口迁移研究原理与方法. 重庆：重庆出版社，1998：76.

② 段成荣. 人口迁移研究原理与方法. 重庆：重庆出版社，1998：78.

根据劳里回归模型，人口迁移的方向是由低工资的地区向高工资的地区、由劳动力过剩的地区向劳动力不足的地区流动。人口迁移量由两地区工资和失业率的落差，以及非农劳动力人数和迁移距离决定。

（3）城市引力场理论

在对人口城市化这一客观现象的不同理论解释中，中国学者高佩义博士借用物理学术语，提出了城市引力场论。该理论认为，"城市化的过程就是城市引力场的形成和不断扩大的过程，而城市引力场的形成和不断扩大的过程就是城市聚变引力定律、乡村裂变推力定律和城市文明普及加速定律共同产生作用的过程。"[1] 根据高佩义对城市化三大定律在人口城市化过程中发生作用的描述，推动人口乡村—城市迁移的根本动力是城市聚变引力和乡村裂变推力。

城市引力场理论认为，一座城市就是一个庞大的引力场载体，而构成城市的任何一种因素又构成该城市引力场的一个小载体，或者称为城市引力场的磁力因子。例如：一条马路、一栋楼房、一家商店等。这些磁力因子聚集在一起，"通过它们不同的外表构造、内在本质、存在形态、运动方式和所处地位，发挥自己的引力功能"[2]。这就对周边乡村和小市镇产生一种无障碍引力，把越来越多的人、财、物吸引到城市中来。由于城市引力场具有与物理学上相类似的聚变效应，新加入城市的磁力因子与原有磁力因子的聚合会导致释放出数倍于其简单加总的能量（高佩义认为只有人才是聚变材料，而其他磁力因子不构成聚变材料），从而对周边地区产生更强大的城市聚变引力。

城市磁场在吸收周边人、财、物的同时，也会把经过了

---

① 高佩义．中外城市化比较研究．天津：南开大学出版社，1992：155.
② 高佩义．中外城市化比较研究．天津：南开大学出版社，1992：144.

"磁化"的"磁化场"——物质产品和精神产品，辐射到周边农村地区。这就像是打入"乡村原子堆"中的无数"中子"，导致乡村发生像物理学中的核反应一样的裂变，释放出大量能量，产生一种强大的乡村裂变推力。这种推力在物质方面主要是乡村裂变效应导致农村劳动生产率提高，为乡村的分化和人口城市化创造了物质前提和富余劳动力；在精神方面则是乡村裂变效应为乡村带来了现代城市文明，增加了乡村居民对城市的向往，从而推动了人口城市化。

（4）迁移生态学理论

迁移生态学理论是一种试图在社会层次上从生态角度解释人口迁移的学说。霍利（A. Hawley）在其1968年出版的《生态学：人类生态学》中指出，"人类生态学的一个基本教义就是说：一个人口会通过生命过程（变动出生率和死亡率）以及通过迁移再分布自身以求得人口规模和生存机会之间的平衡"，即迁移被看做是人口对其生存环境及生活条件变化的一种反应。①

迁移生态学理论认为，在人口规模、社会组织、技术和环境之间存在着一种平衡。如果后三种因素发生了变化，从而导致原有平衡被破坏，人口会通过调整自身规模和分布来适应这些变化，以便重新达到新的平衡。人口调整自身规模和分布的手段就是提高或降低出生率和死亡率以及迁移，其中迁移是最直接有效的一种方式。

具体到乡村—城市迁移，迁移生态学理论认为社区是基本的社会结构，所有社区及社会体系由于存在持续不断的"系统成熟"和"演化进程"，从而都具有动态特性。这些运动让人口规模、社会组织、技术和环境四种因素之间的平衡关系不断被打破和重新调整。在这一过程中，人口通过迁移从生存机

---

① 李竞能. 现代西方人口理论. 上海：复旦大学出版社，2004：146.

会萎缩的地区流向生存机会膨胀的地区，从而产生一种不断增进城市化的趋向。例如，在农村地区，当农业和采矿业越来越机械化（技术变化），就业机会就会下降（社会组织变化）。与此同时，由于对机械的需要量的增加，城市制造业和服务业的就业机会在扩展，社会系统平衡被打破。人口为了追求最大生存机会，通过迁移改变人口在城市和乡村的分布，使城市和乡村地区的人口规模和生存机会之间形成新的平衡。

（5）系统理论

与以往的迁移理论把迁移过程简单看成迁移影响因素对人口发生单线性作用不同，人口迁移的系统理论认为影响人口迁移的因素是相互联系和相互制约的，每个因素的变动都可能引起其他因素的变动以及整个迁移过程的变化。因此，在人口迁移研究中要对影响迁移的因素作系统分析。

1970 年，马博贡杰（A. K. Mabogunje）在《乡村—城市迁移理论的研究》一文中，将人口迁移系统分为潜在的迁移者，各种制度或称控制子系统，各种社会、经济和政治的力量或称调适机制三个构成要素，如图 1.2 所示。潜在的迁移者受环境影响产生了离开农村的可能，农村控制子系统通过家庭、土地规模、村庄社区等要素对迁移行为形成支持和反对，城市控制子系统通过就业、居住等要素对迁入人口的归化形成影响，因而控制系统决定了人口迁移的流量。人口的迁入与迁出会在城市和乡村引发一系列的调试行为，从而对潜在迁移者造成影响。进入城市的迁移者的信息反馈也会影响潜在迁移者的行为。[①]

---

① 段成荣. 人口迁移研究原理与方法. 重庆：重庆出版社，1998：59-64.

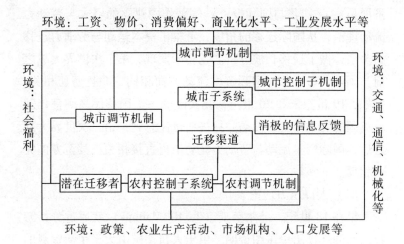

图 1.2　乡村—城市人口迁移系统图①

1.2.2.2　人口迁移的宏观经济理论

（1）经济增长理论

托马斯（D. S. Thomas）和库兹涅茨（S. Kuznets）在《人口再分布与经济增长：1870—1950 年的美国》一书中考察了美国的人口迁移状况，证明了人口在地域空间的再分布是不同区域经济增长不同造成的。该理论认为迁移无论出于何种目的，在其迁移以后都必须在经济上有保障以维持生存，而就业就是这些移民最安全的保证手段。同时就业机会基本上可以被看成是经济发展水平与速度的一个函数，因此，迁移量与经济周期性波动关系密切，不同地区之间的迁移则是地区间经济发展不平衡导致就业机会不均的后果。②

（2）资本与劳动力流动理论

20 世纪 50 年代，托马斯（B. Thomas）在其《迁移与经

---

① 段成荣．人口迁移研究原理与方法．重庆：重庆出版社，1998：61.
② 李竞能．现代西方人口理论．上海：复旦大学出版社，2004：150 – 151.

济增长》、《迁移与国际投资》等著作中建立的资本与劳动力流动理论，从国际迁移的角度，考察了资本运动与劳动力迁移的关系，做了迁移长波分析。托马斯发现，第二次世界大战之前，国际人口迁移与国际资本流动方向相同，并且密切相关。例如，19 世纪末和 20 世纪初几次欧洲—美国移民高潮都伴随着英国的资本输出。但是，托马斯也注意到，第二次世界大战之后，国际资本流动与劳动力流动不再直接相关，甚至方向完全相反。①

（3）人口压力理论

早在 18 世纪，马尔萨斯（T. R. Malthus）就通过分析游牧民族的迁徙历史试图说明，由于人口增殖力大于生活资料的增长力而产生的人口压力是导致人口迁移的原因。现代人口压力理论则主要是由索维（A. Sauvy）在他的《人口通论》的适度人口理论框架中发展和创立的。

索维认为，如果从静态来看，经济适度人口（最优人口规模）就是使人均产出最大的那个人口规模；从动态来看，经济适度人口就是在一定时间里一国的人口增长率使其人均产出增长率最大的人口规模。当一国人口超过其适度规模导致人均产出下降，从而导致生活水平下降时，该国就已经处于人口过剩状态。处于人口过剩状态的国家如果不能找到提高适度人口规模的办法，人口压力会导致潜在迁移者为了追求更高的生活水平而向未超过适度人口的国家移民，即迁移可以解释为人口从超过适度人口的国家向低于适度人口规模的国家的转移。对于 19 世纪的欧洲人口城市化进程，人口压力理论认为是由于高出生率和较低的死亡率导致当时欧洲人口迅速膨胀，同时农业技术进步形成大量农业剩余劳动力。由于人口压力，欧洲

① 李竞能. 现代西方人口理论. 上海：复旦大学出版社，2004：151－152.

人口除了大规模向新殖民地国家（人口规模低于适度人口）迁移，在国内，有相当一部分人口通过国内迁移来到了城市，完成了由农民到市民的转变。①

（4）通货膨胀过程理论

卡纳尔（P. H. Karnel）和勒内（A. P. Lerner）将大规模外来移民作为分析通货膨胀过程的一个因素，提出了通货膨胀过程理论。该理论认为一个新殖民国家不是按一个平稳的比率来吸纳外来移民的，而是由通货膨胀过程控制的。外来移民迁入急剧增加会导致迁入国消费需求和投资需求的增加，从而造成通货膨胀。政府干预通货膨胀，实行紧缩政策限制进口会使迁移者中间的艰苦工作、储蓄、节制住宅需求等倾向相对更高，从而引起外来移民量的下降。②

（5）发展经济学理论

早在 17 世纪，英国古典经济学家配第（W. Petty）就在他的名著《政治算术》中描述到：制造业比农业，商业比制造业能够得到更多的收入。这种不同产业间相对收入上的差异将会促使劳动力向能够获得更高收入的部门转移。后来，英国经济学家克拉克（C. G. Clark）经过分析得出如下结论：随着经济发展和人均国民收入水平的提高，劳动力首先由第一产业向第二产业转移。当人均国民收入水平进一步提高时，劳动力便向第三产业转移。

1954 年，刘易斯（W. A. Lewis）在《曼彻斯特经济和统计研究》上发表了他的著名论文《劳动无限供给下的经济发展》，系统研究了发展中国家产业结构和人口城市化的关系。在这篇论文中，刘易斯把发展中国家的经济划分为传统农业部

---

① 阿尔弗雷德·索维. 人口通论. 查瑞传，邹沧萍，戴世光，等，译. 北京：商务印书馆，1983：327 - 338.

② 李竞能. 现代西方人口理论. 上海：复旦大学出版社，2004：156.

门和现代城市工业部门。该理论认为，在发展中国家的农村，由于人口过多，土地资源有限，同时传统的农业部门又缺少资本投入，必然出现大量剩余劳动力。根据边际收益递减规律，随着人口的增加，农业部门的劳动边际生产率最终将等于零或成为负值。在城市工业部门，由于劳动生产率比农业部门高，为追逐利益的最大化，各种生产要素必然会向城市工业部门集中，导致城市现代工业部门产量迅速增长。同样是由于劳动生产率较高，再加上工会的作用等原因，城市工业部门的收入水平要高于农业部门的平均收入。因此，扩张的工业部门可以按照现行既定工资获得所需增加的劳动力，农业部门的剩余劳动力受高工资的吸引不断向城市工业部门转移。这一过程将一直持续到现代工业部门把所有的农业剩余劳动力吸收完毕为止。[①]

在刘易斯二元经济结构模型的基础上，针对该模型忽视了农业劳动生产率的提高和农业剩余产品的增加是农业劳动力转入现代工业部门的前提这一缺陷，拉尼斯（G. Lanis）和费景汉（J. Fei）对刘易斯的模型作了修正，进一步把发展中国家经济发展过程划分为三个阶段。[②]

第一阶段：传统农业部门中存在大量显性失业人口，农业部门的边际劳动生产率为零，农村劳动力的供给弹性无限大。此时，劳动力从农业部门流向工业部门，既不会使农业总产量减少，也不会引起工业部门工资水平的变化。相反，由于剩余劳动力的流出，农业部门可能形成人口城市化所必需的农业剩余。

第二阶段：农业部门的劳动边际产量大于零，但小于劳动

---

① 威廉·阿瑟·刘易斯. 二元经济论. 施炜，谢兵，苏玉红，译. 北京：北京经济学院出版社，1989：1-46.

② 段成荣. 人口迁移研究原理与方法. 重庆：重庆出版社，1998：66-67.

的平均产量。此时，农业部门中存在着隐性失业人口。城市现代工业吸收这部分人口进入城市会导致农业总产量下降。粮食的短缺会引起农产品价格的上涨，因此，工业部门不得不提高工资以吸引农业部门剩余劳动力。由于工资水平的提高会阻碍劳动力的转移，所以，工业部门的进一步扩张有赖于农业劳动生产率的提高。

第三阶段：全部剩余劳动力都已经被吸收到工业部门，劳动和资本一样成为稀缺的生产要素，农民的收入和工业部门的工资都由其边际生产率决定。传统的农业已经变为现代商业化的农业。

20世纪60年代以后，针对发展中国家的城市失业和农村—城市迁移同时存在的问题，托达罗（M. P. Todaro）在二元经济结构模型基础上，提出了自己的人口流动模型。托达罗认为，由于城市中失业的存在，农村劳动者来到城市并不一定能够找到工作。因此，他们在决定迁往城市工业部门工作时，就不能仅考虑城乡收入差距，也要考虑城市的就业率和失业率，即他在城市找到工作的概率有多大。也就是说，在托达罗模型中，影响农村劳动力迁移决策的因素不是城乡实际收入差距，而是城乡预期的收入差距。

托达罗还注意到，发展中国家的农村劳动力向城市迁移并非像刘易斯等人的二元经济结构模型描述的那样在两个部门间进行选择。而是"由于这些国家长期存在着严重的失业问题，从而使迁移者并不能马上获得所期望的高收入职业。实际上，出现在城市劳动力市场上的迁移者或者将完全失业或者在'传统的'或'非正规的部门'中找一些临时的、或部分时间工作的如小商小贩或修理商之类的短工"[①]。这实际上是托达

---

① M P 托达罗. 第三世界的经济发展（上册）. 于同申，苏蓉生，等，译. 北京：中国人民大学出版社，1988：354.

罗把刘易斯等人的两部门二元经济模型修正为了三部门二元经济模型，即一国经济存在三个部门：农业部门、城市传统部门（非正式部门）和城市现代部门（正式部门），并且托达罗强调城市传统部门对创造就业机会和降低城市失业率具有重要意义。

1.2.2.3 人口迁移的微观经济理论

(1) 生命周期理论

1955 年，罗西（P. H. Rossi）在《家庭为什么迁移》一书中最先用生命周期来解释迁移决策。他对费城的居住流动性进行研究后，认为生命周期的变化会带动家庭结构的变化，由此带来对住宅的新要求，为适应这种要求而产生了迁移。此后，萨巴（G. Sabagh）、巴特勒（E. Butler）、凡·阿斯多尔（M. Van Arsdol）等学者发现个人迁移随其生命周期的位置变化而变动，从周期形成到结束的关键时间可以解释迁移或增或减的倾向，如表 1.1 所示。

增加迁移概率的事件包括：婚姻、怀孕、生育。到最后一个孩子出世时，居室已经适合这一家庭的最大规模，迁移概率达很低水平。当孩子开始独立，家庭规模变小，父母开始重新考虑自己的居住需求，迁移概率再次上升。此外，一些学者也将职业特征、经济机会、个人社会经济地位等因素纳入该理论，对迁移决策进行综合分析，使该理论的解释性更强。

表 1.1　　　　　　　生命周期和潜在迁移决策①

年龄	家庭成员身份	潜在迁移决策
0	家庭成员身份开始	←所有迁移都和家庭在一起
18	单身者	←决定离开原来家庭
25	已婚夫妇	←由于婚姻而迁移

---

① 李竞能. 现代西方人口理论. 上海：复旦大学出版社，2004：161 - 163.

表1.1(续)

年龄	家庭成员身份	潜在迁移决策
30		←由于家庭扩大，需要更大居住空间而迁移
	养育家庭成员	*为满足教育连贯性需要而长期稳定
	家庭规模变小	←子女开始离开家庭
50	老年夫妇	←调试、降低对居住空间的需求而迁移
60		←退休迁移
70	单身老年人	←鳏寡

注：每一个（←）代表一次可能的迁移决策；（*）代表不迁移决策。

（2）地方效用理论

20世纪60年代中期，沃尔波特（J. Wolpert）发表了一系列论文，其在迁移决策研究中引入了"地方效用"（Place Utility）概念，并在这一概念基础上建立了用于人口迁移决策分析的地方效用理论。所谓地方效用，就是一个人在一定时间内在空间上迁移所获得的综合净效用。该理论把所有人都看做迁移者，非迁移者只是迟滞的迁移者，这些人只是推迟迁移决定，甚至推迟一生。迁移过程是迁移者选择一个比原来居住地以及其他任何地点都能提供更高地方效用的地方的过程。此时，目的地"更高"的地方效用可能是现实的，也可能只是潜在迁移者"认为"的期望地方效用。人口迁移就是一个由潜在迁移者对原居住地的地方效用和目的地的期望地方效用进行比较，从而作出迁移与否的决策的过程。①

在沃尔波特地方效用理论基础上，布朗（L. A. Brown）和摩尔（E. G. Moore）将"压力临界值"概念引入地方效用

---

① 段成荣. 人口迁移研究原理与方法. 重庆：重庆出版社，1998：55-57.

理论，建立了压力临界值模型。根据这一模型，人口迁移是人们对压力的反应。压力既可能来自迁移者本身，也可能来自外界生活环境。只有当原来居住地的地方效用由于自身的或者外界的压力减少到低于某一阈值时，迁移者才会作出迁移的决定。但是决定的实现还要看压力程度的变化（例如潜在迁移者降低自身期望，或外界环境改善等），以及原住地与选择目的地之间地方效用的比较结果。如果选择目的地能够提供更高的地方效用就决定迁去，决策过程如图 1.3 所示：

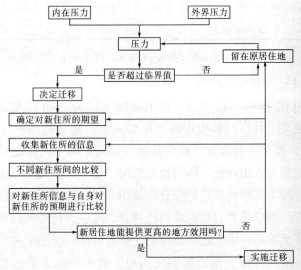

图 1.3　人口迁移压力临界值模型①

（3）经济收益最大化理论

1961 年，舒尔茨（T. W. Schults）在《论人力资本投资》一书中构建了迁移的"成本—效益"模型。在该模型中，迁移被看作迁移者一种人力资本投资行为，其目的在于获得更大的投资效益。因此，迁移发生与否取决于迁移者对迁移成本与

---

① 段成荣．人口迁移研究原理与方法．重庆：重庆出版社，1998：58.

效益的比较。迁移的成本是为了实现人口迁移而花费的各种直接和间接费用，包括资金成本和社会成本。迁移的收益也可以分为资金成本和社会成本。[①]

在舒尔茨的"成本—效益"模型基础上，萧斯塔（L. A. Sjaastad）对未来收益进行了权数处理，消除了物价上涨因素，把迁移净收益用下式表示：[②]

$$PV_{ij} = \sum_{t=1}^{T} \frac{U_j^t - U_i^t - C_{ij}^t}{(1+r)^t} \tag{1.4}$$

式中，PV_{ij} 为从 i 地迁移到 j 地的净收益现值；U_j^t 和 U_i^t 分别为 i 地和 j 地在时间 t 内所预期的实际收入；C_{ij}^t 为从 i 地迁移到 j 地的成本；r 为折扣率；T 为预期剩下的生命长度。

此后，万索（J. Da Vanzo）对经济收益最大化理论作了拓展，将非经济动机，如更宜人的天气等，纳入了模型中。[③]

1.2.3 当前人口分布和迁移理论研究存在的问题与不足

人口在地域空间的分布与再分布问题一直以来就是众多学科关注的焦点问题和研究的重点问题，其研究成果可谓汗牛充栋、成绩斐然，但也存在明显的短板与不足，概括起来，主要表现在以下几点：

（1）人口分布与人口迁移研究彼此割裂，不成体系

人口在地域空间的分布于静态上表现为人口分布状态，于动态上表现为人口迁移变化。人口分布是人口迁移的结果，人口迁移是人口分布变动的主要形式，二者本质上是统一的，是

---

① 西奥多·W 舒尔茨. 论人力资本投资. 吴珠华，等，译. 北京：北京经济学院出版社，1990：200-210.

② 李竞能. 现代西方人口理论. 上海：复旦大学出版社，2004：163.

③ 李竞能. 现代西方人口理论. 上海：复旦大学出版社，2004：164.

一个问题的两个方面。但已有的人口分布研究和人口迁移研究不论是从研究内容，还是从研究方法上都存在一条明显的界限，可谓泾渭分明，似乎是完全独立的两个学科。人口分布研究往往只专注于对人口在地域空间静态分布的描述和影响因素分析，而忽视了影响因素的变化对人口动态再分布的作用；人口迁移研究则往往注重对人口动态迁移流的解释，而忽视了静态人口分布状况对迁移流产生以及迁移流对迁入与迁出地人口静态分布的影响。这就直接导致了用于描述静态人口分布状况的规律不能有效地解释动态的人口迁移现象，而用于解释动态人口迁移现象的理论又对静态人口分布状况缺乏解释力。本应是统一的人口分布与迁移问题被人为地分成了两个独立的理论体系，彼此割裂、互不相通，缺少一种能够从人口分布出发研究人口迁移，以人口迁移为基础研究人口分布，同时对二者都具有一定解释力的理论。

（2）多学科介入研究，但彼此缺少交融

人口分布与再分布是人口某一时点在地域空间的分布状态及其在一定时段内的变化过程，涉及人口学、地理学、经济学、社会学、生态学、历史学等多学科内容，同时也是以上不同学科重要的研究领域和研究对象，而且这些学科都站在各自学科基础上对人口分布与迁移问题作了卓有成效的研究。总的来说，经济学对人口分布与迁移的研究成果最多，影响也最大，但其他学科的研究也具有各自的优势。

无疑，多学科介入有助于更科学、更全面地把握人口分布与迁移问题。但是不同学科的研究者往往倾向于从各自专业的角度看待人口分布与迁移现象，习惯于使用本学科的研究方法，或专注于某一类或几类人口分布与迁移现象，而忽视其他类型；或片面强调某一个或几个影响因素，而忽视其他影响因素；或研究视野仅仅局限于某一个或几个历史阶段，而忽视其他历史阶段。这直接导致了人口分布与迁移研究的学科特点十分鲜明，学术分界明显。大体上说，地理学善于通过地理信息系统（GIS）等先进分析手段对人口分布状态进行数量描述与分析，但缺乏对人口分布与迁移现象背后根源的理论总结；经济学长于人口迁移的动因分析，但缺乏人口分布机制的经济理论；人口学善于对人口分布和人口迁移规律的总结，但缺乏对人口分布与迁移现象的一以贯之的理论解释。这些学科对人口分布与迁移问题的研究彼此独立，自成体系，各自形成了一套人口分布与迁移理论，并且各有一定的适用范围，从而使本来就十分复杂的人口分布与迁移问题就显得更加扑朔迷离，难以把握了。

（3）对人口的分布机制和迁移动力的解释名目繁多，只具部分解释力

由于人口分布与迁移问题本身的复杂性，再加上各学科间缺少必要的交融，针对人口分布与迁移问题形成的理论较多，尤其是对人口分布机制和迁移动力的解释更是数量繁多，但学术观点迥异，甚至存在矛盾。以人口迁移的动力机制为例，吴忠观教授在为刘家强博士的《中国人口城市化——道路、模式与战略选择》一书所作的序中，曾有过十分精彩的评述，现抄录如下："关于人口城市化的含义和动力机制是研究城市化必然要回答的问题。经济学家认为，城市化的原动力就是工业化，城市化是人口经济活动由乡村向城市，由农业向非农业的转移过程。社会学家则认为，除经济因素外，人类文化教育、价值观念、生活方式、宗教信仰等非经济因素都是人口城市化的动力，城市化是一种社会变迁，是社会结构的变化，是人在生产、生活等各方面更加社会化的过程，是个人、群体和社会之间相互依赖加强的过程。而以城市地理环境为研究对象的城市地理学在分析城市化的动力机制时，首先注意问题的空间性，从地域秩序入手予以分析，从而认为产业的空间聚集是城市化成长的最基本条件，也是城市化发展的基本动力，城市

化是地域产业结构转换的过程。生态学家则认为，人类是一种高级生物种群，人类生态系统的形成、演化过程就是人类不断地寻求最适宜生态位的过程，由于城市生态适宜度高于农村生态位，从而驱动了人口由农村流向城市。人口学家则从人口迁移去解释城市化的动力机制，认为城市化就是人口向城市集中的过程。"① 再以前文所提到的人口迁移的引力理论和压力理论为例，对于前者，人口规模大意味着该地区所能提供的就业机会就多，人口因素是人口迁入的正因素；而对于后者，人口规模大意味着远离适度人口，人口因素成为人口迁入的负因素。同一因素在不同理论中对人口迁移的作用完全相反。

概括来说，这些不同学科的学术观点和理论都有各自适用的一定范围和领域，要不就是在一定历史时期内具有较好解释力，如工业革命时期；要不就是在一定领域内具有较好解释力，如人口乡村—城市迁移领域；要不就是在某一区域范围内具有较好解释力，如欧洲。但这些观点和解释又都不同程度地存在理论盲区，缺少一种从整个人类发展史角度和所有人口分布与迁移领域都具有较好适用性的通用理论。

（4）研究视角局限于某一历史阶段，研究成果具有明显的历史局限性

自从人类诞生以来，就产生了人口在地域空间的分布与再分布问题，但人口分布与再分布现象在人类社会不同发展阶段是以不同面貌出现的，具有鲜明的时代特征。例如，史前人口分布的特征与农业社会人口分布不同；农业社会的人口分布特征与现代社会也不同；史前人口迁移与农业社会的乡村—城市迁移在形式和本质上都不同；农业社会的乡村—城市迁移与现代社会的人口城市化进程也完全不同。但是，已有的人口分布

---

① 刘家强. 中国人口城市化——道路、模式与战略选择. 成都：西南财经大学出版社，1997：3.

与迁移理论多是针对某一历史阶段的人口分布与迁移现象作出的，具有明显的历史局限性。以人口迁移为例，史前人口迁移是以考古学和历史学的面目出现的，只涉及从人类诞生（约300万年前）到人类发明文字（约公元前三四千年）这一历史阶段；城市是在农业革命以后出现的，因此，人口城乡分布、乡村—城市迁移和城市—乡村迁移的研究视野为公元前3000年①以后的历史阶段；一般认为，城市化进程是伴随工业革命出现的，显然，人口城市化研究必然只能聚焦在公元17世纪以后的历史阶段；地理大发现后掀起的欧洲人口移民美洲和奴隶贸易导致的非洲黑人的被动迁移也仅存在于特定的历史阶段，以这些人口迁移现象为研究对象的理论（如资本与劳动力流动理论），其研究视野也必然仅限于这一特定历史阶段。

对于像人口分布与迁移这样一个具有鲜明时代延展性的历史性研究课题，仅取其一段进行研究，而不能站在整个人类发展史的角度给出人口分布与迁移的全景图像，实在有盲人摸象、管中窥豹之弊，从而难以对人口分布与迁移现象的本质做出准确把握。

（5）长于对现象的描述，缺乏对现象背后的本质的推究

人口分布与迁移问题涉及政治、经济、文化、生态、地理、历史等自然、社会多方面内容，影响因素繁多庞杂，从现象入手展开研究本无可厚非，但归根结底，最终还是要获得对人口分布与迁移问题现象背后本质的认识。正如著名地理学家大卫·哈维所说，"没有理论，我们就不能指望对事件做出有控制的、始终如一的和合理的解释。没有理论，我们就很难声称了解自己学科的主题。"②

---

① V G 柴尔德. 远古文化史. 周进楷, 译. 上海: 群联出版社, 1954: 133.
② 大卫·哈维. 地理学中的解释. 高泳源, 刘立华, 蔡运龙, 译. 北京: 商务印书馆, 1996: 582.

从目前的情况看，人口迁移研究的理论性和系统性较强，但也有一些人口迁移理论是基于对人口迁移现象与其他现象的类比研究，而缺乏对现象背后本质的把握，例如引力理论、引力场理论、生命周期理论等。而人口分布研究则基本仍停留在对人口分布状况的特征描述和影响因素的分析层面上。在邬沧萍教授主编的《人口学科体系研究》一书中，将目前人口分布的研究内容划分了三个层次，即人口分布的特征描述、影响人口分布的因素和人口分布的合理性评价。[①] 显然前两个层面仍属于对现象的描述和简单归纳阶段，并未上升到理论。而第三个阶段对人口分布的合理性评价，则是在考虑经济、资源、环境等一项或几项制约因素基础上的相对合理性评价。应该说，这些因素都是人口分布的重要影响因素，这样的合理性评价显然是具有一定的科学性的。但从逻辑上讲，在没有对人口分布问题的本质获得较深入的认识和形成一套完整的人口分布机制理论的前提下，对人口分布的合理性作出评价无异于本末倒置、缘木求鱼。

1.3 研究目的与方法

1.3.1 研究目的

针对上述人口分布与再分布研究中存在的问题和不足，本研究试图借鉴物理学中的热力学第二定律和耗散结构理论，将人口分布与人口迁移问题结合起来，对人口分布与再分布问题进行时空大尺度的系统研究，以达到以下一些目的：

（1）通过本研究，对人口分布与再分布现象的本质进行

---

① 邬沧萍. 人口学科体系研究. 北京：中国人民大学出版社，2006：252.

探讨，并尝试构筑人口分布与迁移一体的人口分布生成机制理论模型，进而促进人口分布与再分布研究的深化。

（2）通过将熵定律和耗散结构理论的相关观点与方法引入人口分布与再分布研究之中，尝试建立一种新的人口学研究范式。

（3）基于人口分布生成机制理论，描绘人口分布演化的历史图景。

（4）运用人口分布生成机制理论，尝试对中国人口分布与再分布的实际问题进行分析，并提出政策建议。

1.3.2 研究方法

（1）唯物辩证法与自然科学的最新理论成果相结合

马克思主义唯物辩证法是本书自始至终所坚持的方法论，尤其是马克思主义人化自然观更是本研究的理论基础。同时，20世纪中期以来，自然科学取得的一些最新的理论成果（主要是耗散结构理论和广义进化综合理论），不但推动了自然科学的发展，而且从哲学层面给社会科学研究者以全新的思想启迪，因此也是本书所借鉴的重要理论基础。

（2）理论的逻辑推理与实际的资料佐证相结合

本研究的目的之一是建立一种理论，但是任何"理论都是思辨构成物，而思辨不管我们喜欢与否，是一种形而上学和哲学的事业"[①]。这就决定了本研究首先要发挥必要的想象力和创造力，运用逻辑推理的方法，对人口分布与再分布问题在理论层面进行归纳和演绎。同时，结合人口分布与迁移的现实资料对理论的合理性与解释力予以佐证。

---

① 大卫·哈维. 地理学中的解释. 高泳源，刘立华，蔡运龙，译. 北京：商务印书馆，1996：578.

（3）历史分析与当代分析相结合

本研究全篇的研究视角都是站在人类发展史的角度做出的，始终坚持对人口分布与再分布问题的历史分析。但是，工业革命以来，人口分布与迁移问题的表现形式和性质都发生了深刻变化，世界人口经历了或正在经历一系列影响深远的变化。因此，在坚持历史分析方法的前提下，本研究也对近代和当代独特的人口分布与迁移现象予以了特殊关注。

（4）静态分析与动态分析相结合

人口分布与再分布问题既包括静态的人口分布问题，也包括动态的人口迁移问题。本研究始终坚持静态分析与动态分析相结合的研究方法，于静态的人口分布和动态的人口迁移两个维度，对人口在地域空间分布与再分布的规律作出理论归纳。

（5）定性分析与定量分析相结合

在对人口分布生成机制理论的构建过程中，本研究主要采用逻辑推理和演绎等定性分析方法，以提出人口分布生成机制理论，其间穿插适当定量分析方法以对理论予以验证。

1.4 研究思路和体系结构

1.4.1 研究思路与技术路线

本研究首先从人的生物学本质入手，认为所有生物体，包括人体，本质上都是典型的耗散结构，其维持与发展都需要能量的摄入，进而推导出消费的本质是对这种用于维持人体耗散结构的能量的消耗。与一般动物不同，人类使用一种特殊的方式来获得维持自身耗散结构的能量——有目的生产劳动。进而本书又对生产的本质进行了探讨，其结论就是人类利用各种能量转换器从人类社会以外引入能量而形成内能流。此后，本书对地域内能流分布规律进行了分析，并通过内能流是人类能量唯一来源，推导出新人口分布理论——内能流在地域空间的分布状况决定了人口分布状况。继而，本书对内能流规模的变化导致人口在地域空间重新分布的规律进行了分析，并提出了人口迁移动力机制的新解释。本书最后运用前文得到的人口分布生成机制理论，对人口分布及其演化过程作了一番大时间跨度的分析，给出了世界人口分布及其演化过程的完整历史图景，并得出了一些结论。本书的技术路线如图1.4所示。

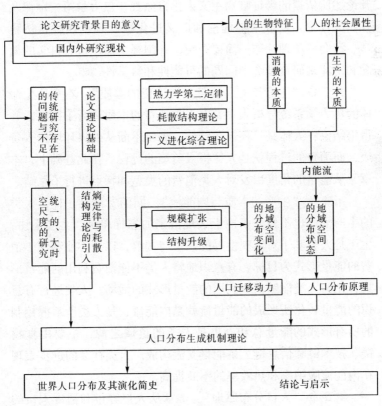

图1.4 本书的研究框架

1.4.2 体系结构

全书共分为八章，各章具体内容简介如下：

第1章"绪论"。本章主要结合当前国内外人口分布和迁移理论的研究现状和不足，论证了本研究的目的和意义。在此基础上，本章还对本书的研究方法、基本思路、逻辑框架及主要创新点进行了交代。

第2章"本研究的相关理论基础"。本章主要是对全书展开论述所依据的辩证唯物主义人化自然观、热力学第二定律及其相关理论、耗散结构理论和广义进化综合理论四种自然科学、社会科学理论作一简要介绍，并阐释了借用自然科学的概念和定律来研究社会学问题的可能性和科学性。

第3章"生命热力系统与人类消费的本质"。本章从生命体的热力学系统分析入手，对人类消费的本质进行了探讨，并得出结论：人体是一种耗散结构，需要不断从外界环境摄入负熵，而消费的过程就是人体摄入负熵的过程。在此基础上，本章又从能量的角度出发对人类消费的类型和特点进行了总结。

第4章"生产的本质与内能流"。同消费活动一样，人类的生产活动也不像其表面上表现出来的那样单纯。本质上讲，生产是人类基于对客观世界的认识与理解，以人类能够用于消费的能量形式为目标，有意识地将人类不能消费利用的能量形式转化为人类能够消费利用的能量形式的活动。人类进行有意识的能量转化所形成的能量流就是内能流，是人类所掌握控制的所有形式的能量总和，也是人类的负熵之源，主要由食物链、技术链和信息链三条能量支流构成。人类社会的进步表现在内能流吸纳率和热效率的不断提高。

第5章"人口分布原理"。本章从人口容量和适度人口的热力学模型推导出社会系统中的人口数量及其人均能量消费水平都受内能流中有效能量的重要影响。这一原理在人口地域空间分布上则表现为人口按照区域有效能量分布状况进行分布。在人类社会系统中，人口生育率是一种重要的系统规律，要随着人均有效能量的增加而下降。在生育率下降机制没有被触发的情况下，人口数量会随着内能流的扩张而不断增长，从而实现人口按照区域有效能量分布状况进行分布。在生育率下降机制触发的情况下，人口会通过迁移的方式按照区域有效能量实现再分布。

第6章"人口迁移原理"。人口迁移的动力来自于由于地区间区域内能流不均衡发展而产生的人口能量密度差，以及由此而产生的能量势差力。与人口增殖方式实现人口再分布一样，人口迁移的结果也是缩小地区间人口能量密度差的。人口自身通过自然变动和迁移变动两种方式实现在地域空间按照区域有效能量的分布状况进行分布的机制就是人口能量密度均衡律。与一般的人口迁移一样，人口城乡迁移也是人口按照区域有效能量的分布状况进行再分布的结果。自从人类产生以来，人口城乡迁移的方向总是朝向城市化的方向的，其根本原因在于城市在能量转化器、转化利用的能量来源和城乡之间的能量交换上具有农村所不具备三点优势，从而使城市内能流具有比农村内能流更快的增长趋势。工业革命使城市的这三种优势更加突出了，从而引发了近代人类社会城市化的洪流。

第7章"世界人口分布演化简史"。本章目的在于从大尺度时间跨度中勾勒出人口按照内能流进行分布的大致轮廓。根据所使用的能量转化器的不同，人类历史大体上可以划分为三个历史时期，即采集狩猎时代、生物能量转化器时代和非生物能量转化器时代。这三个时代的人口分布与再分布特点都是由这三个时代所特有的能量获取方式决定的。并且，人口在地域空间的分布变化是朝向人口分布密度增加、范围扩展、自由度上升的方向发展的。

第8章"结论与启示"。本章是全文的总结，主要是简单归纳了全书的基本结论和观点，并尝试运用本文的分析框架对我国当代一些人口分布与再分布现象与问题作了简略分析，以期为后继研究者和社会管理者的研究和实践工作开拓思路。

1.5　主要创新点

本书的主要创新点是借鉴热力学第二定律、耗散结构理论，站在整个人类发展史的角度，对人口分布与迁移问题进行时空大尺度的系统研究，并系统提出了人口分布生成机制理论。围绕这一理论，本书首次提出了内能流、外能流、食物链能流、技术链能流、信息链能流、区域内能流、城市内能流、农村内能流、内能流吸纳率、内能流热效率、人均有效能量、区域有效能量、公平系数、人口能量密度、能量势差力等概念，并对这些概念进行了定义和界定。此外，本书还首次提出了人体耗散结构系统能量摄入的层次性模型、人口容量和适度人口的热力学模型、人口能量密度均衡律模型和能量交换不等律。

1.6　本章小结

总体上讲，人口在地域空间的分布与再分布问题属于只具有较弱结合力的高级层次系统（社会系统）中的一个具体问题，具有自然、经济、社会、地理空间、生态、人口等多方面意义。过去的研究也多是从经济学、社会学、人口学、地理学、生态学、历史学等学科角度出发，对不同时期、地区的人口分布与再分布现象作出解释，即从社会系统中去寻找社会问题的答案。这必然导致切割研究，从而无法获得对人口分布与再分布问题的本质认识。

　　针对人口分布与再分布研究存在的问题与不足，本书试图借鉴物理学中的热力学第二定律和耗散结构理论，将人口分布与人口迁移结合起来，站在整个人类发展史的角度，对人口分布与再分布问题进行时空大尺度的系统研究，以期获得对人口分布与再分布现象的本质的认识，进而形成一种能够对不同时期、不同地区的大部分人口分布与迁移现象作出较好解释的人口分布生成机制理论。

2

本研究的相关理论基础

2.1 辩证唯物主义的人化自然观

马克思在对人与自然、人与社会、社会与自然、历史与自然的种种关系作多层次的研究与阐述中，创立了马克思主义哲学的人化自然观。辩证唯物主义的人化自然观克服了以往一切旧自然观的局限性，从实践的角度去考察人与自然的关系，揭示出人与自然在实践基础上的辩证统一。人化自然观既是辩证唯物主义的研究对象和逻辑起点，也是我们认识一切社会现象的重要理论工具。

2.1.1 构成人类社会的自然要素和人的要素

马克思认为，任何社会有机体都是一个严密的自组织系统，是各种社会要素按照一定次序建立起来的复杂的有机整体。在构成社会的各种要素中，自然要素和人的要素是最基本的两个。首先，人类本身既是"自然的存在物"，同时也是社会存在物。马克思认为，人首先是"自然的存在物"，是在自己所处的环境中并且和这个环境一起发展起来的。① 那些现实的、有形体的、站在稳固的地球上呼吸着一切自然力的人，本来就是自然界。② 人作为自然存在物，而且作为有生命的自然存在物，一方面具有自然力、生命力，是能动的自然存在物；这些力量作为天赋和才能，作为欲望存在于人身上。③ 人和人类社会永远是自然的一部分，这决定了人永远摆脱不掉肉体的、精神的欲望和需要。马克思在强调人的自然属性的同时，也强调人之所以为人还在于人还具有社会属性，即人是自然和社会的双重存在物。马克思认为，通过独有的生产方式——劳动，人类本身被赋予了社会属性。通过劳动，人体器官不再是单纯的自然器官，"还以社会的形式形成社会器官"；人的需要不再是单纯的自然需要，而是打上了社会的烙印，满足需要的方式也具有了社会性。人和动物都有繁衍的需要，但人的繁衍需要的满足是在婚姻制度中实现的，而婚姻制度本身是一种社会制度。所以，只有在社会中，人的自然的存在对他来说才是自己的人的存在，并且自然界对他来说才成为人。④ 可见，人在社会中实现了自然性和社会性的统一。只有在社会中，自然界才能成为人满足其需要的对象，才是人赖以生存的基础。只有在社会中，自然的人才能作为人而存在。离开社会，人就会退回纯粹的自然，成为与动物没有区别的一般生物。

其次，人类社会是"人化自然"，是自然要素和人的要素

① 马克思，恩格斯．马克思恩格斯全集：第 3 卷．北京：人民出版社，1995：374－375.

② 马克思，恩格斯．马克思恩格斯全集：第 42 卷．北京：人民出版社，1972：167.

③ 马克思，恩格斯．马克思恩格斯全集：第 42 卷．北京：人民出版社，1972：167－168.

④ 马克思，恩格斯．马克思恩格斯全集：第 42 卷．北京：人民出版社，1972：122.

的统一。马克思主义把自然首先看成人的直接生活资料，其次看成人的生活对象和工具。人通过实践活动不仅生产他自己，而且还再生产整个自然，即第二自然、人化的自然。作为人通过实践活动创造的"人化自然"——人类社会是自然要素和人的要素的统一。马克思主义自然观始终坚持自然界的客观实在性和第一性，认为人类社会本身遵循客观的辩证法，客观物质性是"人化的自然"的第一个特征，强调宇宙的一切现象，不论是由人手创造的，还是由物理学的一般规律引起的，都不是真正的新创造，而只是物质的形态变化。^① 马克思主义认为，"人化自然"的"人化"程度再高，也不会改变它作为自然的根本性质，内在的客观规律永远会在其中自发地产生作用。与此同时，马克思主义也强调"人化自然"的社会历史性，这尤其体现在马克思对"排除历史过程的抽象的自然科学的唯物主义"的批判上。马克思主张在人类历史中即在人类社会的产生过程中形成的自然界是人的现实的自然界；因此，通过工业——尽管以异化的形式——形成的那种自然界，是真正的、人类学的自然界。^② 他说，费尔巴哈不懂得即使是他眼前的樱桃树也只是数世纪之前依靠商业的结果才在这个地区出现的。

2.1.2 人类社会是社会无机体与社会有机体的统一，是自然无机体与自然有机体的高级物质运动形式

人类社会是自然界长期发展进化的产物。马克思主义哲学

---

① 马克思，恩格斯．马克思恩格斯全集：第23卷．北京：人民出版社，1972：56.

② 马克思，恩格斯．马克思恩格斯全集：第42卷．北京：人民出版社，1972：128.

在人类社会起源问题上的伟大贡献在于：它提出并确定了劳动实践的观点，揭示出由自然历史向社会历史、由自然的进化向自然的人化转变的基础与机制。

马克思主义哲学主张客观物质世界可以被划分为"自在自然"和"人化自然"。前者是指人类活动尚未作用过的自然界，包括人类世界出现之前的自然界和人类世界产生之后但人类活动尚未涉及的那部分自然界。在"自在自然"中，物质以自然无机体与自然有机体的形式进行着不受人类活动影响的"物质变换"过程。与"自在自然"相对的是"人化自然"，即指已经被人类社会实践活动改造并打上了人类主体意志烙印的自然界。"人化自然"是人们在"自在自然"的基础上，通过自身的实践活动建设形成的。

把"自在自然"和"人化自然"联结在一起的是人类的劳动。通过生产劳动，"自在自然"的客观实在性必然延伸到"人化自然"和人类世界之中去，并构成了"人化自然"和人类社会的"自然无机条件"[①]。人类实践活动加工和改造过的这个人化自然，仍然是自然规律支配下自发的自然过程的一个部分。马克思在《资本论》中强调，"劳动首先是人和自然之间的过程，是人以自身的活动来引起、调整和控制人和自然之间的物质变换的过程。"[②] 另一方面，通过劳动生产，"自在自然"中的自然无机体和自然有机体也被赋予了社会历史性，进而转化成为社会无机体和社会有机体。马克思认为，"动物和植物通常被看做自然的产物，实际上它们不仅可能是上年度劳动的产品，而且它们现在的形式也是经过许多世代、在人的

---

① 马克思，恩格斯. 马克思恩格斯全集：第 46 卷（上）. 北京：人民出版社，1972：488–489.

② 马克思，恩格斯. 马克思恩格斯全集：第 23 卷. 北京：人民出版社，1972：201–202.

控制下、借助人的劳动不断发生变化的产物。"① 这种在人类社会中的物质变换，被马克思精炼概括为"在第一种生产中（生产中），生产者物化，在第二种生产中（消费中），生产者创造的物人化"②。

由此可见，人类社会的产生改变了我们周围自然进化的本质，使自然的发展从单纯的物质演化过程提升到人化自然的历史发展阶段。但是，人类实践可以改变自然无机体和自然有机体的外部形态、内部结构乃至其客观规律起作用的条件和方式，但绝不可能消除自在自然的客观实在性。人类社会的历史本身就是自然史即自然界生成为人这一过程的一个现实部分，是自然无机体与自然有机体的高级物质运动形式。

2.1.3 人口是人类社会物质变换的主体要素和直接承担者

恩格斯在《家庭、私有制和国家的起源》一书第一版序言中指出，根据唯物主义观点，历史中的决定因素，归根结底是直接生活的生产和再生产。但是，生产本身又有两种：一方面是生活资料即食物、衣服、住房以及为此所必需的工具的生产；另一方面是人类自身的生产，即种的蕃衍。③ 在马克思主义看来，人类自身繁衍是人类通过创造构成人口总体的生命物质的生产活动，去发展和更新作为社会存在的人的社会有机体。因此，相对于"第一种生产"的物质生产，人口生产被称为"第二种生产"。在人口生产中，人和物的因素分别表现

---

① 马克思，恩格斯．马克思恩格斯全集：第 23 卷．北京：人民出版社，1972：206.

② 马克思，恩格斯．马克思恩格斯全集：第 2 卷．北京：人民出版社，1972：93.

③ 马克思，恩格斯．马克思恩格斯全集：第 21 卷．北京：人民出版社，1972：29－30.

为主、客体的人以及作为生命生产资料的物质生活资料。人口
生产作为主体的人利用客体的人（人自身的活的机体）和物
质生活资料相结合，通过一定人口生产关系——消费和生育关
系——所进行的一种更新社会有机体的物质生产活动，亦即人
借助自身生产自己。从根本上讲，这一过程也是一种物质变换
过程，是社会无机体转变为社会有机体的过程。① 这样，无论
是从物质生产，还是从人口生产来看，人口都构成人类社会物
质变换的核心要素。这主要表现在，从物质生产角度看来，人
口构成了物质生产的主体要素；而从个人消费的角度看来，人
口则是人口生产的直接承担者。

　　物质在由自然无机体和自然有机体向社会无机体和社会有
机体转变的过程中，必须要有人类劳动施加于这种物质变换过
程之中。作为劳动者的那部分人口就构成了物质生产的主体要
素。人口生产包括"自己生命的生产"和"他人生命的生
产"。② 所谓"自己生命的生产"就是指具有劳动能力（或进
入了劳动年龄）的人把通过劳动获得的生活资料转化为自己
的生命力、体力、智力和劳动力的过程。它包含劳动者自己生
命的延续、身体的增愈、体力的增强、智力的发展、才能的养
成等。所谓"他人生命的生产"则是指现实劳动人口通过孕
育、抚育和赡养等方式，将自己获得的生活资料提供给未成年
人口和丧失劳动力人口，以维持和发展其生命力、体力、智力
的过程。人口生产两大部类——"自己生命的生产"和"他
人生命的生产"——都是物质生产获得的消费资料"人化"
的过程。但是，两大部类之间的关系并不是完全对称的。人们
生育、抚育、赡养行为的完成要以自身生命的延续为前提，而

---

　　① 陈明立．人口再生产的社会本质一元论．财经科学，1990（3）．
　　② 马克思，恩格斯．马克思恩格斯全集：第 1 卷．北京：人民出版社，
1972：33－34.

生物本能要求人类在自身生命得以延续的条件下完成生育、抚育、赡养行为。因此，"自己生命的生产"是"他人生命生产"的基础和前提条件，"他人生命的生产"是"自己生命生产"的结果和延伸。① 两大部类在量上的比例关系为：

$$P_1\begin{cases} I\,(f+d+e) = I\,(f) + II\,(f) \text{ 或 } I\,(d+e) = II\,(f) & \text{简单再生产} \\ I\,(f+d+e) > I\,(f) + II\,(f) \text{ 或 } I\,(d+e) > II\,(f) & \text{扩大再生产} \end{cases}$$

$$P_2\begin{cases} II\,(f+d+e) = I\,(d+e) + II\,(d+e) \text{ 或 } II\,(f) = I\,(d+e) & \text{简单再生产} \\ II\,(f+d+e) > I\,(d+e) + II\,(d+e) \text{ 或 } II\,(f) > I\,(d+e) & \text{扩大再生产} \end{cases}$$

式中的 P 表示人类自身的总体生产；P_1 表示第一部类即自己生命的再生产的实现条件；P_2 表示第二部类即他人生命的再生产的实现条件；I 和 II 分别为第一部类和第二部类；f 表示生存资料量或其价值量；d 表示发展资料量或其价值量；e 表示享受资料量或其价值量。②

2.2 热力学第二定律及其相关理论

2.2.1 热力学第二定律的提出

在热力学第二定律发现之前，牛顿的经典力学理论统治着科学界。但是，牛顿的经典力学是建立在可逆过程的基础上的，无论是牛顿运动方程还是后来量子力学的薛定谔方程都是时间反演对称的，即把时间 t 换成 - t 并不会影响运算结果，也就是说牛顿力学和量子力学都没有规定物质运动变化的方

① 陈明立.人类自身生产中"两种生命的生产"及其相互关系.人口与经济，1984（2）.
② 陈明立.人类自身生产中"两种生命的生产"及其相互关系.人口与经济，1984（2）.

向。这显然与人们日常生活中观察到的自然现象都是不可逆过程①不相符。

1850 年，德国物理学家克劳修斯（R. Clausius）提出的热力学第二定律，正是关于在有限空间和时间内一切和热运动有关的物理、化学过程的发展具有不可逆性这样一个事实的经验总结。它的最初表述形式是："热量由低温物体传给高温物体而不产生其他影响是不可能的"（克劳修斯表述）；"从单一热源吸热做功而不产生其他影响是不可能的"（开尔文表述）。这里，"不产生其他影响"是强调了过程的自发性。

1865 年，克劳修斯提出熵的概念后，热力学第二定律又可以表述为，"在孤立系统②中实际发生的过程，总是使整个系统的熵的数值增大，它是不可逆的。"因此，热力学第二定律又被称为熵定律或熵增加原理。熵的数学表达式为③：

$$dS = \frac{dQ}{T} \tag{2.1}$$

S：系统的熵；

Q：系统吸收或释放的热量；

T：绝对温度。

这就是熵的经典热力学表述，这个熵也被称为"热温熵"。在 2.1 式中，如果是孤立系统或绝热系统，系统与外界交换的能量 Q 为 0，热力学第二定律就可以表述为 dS≥0。

---

① 所谓不可逆过程，是指物质系统和外界一经发生变化之后，不能一起回复到初始状态的物理或化学过程。例如，人们常说的"覆水难收"就是一种不可逆过程。

② 孤立系统是与外界既无物质又无能量交换的系统；与外界有能量交换而无物质交换的系统称为封闭系统；与外界既有能量交换，又有物质交换的系统称为开放系统。

③ 朴昌根. 系统学基础. 上海：上海辞书出版社，2005：317.

如果说热力学第一定律①指出了热功等效和能量转化的等值性，热力学第二定律则是反映了能量转化的耗散性和不可逆性。这种不可逆性正是由于在不可逆过程中，一定的能量不可避免的从能够做功的形式退化、转变为不能再做功的形式，而熵就是对这种不能再做功的能量的量度。克劳修斯最初在创立熵（entropy）这个概念时，就是把能量（energy）一词的前缀"en"和意思为"变换"的希腊词"trope"结合而成。事实上，能是从正面度量运动转化的能力，能越大运动转化为功的能力也越大。而熵是从反面，即运动不能转化为功的一面度量运动转化的能力。熵增加意味着系统的能量虽然数量不变，但品质却越来越差了，转变为功的可能性越来越低，不可用程度越来越高。

2.2.2 对热力学第二定律认识的深入

熵的经典热力学定义建立以后，随着人们研究的不断深入，人们又发现了熵的统计物理学意义，并且把信息与熵联系了起来，从而使人们对熵概念和热力学第二定律有了更为深刻的理解。

2.2.2.1 熵的统计物理学意义

1896 年，奥地利物理学家路德维希·玻耳兹曼（L. Boltz-mann）从微观的分子运动角度考察了熵。他认为在系统的总能量、分子总数一定的情况下，表征系统宏观状态的熵与该宏

---

① 所谓热力学第一定律就是能量守恒定律，是指能量既不能被创造，也不能被消灭，而只能由一种形式转化为另一种形式，总能量保持不变。

观态①所对应的微观态数 W 有如下关系②：

$$S = k \ln W \tag{2.2}$$

　　k：玻耳兹曼常数，其数值等于 1.381×10^{-23} 焦耳/度；

　　W：任一宏观态所对应的微观态数，或称热力学几率。

　　这就是著名的玻耳兹曼公式。它把熵和系统的微观态数目联系了起来，熵越大意味着系统的微观态数越多，分子运动越混乱。反之，熵越小意味着系统的微观态数越少，分子运动越有序。因此，在玻耳兹曼公式中，熵成为了系统状态的函数，反映了分子运动的混乱程度或微观态数的多少，是系统无序度的度量。相应的，热力学第二定律则反映了，自然过程总是自发的从热力学几率小或微观态数目少的宏观状态向热力学几率大或微观态数目多的宏观状态演变。如果没有外界的能量输入，系统演变的最终状态是对应于热力学几率最大——也就是最混乱的那种状态——平衡态。

　　可见，热力学第二定律的经典热力学意义和统计物理学意义是分别从宏观和微观上对不可逆过程的把握，前者的熵增加意味着宏观能量由可用状态转变为不可用状态，后者的熵增加意味着系统微观混乱程度的增加，二者本质上是一致的。例如汽车行驶过程就是一个熵增加过程，从宏观上看，轮子与地面摩擦生热，高品质的机械能转变成了低品质的热能。从微观上看，分子有规则运动的机械能转化为了分子无规则运动的热能，系统混乱程度增加了。

---

　　① 宏观态和微观态都是针对微观粒子的分布状态而言的。例如 a、b、c、d 四个分子在 A、B 两个容器中分布的宏观态有 5 个，分别为 A 中有 4 个，B 中没有；A 中有 3 个，B 中有 1 个；A 中有 2 个，B 中有 2 个；A 中有 1 个，B 中有 3 个；A 中没有，B 中有 4 个。这 5 个宏观态又分别对应的微观态个数为 1 个（abcd｜空）、4 个（abc｜d、abd｜c、acd｜b、bcd｜a）、6 个（ab｜cd、ac｜bd、ad｜bc、bd｜ac、bc｜ad、cd｜ab）、4 个（a｜bcd、b｜acd、c｜abd、d｜abc）、1 个（空｜abcd）。

　　② 朴昌根. 系统学基础. 上海：上海辞书出版社，2005：325.

2.2.2.2 信息的物理学意义

长期以来，人们只是把信息看成是消息的同义语，但是后来发现信息的含义要比消息、情报的含义广泛得多，而且其本质上是一个与熵密切相连的概念。

1948 年，申农（C. E. Shannon）在《贝尔系统技术学报》上发表的一篇名为《通讯的数学理论》的论文中，第一次给予信息以科学的定义。在该文中，申农为了解决从量的方面来描述信息的传输和提取问题，舍弃了通讯系统中消息的具体含义（语义）和消息对信宿的使用价值（语用），只保留信源所发出信息中的抽象语法表达所需要的单位符号的数量（语法信息），从而提出了信息熵的概念，其数学公式为[①]：

$$H = -\sum_{i=1}^{n} p_i \log p_i \qquad (2.3)$$

H：信息熵；

p_i：i 事件出现的概率论几率。

信息熵是从信源的角度对信源整体的平均不确定程度的度量。当所有事件为等几率事件时，信息熵的数学表达式与玻耳兹曼公式形式上完全一样。因此，信息熵与熵本质上是一致的。同时，从信宿的角度来看，信宿接受信息后消除了一定程度的关于事物运动或状态的不确定性，也可以说信宿消除或减少了熵。这种消除的不确定性，在量上与信息熵相等，在质上则正好相反，是一种负熵，人们称之为信息量。所以，信息熵的公式就是信息量的公式，只不过符号相反，物理含义也正好相反。信息量可以消除系统的不确定性，是系统有序程度和组织程度的度量。正如控制论的创立者维纳（N. Wiener）曾经指出的，"正如熵是无组织程度的度量一样，消息集合所包含

---

① 申农. 通讯的数学理论//庞正元，李建华. 系统论、控制论、信息论经典文献选编. 北京：求实出版社，1989.

的信息就是组织程度的度量。事实上，完全可以将消息所包含的信息解释为负熵。"① 也正基于此，人们有时直接称信息是负熵。

这样，热力学第二定律的信息论表述方式就是，如果不从外界得到新的信息，那么对信息所进行的操作和变换不可能使信息量增加，或者说，任何自动进行的热力学过程总是要损失信息的。从前面所举的汽车行驶的例子来看就是，带有信息量的机械能转化为热能丧失了信息量，在没有外界提供附加信息量的条件下，信息量的损失无法得到补充，热能不能全部转化为机械能。

2.2.3 热力学第二定律在自然科学中的地位与适用范围

任何自然定律都有其适用范围，一般说来，自然定律成立的前提条件越多，适用范围越窄。爱因斯坦（A. Einstein）曾说过："一种理论前提越为简练，涉及的内容越为纷杂，适用的领域越为广泛，那这种理论就越为伟大。经典热力学就是因此给我留下了极其深刻的印象。我相信只有内容广泛而又普遍的热力学理论才能通过其基本概念的运用而永远站稳脚跟。"② 热力学第二定律是一项基于大量实验观测而得出的经验定律，也就是说，它适用于任何领域。目前人们观测到的所有物理现象都遵守热力学第二定律，没有反例。相反，随着人们对自然认识的不断加深，热力学第二定律在不同领域被不断地证明是正确的。例如，反映蒸发液体动态平衡的饱和蒸汽压公式、反映参加化学反应的各种物质浓度之间关系的质量作用定律，以

---

① 朴昌根. 系统学基础. 上海：上海辞书出版社，2005：307.

② J 里夫金，T 霍华德. 熵：一种新的世界观. 吕明，袁舟，译. 上海：上海译文出版社，1987：40.

及开创了量子物理新时代的黑体辐射公式都是根据热力学第二定律推导出来的。[①] 我们知道，著名的牛顿运动定律只在大尺度宏观领域和物体运动速度较小的情况下成立，在接近光速和微观领域是不适用的。然而，根据热力学第二定律推导出来的饱和蒸汽压公式、质量作用定律和黑体辐射公式涉及物理现象、化学现象、宏观领域、微观领域，可见，热力学第二定律在自然科学中占有最基础的地位，是一种普遍、绝对、精确有效的自然定律。

许多卓越的物理学家对于这一点都有清楚的认识。爱因斯坦把热力学第二定律誉为"整个自然科学的首要定律"[②]。普朗克（M. Planck）在其回忆录中也写到："为了导出这一对物理有重大意义的公式（黑体辐射公式），我不惜付出任何代价。我明白经典理论的观点是不够的，但我坚持热力学理论的两条定律（热力学第一、二定律）。这两个定律我认为是唯一的在所有情况下都不能动摇的，而其余的物理信念，我都准备做出牺牲。"[③] 英国天体物理学家爱丁顿（A. S. Eddington）则更加直接的指出："我认为，熵增原则——即热力学第二定律——是自然界所有定律中至高无上的。如果有人指出你所钟爱的宇宙理论与麦克斯韦方程不符——那么麦克斯韦方程就算倒霉。如果发现它与观测相矛盾——那一定是观测的人把事情搞糟了。但是如果发现你的理论违背了热力学第二定律，我就敢说你没有指望了，你的理论只有丢尽脸、垮台。"[④]

除了自然科学领域，近年来，随着熵概念含义的拓展，以

---

① 王彬. 熵与信息. 西安：西北工业大学出版社，1994：58 - 64.

② J 里夫金，T 霍华德. 熵：一种新的世界观. 吕明，袁舟，译. 上海：上海译文出版社，1987：5.

③ 王彬. 熵与信息. 西安：西北工业大学出版社，1994：64.

④ 《当代物理学进展》，http://www.toedu.net/ReadNews.asp? NewsID = 368，2005 年 11 月 25 日。

及人们对人类社会的物质性的认识不断深入，热力学第二定律越来越多地被使用在社会科学领域的研究中，并取得了许多令人信服的研究成果。例如，唐纳德·哈迪斯蒂（K. L. Hardesty）将能量和熵的概念运用到人类学研究中；[①] 尼古拉斯·乔治斯库—罗根（N. Georgescu‐Roegen）把热力学第二定律应用到经济学分析中；[②] 至于说未来学，由于熵定律规定了发展演化的时间箭头，熵和热力学第二定律更是得到了充分体现。威廉·福格特（W. Vogt）的《生存之路》、阿尔温·托夫勒（A. Toffler）的《第三次浪潮》、杰里米·里夫金（J. Rifkin）和特德·霍华德（T. Howard）的《熵：一种新的世界观》、霍华德·奥德姆（H. T. Odum）的《繁荣的走向衰退》是其中的代表之作。由此可见，热力学第二定律同样在社会发展和演进中占有基础地位并发挥重要作用，这是确定无疑的。因此，诺贝尔化学奖获得者弗雷德里克·索迪（F. Soddy）曾经说："（热力学定律）最终控制着政治制度的兴盛与衰亡，国家的自由与奴役，商务与实业的命脉，贫困与富裕的起源，以及人类总的物质福利。"[③]

2.3　耗散结构理论

热力学第二定律表明，能量的转化是有方向性的，这个方向就是朝向系统熵增或者说朝向均匀、简单、消除差别的状态

---

① 唐纳德·哈迪斯蒂. 生态人类学. 郭凡，邹和，译. 北京：文物出版社，2002.

② N Georgescu‐Roegen. The Entropy Law and The Economic Process. Cambridge：Harvard University Press，1999.

③ J 里夫金，T 霍华德. 熵：一种新的世界观. 吕明，袁舟，译. 上海：上海译文出版社，1987：5.

发展。"孤立系统总熵恒增加"意味着"能量贬值"，即可用能的减少。换句话说，就是能量从为人类可利用的状态到不可利用的状态，从有效状态向无效状态转化。这实际上是一种趋向低级运动形式的退化。如果把这一理论推广到全宇宙，就得出了"宇宙热寂说"的悲观结论。按照这种学说的观点，宇宙中的万事万物最终要发展到一种均匀的状态。在这个世界各处温度均匀、压强相同、各种物理差别不复存在。宇宙进入了一个死亡、寂寞的世界，并且一旦达到这个世界，它就再也不能"活"过来。在这样一种世界图景中，客观事物随时间演进变得更加混乱、无序、退化，表现出第一类时间箭头。

然而，现实的宇宙却是另外一幅图景：早期的宇宙没有化学元素，而如今仅地球上就存在几十种化学元素，这些元素构成了今天宇宙中的天体、生命以及万事万物；地球更是如此，如今这色彩斑斓、生机勃勃的地球就是从一片没有任何生命的原始荒漠演化而来的；生命从最原始的单细胞生物进化到由亿万个细胞有序组成的，能够执行复杂功能的高级生命体；人类更是从穿树叶、吃野果、住山洞，与野兽为伍的原始社会发展演变为今天高度文明、高度发达和有序的社会。这显然与热力学第二定律为我们描绘的景象大相径庭。在生物和人类世界中，时间指向了一个进化的方向，表现出第二类时间箭头。

表面上看，似乎无机界的物理、化学系统和有机界的生物、社会系统之间存在一种矛盾，即前者遵循热力学第二定律，具有增大熵、减小有序性的倾向，而后者则不受热力学第二定律的制约，可以朝减小熵、增大有序性的方向发展。事实上，这是一种由于人们认识程度不够而产生的错觉。热力学第二定律具有极高的普适性，生物系统并不能排除在热力学第二定律发生作用的范围之外。20世纪60年代，普利高津（I.

Prigogine）和他的"布鲁塞尔学派"创立了非平衡热力学①
——耗散结构理论（Dissipative Structure Theory）将两者统一
了起来。

2.3.1 自组织现象

耗散结构理论的产生源于对一种在物理、化学系统中发现的，能够在一定范围内实现由微观低级运动形式到宏观有序高级运动形式演化的现象的研究。

1900 年，法国学者贝纳德（H. Benard）发现，将一层液体置于上下两个恒温热源板之间，并使两板间距离远小于板的宽度和长度，然后给下方的恒温热源板均匀加热，当两板之间的温差达到某一阈值时，液体的静止热传导状态就会被突然打破，代之以一种特殊的对流形式耗散能量，在液体表面会出现由很多正六边形构成的花纹——贝纳德包（如图 2.1 所示）。贝纳德包并不是只有在实验室的人造环境下才能够产生。这种现象出现在自然界各种各样的环境条件下。太阳表面的物质运动、地球大气环流以及复杂的生物流中都有贝纳德包的形状和性质。②

20 世纪 60 年代科学家发现了激光。在正常情况下，半导体激光器中每个半导体的活性原子彼此独立的发出光波，光的频率、相位和方向都是无规则的。但是，当用光泵浦以某种形式给系统输送能量，并且当泵功率高于某一临界功率时，每个半导体的活性原子就像被组织起来似的，会以统一的频率和相位，朝同一方向发出光波。从无序自然光向有序的激光演化，

---

① 所谓平衡态是指系统熵值最大的状态。非平衡态热力学是研究系统处于非平衡态下的性质和规律的科学，也称为不可逆过程热力学。耗散结构就是一种非平衡态下的稳定结构。

② 拉兹洛. 进化——广义综合理论. 闵家胤，译. 北京：社会科学文献出版社，1988：37－38.

图2.1　贝纳德包

是系统进行自我组织的又一突出事例。

　　在化学领域，20世纪50年代，人们发现了化学振荡现象。在铈离子催化下作柠檬酸的溴酸氧化反应中，当参加反应的物质浓度控制在接近平衡态的比例时，在均匀边界条件下，生成物均匀的混合分布在整个容器内，呈现出对称性最强的无序状态。但适当控制某些反应物和生成物的浓度而使反应条件远离平衡态，该反应和它的逆反应会循环进行，呈现化学振荡。

　　以上三种物理、化学现象，不同于在外来干预下形成某种有序结构的他组织现象，而是系统在一定外部环境条件下，基于系统内部矛盾自发形成的，因此被称为自组织现象。这种在自组织现象中形成的时—空有序结构与生物系统相类似，是一种"活"结构，即当打破有序结构的扰动因素消失后，结构能够自动恢复。例如用一个小棍搅动液体，使贝纳德花纹被破坏，当停止搅动以后，正六角形结构便会自动恢复。由于这类结构的形成都需要外界能量的输入，同时为了与人们早已熟知的像晶体那样能在平衡条件下产生和形成的结构（平衡结构）相区别，普里高津把这类在自组织现象中形成的时—空有序结构称为耗散结构。

2.3.2 耗散结构形成的机理

根据热力学第二定律，孤立系统总熵恒增加，当其系统总熵达到最大的时候，孤立系统处于一种稳定的平衡态。但此时系统内部并不是完全静止的，其构成的微观粒子总是处于不断运动中的。这些运动的微观粒子不断会给处于平衡态的体统带来微小的扰动，使系统稍微偏离平衡，即涨落①（例如系统内温度或密度一刹那的不均匀）。但在热力学第二定律的作用下，这种微小的扰动带来的对平衡态的偏离很快就消失了，系统重新恢复到原来的平衡态。

耗散结构理论认为，通过控制外界条件，例如控制贝纳德对流实验中的温差，可以使系统从平衡态、近平衡态连续的过渡到非平衡态。此时，系统内部的流和力之间的关系不再是平衡态和近平衡态时存在的线性关系，而是非线性关系。这个时候，从平衡态连续过渡来的热力学分支就会变得很不稳定，微小的涨落（这种小的涨落永远存在）不但不会消失，还会被不稳定的系统放大，从而使系统发生突变，即非平衡相变，使系统由微观无序、宏观稳定的平衡态转变为一种微观和宏观上都呈现一定有序结构的新的稳定状态——耗散结构。

这样，耗散结构理论解释了自然界中具有较高有序状态的生命现象能够在较低有序状态的自然界中产生、延续的问题，而且也解释了生物不断进化，即生命现象有序程度不断提高的进化机制，实现了对两种时间箭头的统一。

需要说明的是耗散结构理论并不违背热力学第二定律，实质上它是热力学第二定律在远离平衡态下的拓展。耗散结构系

---

① 所谓涨落，就是指在一个系统内，当系统诸要素间不存在绝对的独立、均匀、对称关系时，它们之间的差异以及由此而产生的相互干扰，必然导致对宏观结构原有稳定性的一定偏离，这种对稳定性的偏离就是涨落。

统之所以能够不断有序化，是由于它能不断从周围环境对它的能量输入中获得负熵，并加以转换和耗散。在这一过程中，环境增加的正熵要远大于耗散结构系统获得的负熵。如果把耗散结构系统和为它输入能量的环境看成一个更大的系统的话，耗散结构系统任何一次能量转化都会导致大系统的熵增。

2.3.3 产生和维持耗散结构的条件

系统发生自组织，产生并维持耗散结构不是偶然的，只有在具备以下条件的情况下才会发生：

2.3.3.1 开放系统，并且有来自外界稳定的能量输入

根据热力学第二定律，任何孤立系统或体系的熵一定要随时间增大。直到达到最大值，系统进入最无序的平衡态。这是一个不可逆过程，只是因为事物的不同，系统弛豫[①]的时间不同而已。所以，孤立系统绝不会出现耗散结构。即使原来的系统存在耗散结构，一旦把系统孤立起来，耗散结构也会瓦解，最终趋向平衡态。

在开放的条件下，系统的熵 dS 可以被分为两个部分，即系统内部产生的熵变 diS 和系统与外界之间熵的交换 deS，三者之间的关系为[②]：

$$dS = deS + diS \tag{2.4}$$

根据热力学第二定律，系统内熵变不能小于零，即 diS ≥ 0。而外界给系统注入的熵流 deS 则没有确定的要求，deS 可以大于也可以小于零。显然，当外界输入系统的是正熵流（deS > 0），dS 仍大于零，系统不但不会形成有序的耗散结构，反而会使系统更快地趋于混乱；只有当外界输入系统的是负熵流（deS < 0），并且这个负熵流要足够强大，它除了能抵消掉

---

① 到达平衡态的过程。
② 沈小峰，胡岗，姜璐. 耗散结构论. 上海：上海人民出版社，1987：91.

系统内部的熵增 diS 以外，还能够使系统的总熵 dS 减少，才能使系统进入相对有序的状态。从这里我们也能看出，耗散结构理论并不与热力学第二定律相矛盾，如果把产生耗散结构的外部环境和耗散结构系统看成一个更大的系统的话，其总熵 dS 仍然是不断增加的。

2.3.3.2　外界的能量输入能够驱动开放系统远离平衡态

开放系统是形成耗散结构的一个必要条件，但不是充分条件。我们日常生活中接触到的系统绝大部分都是开放系统，然而形成耗散结构的例子并不是很普遍。这是由于这些开放系统都还处于平衡态或接近平衡态区域（线性区域）。在这些区域，流与力遵守线性关系，系统内部瞬间发生的微小涨落不会改变系统的稳定性，系统仍倾向于最混乱的平衡态。因此，产生耗散结构的另一个条件就是，系统本身须要具备某种特性，外界持续的能量输入能够使系统逐渐从平衡态过渡到近平衡态，进而到达远离平衡态的非线性区域，从而为系统发生突变创造条件。这也就是普利高津所说的"非平衡是有序之源"的著名论断的含义所在。

2.3.3.3　系统内部要有要素的自催化非线性相互作用

我们知道，只有系统到达远离平衡态的非线性区，并造成系统热力学分支的失稳，微小的涨落才能够使系统跃升至耗散结构分支。而使系统远离平衡态，并造成热力学分支失稳的机制是系统内部要存在要素的自催化非线性相互作用。这种要素的自催化非线性相互作用能够使某种微观行为得到自我复制和自我放大（在激光的例子中就是一个光子打到活性原子上，不仅不被吸收，反而会激发出一个新的同样的光子），从而使无数个小分子的微观行为得到协同而产生出宏观的序，并在新的耗散结构分支上形成稳定结构。

2.3.3.4　系统内的涨落导致的突变现象

自组织现象具有一个显著特点，即它总是通过某种突变过程出现的，其表现就是耗散结构的产生总是伴随着某种临界值的存在。例如贝纳德对流中的温差、激光现象中的光泵的输出功率等。当控制参数没有越过临界值时，外界的能量输入并不足以使系统从线性平衡态进入远离平衡态的非线性区，系统内部瞬间发生的微小涨落不会改变系统的稳定性。当控制参数越过临界值时，系统内部要素的自催化非线性相互作用会造成热力学分支的失稳，微小的涨落会使系统离开热力学分支进入新的更有序的耗散结构分支。在临界点附近，这种控制参数的微小改变可以从根本上改变系统性质的现象被称为突变现象。

2.4 广义进化综合理论
（Grand Evolutionary Synthesis）

2.4.1 广义进化综合理论产生的背景

20 世纪中后期是复杂性科学（Complexity Sciences）大发展的时代。不同领域的科学家都在对各自领域内复杂系统的产生、发展和功能的研究上取得了突破，形成了许多新兴理论和学科。在这些新兴理论和学科中有许多是关于进化的现代科学形式，其中主要有贝塔朗菲、韦斯（P. Weiss）、保尔丁（K. Boulding）等人创立的一般系统论；维纳（N. Wiener）、阿什比（W. R. Ashby）、比尔（S. Beer）等人发展创立的控制论科学；卡特恰尔斯基（A. Katchalsky）和普里高津等人发展创立的耗散结构理论；纽曼（J. Von. Neumann）、马图拉纳（H. Maturana）、瓦雷拉（F. Varela）等人创立的自创生系统理论（Autopoietic System Theory）的细胞自动机理论（Cellular Automute Theory）；托姆（R. Thom）、齐曼（C. Zeeman）、亚伯拉罕（R. Abraham）等人发展创立的突变理论和动态系统理论。① 这些新的研究成果涉及数学、物理学、化学、生物学、医学、生态学、经济学、社会学等传统学科领域，并且在系统进化方面具有惊人的一致性。

1986 年，美国系统哲学家拉兹洛（E. Laszlo）通过对上述领域复杂性科学取得的理论成果在哲学层面的综合、演绎，形成了涵盖物理系统、生物系统、生态系统和社会系统领域的新的进化范式——广义进化综合理论。

2.4.2 广义进化综合理论基本原理

所谓广义进化综合理论，是相对于生物学中的进化论而言的。19 世纪中期，达尔文（C. Darwin）和华莱士（A. R. Wallace）提出了关于物种起源和生物进化的学说。经过一百多年的科学探索和知识积累，现代物理学、化学、生态学以及社会科学都揭示了物质、生命、宇宙、社会都有一个进化过程，从而人类开始从更广的范围看待进化。广义进化综合理论要说明的就是，进化所展开的物理、生物和社会领域绝不是没有关联的。从最低限度来说，每种进化都为下一种进化奠定了基础，进化是一个连续的过程。当然进化并不是在不同领域内完全一样，但是其基本的动态特征和形式特征是不变的，进化的一般规律是存在的。这些规律是由表现为各种各样的形态变化的不变型式体现出来的。广义进化综合理论就是关于宇宙、生命、人类文化和社会变化的型式和动力学的理论。

广义进化综合理论认为，进化是所谓"第三种状态下的系统"——远离热平衡和化学平衡的系统所发生的过程。② 由

---

① 拉兹洛. 进化——广义综合理论. 闵家胤，译. 北京：社会科学文献出版社，1988：28.
② 拉兹洛. 进化——广义综合理论. 闵家胤，译. 北京：社会科学文献出版社，1988：31.

于现实世界的系统无一例外都是开放系统，因此，远离热平衡和化学平衡的系统内部熵的变化并不是唯一的决定于它们边界内的不可逆过程，而是能够从环境中获得外界的自由能（负熵）的输入，从而抵消系统内部的熵增。如果系统内部的熵增和从环境输送进来的自由能相平衡并相互抵消，那么系统就处于某种动态稳定状态，并且可能打破特定的稳定状态，经过相对不稳定的分叉阶段进入新的稳定状态——有序性程度更高的状态，即系统进化。进化是决定性与随机性相交替的过程。系统处于有序动态平衡阶段时受决定论规律支配。而系统环境中的涨落是随机性的，在一定条件下可以引起系统宏观行为的较大改变。尤其是系统处于某些特殊的分叉点上时，环境的涨落会被放大并迅速扩散，从而使系统失稳。涨落放大的机制驱使整个系统演化到一个新的稳定状态。但可能采取的稳定状态不止一个，系统最终采取了哪一个定态是非决定性的、不可预测的：既不取决于系统的初始条件，也不取决于环境参量值中发生的变化。由于可能的平稳状态的数量是随不稳定的程度成比例地增加的，因此系统的活力和负熵量越大，紧随失稳出现的自由度就越大。这说明动态系统的进化不是连续进化的，而是按跃迁的方式进化的。①

根据广义进化综合理论，拉兹洛把处于不同组织层次上的动态物质—能量系统看成是一个连续统一体，它出现在从宇宙的基本粒子到最高层次的生态系统及社会文化系统的整个进化领域，从而沟通了经典学科的传统疆界。拉兹洛认为系统的体积、组织层次、结合能量和复杂程度与系统所处的组织层次密切相关。系统所处的组织层次越低，系统的构造体积越小，结合能量越强，系统的结构和功能越简单。反之，系统所处的组

---

① 拉兹洛. 进化——广义综合理论. 闵家胤，译. 北京：社会科学文献出版社，1988：45-52.

织层次越高，系统的构造体积越大，结合能量越弱，结构和功能越复杂。具有较大结合力的相对较小一些的系统（较低层次的系统）在时间上先出现，并像建筑板块那样构成了较小结合力的相对较大一些的系统（较高层次的系统）。所构成的这些系统又一次成为构造体积更大、组织层次更高、结合得更松的系统的建筑板块。[①] 这样，在广义进化综合理论中，整个宇宙被看作是一个类似"箱子里面有箱子"的中国套箱式等级结构模型（包括微观组织层次和宏观组织层次）。[②] 而系统进化就是"这样从较简单的向较复杂的系统类型运动，从较低的向较高的组织性层次运动"[③]。

根据广义进化综合理论，系统由低级层次向高级层次的进化是通过"会聚"（Convergence）完成的。在自然界，处于第三种状态的系统总是展现出某种催化循环。目前，人们已经证明，催化循环是复杂结构能够维持存在的基础。当强度、温度和浓度保持在允许参量范围内时，一股能量持久的作用于有机组织系统，经过足够长的时间，那些基本的催化循环就趋向于联锁成艾肯（M. Eigen）所称的超循环（hypercycles），即维持两个或两个以上动态系统的循环圈。组成超循环的两个或两个以上动态系统，系统在功能上彼此完善、相互补充，并通过共济功能分享一个环境，这就是会聚。其结果是创造出一个更高层次的动态系统。它强加一个迫使那些下层系统进入一个集体功能模式的内部约束，并且有选择地忽视那些下层系统的许多动态细节。由于组分和结构有更大的多样性和丰富性，在新层

---

① 拉兹洛. 进化——广义综合理论. 闵家胤，译. 北京：社会科学文献出版社，1988：32.

② 拉兹洛. 进化——广义综合理论. 闵家胤，译. 北京：社会科学文献出版社，1988：33.

③ 拉兹洛. 进化——广义综合理论. 闵家胤，译. 北京：社会科学文献出版社，1988：42.

次上，由超循环所能容纳的信息量要比在较低层次上的信息量大得多。因此，由超循环形成的新系统具有比下层系统更大的结构和功能变异域，从而为复杂性的发展提供了新的可能性。

拉兹洛认为，进化的重要量度不单纯是能量，甚至也不是自由能，而是自由能通量密度（Free Energy Flux Density）。① 在进化的每一个层次上，处在持续能量流中的系统积累性地利用它们环境中的自由能通量。随着系统中保有的自由能密度的增长，这些系统遂获得了结构的复杂性。当会聚发生以后，由两个或两个以上低级系统构成的新系统在更高组织层次上获得了进一步推进进化进程的可能性。拉兹洛认为，在新层次上，通过会聚产生的新系统的结构最初是比较简单的（比组成它的下层系统的结构简单）。然后，在这个组织层次上，系统继续积累性地利用它们环境中的自由能通量，使系统结构的复杂性随着自由能通量密度的增长而提高，直到引发在这一组织层次上的会聚，把进化过程推向下一个组织层次。② 在整个进化过程中，外界能量的输入不但是进化发生的前提条件，而且自由能通量密度还规定了进化的方向——自由能通量密度的提高。它同熵值的减少、远离平衡态一起规定了物理系统、生物系统以及社会系统中的时间之矢。

2.4.3　广义进化综合理论对社会发展的解释

拉兹洛认为，广义进化综合理论适用于从微观的物理世界到宏观的社会领域。通过广义进化综合理论，物理系统、生物系统、生态系统和社会系统构成了系统进化的连续统一体。由于本书仍

① 拉兹洛. 进化——广义综合理论. 闵家胤，译. 北京：社会科学文献出版社，1988：36.
② 拉兹洛. 进化——广义综合理论. 闵家胤，译. 北京：社会科学文献出版社，1988：42.

属于传统的社会科学研究，因此，在这里，还是根据传统学科划分，对广义进化综合理论关于社会发展的解释作一简单介绍。

在广义进化综合理论中，社会进化与社会发展是内涵完全一致的范畴，社会发展的主导构型是不可逆的向前上方飞行的箭头。这是由于技术的不可逆性。在这里，对技术应作广义的理解，把它看成是倾注在人类所有活动中的那些手段，这些手段扩展了人类作用于自然和人类相互作用的能力。[①] 由于只有那些确实提高了某个生产过程的效率的技术发明才会被采用和流传下来，这种技术的不可逆性导致了人类社会能够储存和使用的能量越来越多，即社会系统的自由能通量密度增加了。随着自由能通量密度的增加，社会系统赖以在环境中维持下去的催化循环圈同社会间环境（inter - societal milieu）中类似的循环圈碰到一起并且发生会聚，使社会系统在疆域范围上和社会结构上都累进性地朝更高组织层次进化。这种系统进化的现实表现就是人类社会从旧石器时代的游牧部落逐渐发展到了当代技术型国家（如图 2.2 所示）。与物理系统和生物系统一样，社会系统进化的方向也是朝不断改进技术以便取得、贮存和使用更大数量、更高密度的自由能的方向发展。与此同时，社会系统的规模变得更大，结构和各种组分之间的关系变得更复杂，社会系统也更具活力和自主性。[②]

人类社会的系统进化并非是以连续的、直线的方式发展的，而是以非连续的、非线性的方式进行的。在广义进化综合理论看来，人类社会是一个由人组成的动态实体，它由人组成，但并不归结为这些人的行为和属性的综合；它进化出了它

---

① 拉兹洛. 进化——广义综合理论. 闵家胤，译. 北京：社会科学文献出版社，1988：94.

② 拉兹洛. 进化——广义综合理论. 闵家胤，译. 北京：社会科学文献出版社，1988：93 - 102.

自己那个社会组织层次特有的功能，并获得了它自己那个社会组织层次特有的属性。各种行为规范和建制构成了人类社会的超生物组织层次束。社会系统通过这些超生物组织层次束使它的下层系统以及自然资源流、原材料流、食品流、能量流、货币流、信息流和人流的再生产和再补充正常进行，即社会系统的自创生机制正常发挥作用。随着技术进步带来的自由能通量密度的增加，社会系统容易失稳，即从原先稳固的自创生机制让位于一种危机性的不稳定状态，并开始出现分叉。随后，一种新型的超生物组织层次束代替旧有类型开始发挥作用，社会系统实现了飞跃。①

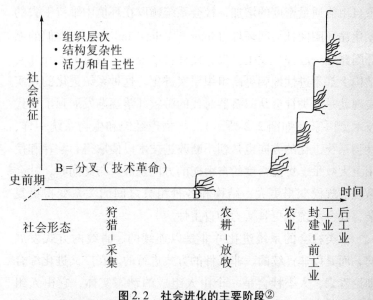

图 2.2　社会进化的主要阶段②

---

　　① 拉兹洛. 进化——广义综合理论. 闵家胤，译. 北京：社会科学文献出版社，1988：102－106.

　　② 拉兹洛. 进化——广义综合理论. 闵家胤，译. 北京：社会科学文献出版社，1988：54.

2.5　运用自然科学的概念、
定律研究社会科学的科学性

本书是借用自然科学的概念和定律来研究社会学问题，因此本研究的理论基础既包括自然科学理论，又包括社会科学理论。那么这种研究方法是否存在认识论上的错误呢？其科学性又体现在哪里呢？在此，有必要针对这一疑问予以阐释。

首先，自然科学和社会科学本质上是一体的、相通的。

科学是人类探索周边世界的经验所得，其本质上是一体的、相通的。把科学划分为自然科学和社会科学并不是基于客观世界的本来面目，而是受人们认识能力的局限所致。正如德国物理学家普朗克（M. Planck）在《世界物理图景的统一性》一书中所写道的："科学是内在的整体，它被分解为单独的部门不是取决于事物的本质，而是取决于人民认识能力的局限性。实际上存在着由物理到化学，通过生物学和人类学到社会学的连续链条，这是任何一处都不能被打破的链条，难道这仅仅是臆想吗？"[①]整个科学发展的历史也表明，自然科学和社会科学向来不是泾渭分明、互不相干的，自从社会科学从自然科学中逐步分化和独立出来以后，自然科学与社会科学的相互作用是推动整个科学发展的动力之一。

作为自然演化过程中产生的一个子系统，人类社会虽然在运动规律上有其一定的特殊性，但是自然界的普遍法则对它是同样有效的。这一点是毋庸置疑的。辩证唯物主义认为世界上除了运动的物质以外什么也没有，而物质运动又囊括了从无机界的物理、化学运动到有机生命体的运动，再到社会运动的从

---

① 姜学民，徐志辉. 生态经济学通论. 北京：中国林业出版社，1993：39.

低级到高级的多种运动形式，其中社会运动是迄今为止人们所认识到的最高级的运动形式。任何高级运动形式都要以低级运动形式为基础，如果没有"简单"的物理、化学过程，社会运动是不可想象的。因此，从哲学的角度讲，通过研究组成高级运动形式的低级运动形式去把握更高层次的运动规律完全是可能的，也是十分必要的。正如钟学富在其《物理社会学》中所说的："作为较普遍的运动形式的规律，物理和化学科学可以系统地运用于其他较高级的现象领域，并且在还原论的精神下，它们始终具有更基本的意义，这点是由于这些科学研究对象的性质决定的。"①

其次，借鉴自然科学最新的理论成果一直是社会科学研究的重要发展方向。

自然科学的基础性地位决定了人类对客观世界认识的飞跃基本上首先来自于重大自然科学成果，而自然科学的突破往往又构成社会科学理论变革与创新的先导。在自然科学中，由于物理学又是最基础的学科，因此物理科学往往处于这种变革的前沿和领先地位。

在社会科学史上，借用物理学的概念、定律、模型以及研究方法应用于社会经济领域的研究并取得成功的例子不胜枚举。事实上，马克思主义就是马克思和恩格斯在批判地继承包括自然科学在内的人类优秀文化思想遗产的基础上创立起来的。马克思在创立自己的经济学过程中，还直接保留和改造了某些物理学术语，例如"劳动力"、"生产力"就是力学概念的转化。类似的例子在人口学研究中也不鲜见，杜蒙特（A. Dumont）的社会毛细管学说、基尼（C. Gini）的人口循环上升和下降学说、埃利奇夫妇（P. R. Ehrlich and A. H. Ehrlich）的人口爆炸说、卡德威尔（J. C. Caldwell）的代

---

① 钟学富. 物理社会学. 北京：中国社会科学出版社，2002：19.

际财富流理论以及本书文献综述中所提到的推力—拉力理论、引力理论、城市引力场理论、人口压力理论等都或多或少借用了物理学的概念、公式、定律和模型。可以说，借鉴自然科学的理论与方法指导社会科学的研究一直是社会科学研究的一个重要的发展方向。本书也是这样一种尝试。

最后，马克思主义人化自然观和拉兹洛的广义进化理论为社会系统与物理系统之间架起了一座桥梁，并构成了本书的哲学基础。

在本书的四个理论基础中，作为从自然科学领域借鉴而来的热力学第二定律和耗散结构理论，是本书研究社会现象并最后提出人口分布生成机制理论的基础理论和分析工具，而马克思主义人化自然观和拉兹洛的广义进化理论则在物理系统与人类社会系统之间架起了一座桥梁，构成了本书的哲学基础。

马克思认为，人类社会本质上是客观物质世界的一部分，是"人化自然"。相对于"自在自然"，人类社会是人们通过生产劳动将自然无机体和自然有机体进行物质变换，赋予其社会性，形成社会无机体和社会有机体的结果。具体到本书，马克思的人化自然哲学思想就体现在：在物质、能量、信息三基元统一于能量的基础上，内能流实际上就是"人化自然"这一哲学范畴的客观对应物，而外能流则与"自在自然"具有内在同一性。[①] 人类生产的本质就是通过能量转化不断地将外能流的能量吸纳入内能流，并进一步转化成各种能被人类消费的能量形式，或者说是自然无机体和自然有机体不断"人化"的过程。在这一过程中，人的社会性得到了体现。

根据拉兹洛的广义进化综合理论，人类社会的存在要依赖于外界的能量输入。而人类社会的发展就是在技术的不可逆性的作用下，社会系统内的自由能通量不断扩张的结果。在本书

---

① 内能流和外能流概念的内涵和外延详见第四章。

中，这种用能量衡量的"人化自然"——内能流就是人类社会系统的从外界获得的，用于抵消系统内部熵增的自由能（负熵）输入。人类社会的进步就体现在，由于技术的不可逆性，人类所使用的能量转化器不断进步，通过生产这一能量转化过程，使内能流规模不断扩张，热效率不断提高。

由此可见，本书仅是借用物理学的概念和方法来研究社会学问题，而绝不是把社会运动和现象简单地还原为物理运动和现象。本书在物理学与社会学上的结合点仅限于人类个体和人类社会都是典型的耗散结构，都要遵守热力学定律这一点上。而人类的能量转化活动、内能流的扩张、能量势差动力的产生以及人口能量密度均衡律的作用过程则无不体现着人的社会性。

2.6 本章小结

作为从自然科学领域借鉴而来的热力学第二定律和耗散结构理论，是本书研究社会现象并最后提出人口分布生成机制理论的基础理论和分析工具，而马克思的人化自然观和拉兹洛的广义进化理论则在物理系统与人类社会系统之间架起了一座桥梁，构成了本书的哲学基础。本书正是基于以上四种理论，对人口分布与再分布现象作出的理论研究。

3

生命热力系统与人类消费的本质

要突破人口分布与再分布的传统研究范式，我们需要打破传统的认识习惯，重新审视我们日常生活中一系列约定俗成、习以为常的现象和过程。在这一章，我们要对生命现象和人类消费的本质作一番再认识。

3.1 生命体的热力系统分析

3.1.1 生命的本质特征

在耗散结构理论产生之前，由于无机界的物理、化学系统和有机界的生物、社会系统之间存在发展演化方向上的矛盾，导致人们对生命的本质是什么，或说生命和非生命之间是否存在一种内在的区别，因此在这一古老哲学问题的认识上出现了两种完全对立的观点——机械论和活力论。

机械论强调物理定律的基础作用，认为构成生命的元素并没有超越无机界中的元素表，所有的生命有机体也都要遵守物理学定律，骨骼生长、肌肉运动、血液循环等生物运动都是原子极其复杂的作用的结果，并且能用那些存在于无机界中的力和定律来解释，生物体只不过是一种异常复杂的机器。总之，机械论认为生命体并不具备某种独特的东西使它区别于非生命体，持这种观点的代表人物是法国著名哲学家笛卡尔（R. Dsecartes）。

与生命机械论的观点正好相反，活力论则认为，生命有机体显然与非生命的组织诸如晶体、机器、星系有本质的区别。从表面上看，生命体表现为一种从单细胞到组织、器官，再到无数细胞组成的多细胞有机体的独特的组织体系；生命体需要不断与外界进行物质和能量交换才能保持自身组织的有序性；生命体能够以"自发"的运动对外界刺激作出反应，而不是仅仅是对外力作出机械反应；生命体要经历生长、发育、衰老、死亡的渐次变态过程，并能够通过繁殖保持种群的延续。这些都表明生命与非生命之间存在本质区别。德国生物学家杜里舒（H. Driesch）在实验室中发现，将刚刚发育的海胆胚芽分离成两半，两个胚芽都能独立发育成独立的个体。这显然不服从自然界的物理规律，任何机器都不能做到这一点。因此，杜里舒认为，在生命现象中，存在一种根本不同于物理—化学力的因素在起作用，它按照预期的目的指导生命活动。杜里舒把这种"具有自身内在目的"的因素（实际上是一种非物质的超自然的因素）称为隐得来希（entelechy）[①]，意指生命原理。

长期以来，机械论和活力论的争论使人们对生命本质的看法莫衷一是，无法形成定论。那么，有没有一种外在标准能够把生命体和非生命体截然分开呢？或者说，生命的本质特征是什么？有人认为判断生命的标准是看这种有序系统能不能自主运动；也有人主张看是否具备对外界刺激作出反应的能力，等等。经过多年的验证总结，现在人们一般认为，一个组织系统

---

① 路德维希·冯·贝塔朗菲. 生命问题. 吴晓江，译. 北京：商务印书馆，1999：9 - 10.

同时满足以下两个条件就能够被看成是生命体：

3.1.1.1 需要不断摄入能量

任何生物，不管是动物、植物、微生物，都与贝纳德对流系统一样，是一种"活"的结构。这种结构有一个明显的外部特征，即在它们生命存在的始终，要不间断地与生命体的外界环境进行物质和能量交流活动。一旦这种物质和能量交流活动停止了，则生物必然已经死亡了，也就是说生物体的"活"结构已经解体了。早在20世纪40年代，著名物理学家薛定谔就注意到了这一事实，并将其归纳为生命体"以负熵为生"[①]。

耗散结构理论产生以后，人们认识到，每一个生命体都是一个远离热力学平衡区域的开放系统。单个生命体的整个存在历程，就是一个通过物质和能量的进出，循环不断地从外界摄取负熵以抵御生命体内产生正熵的过程。这一过程的外在表现就是新陈代谢。一旦新陈代谢停止了，或者新陈代谢低于某一极限值，生命体内不断产生的正熵超过来自系统外的负熵，生命体就会解体，生命就会死亡。正如哈特利所说的，"正如只要有能量，悬在喷泉口处的赛璐珞球就会保持在自己的位置上不停地旋转一样，生命也需要这么一股能流。"[②]

需要指出的是，生命体并不只是以食物这一种形式摄入能量。信息也是一种负熵。长期的生物进化，使各种生物都具备了一套各自独有的信息发送接收系统。这些生物通过发送接收各种以声音、色彩、气味、形体等形式为载体的生物信息，消除了生物体内的不确定性，从而使生物的觅食、繁殖等活动能够正常进行。

---

① 埃尔温·薛定谔. 生命是什么. 罗来欧，罗辽复，译. 长沙：湖南科学技术出版社，2003：69.

② 卡洛·M. 奇波拉. 世界人口经济史. 黄朝华，周秀鸾，译. 北京：商务印书馆，1993：21.

3.1.1.2 能够通过繁殖进行自我复制

需要不断摄入负熵仅是构成生命的必要条件，而不是充分条件，生命的另一个本质特征是能够通过繁殖进行自我复制。虽然不同种类生物的生命周期长短各异，但所有的生物个体都会面临衰老、死亡。为了保证单个生命体消失以后，整个种群能够持续生存下去，生命体通过繁殖活动进行自我复制（无性繁殖是完全复制，有性生殖是半复制），以产生新的生物个体取代旧有个体。

通过生命的第一个本质特征，我们可以把生命同晶体等"死"的有序结构区分开。而生命的第二个本质特征则把生命这种特殊的"活"结构同贝纳德包等无机界的耗散结构区分开。如果我们发挥一点想象力，把某一物种的所有个体看做一个巨大的生命体，或者我们像《自私的基因》的作者理查德·道金斯（R. Dawkins）那样，把基因看成生命的主体，而生命体只是基因的外壳，那么生命与贝纳德包的区别就消失了，个体生长、发育、繁殖都可以看作是这一生命体独特的"花纹"，生命的本质就是通过耗散能量获得负熵以维持整个有序结构的存在。

3.1.2 生命体的热力系统分析

3.1.2.1 生命体能量的获得

根据耗散结构理论，各种生命体都是耗散结构，那么这种独特的热力系统是如何运作的呢？我们首先对单个生命体的热力系统作一番分析。

地球上所有生物都能够分成两大类：自养生物和异养生物。前者包括所有绿色植物和深海植物；后者包括所有动物和微生物。

绿色植物所用于产生和维持耗散结构的能量来自于太阳能。我们都知道，太阳在距地球 1.5 亿千米远的太空中不断进行着一系列的核聚变反应。在太阳的内部，四个氢原子在高温高压下合成为一个氦原子，在这一过程中，太阳损失掉一部分质量，同时放出大量的热和光。携带着巨大能量的太阳光到达地球后，被绿色植物所吸收，准确地说，是被绿色植物叶片中的叶绿素吸收。运用吸收的能量，绿色植物将土壤中的水和大气中的二氧化碳合成葡萄糖，并放出氧气，反应方程式如下[1]：

$$6CO_2 + 6H_2O + \varepsilon \rightarrow C_6H_{12}O_6 + 6O_2 \tag{3.1}$$

ε：以光量子形式被绿色植物所捕获到的太阳能。

这种反应就是光合作用。光合作用的化学反应方程式表示，由二氧化碳、水和太阳能可以生成葡萄糖和氧气。标准状态下，光合作用各种反应物及生成物的熵值，如表3.1所示：

表3.1　　　光合作用反应物与生成物的熵值[2]

反应物	标准状态熵值 （焦／度·摩）	生成物	标准状态熵值 （焦／度·摩）
二氧化碳	214.0	氧	204.8
液态水	69.8	葡萄糖	35.5
合　计	283.8	合　计	240.3

比较方程两边的熵值，我们会发现左边反应物的熵值比右边生成物的熵值大。根据热力学第二定律，自发过程总是沿着熵增加的方向进行，也就是说在式3.1中，只有从右向左的反应（即燃烧或分解）能够自发进行。而绿色植物通过其体内叶绿素所具有特殊功能实现了减熵，或者说获得了能够做功的自由能。根据热力学第一定律，即质能守恒定律，在反应的两

①　山边茂. 生物热力学导论. 屈松生，黄素秋，译. 北京：高等教育出版社，1987：94.

②　王彬. 熵与信息. 西安：西北工业大学出版社，1994：155 – 158.

边能量是守恒的，反应物获得的自由能来自于太阳能。也就是说，绿色植物通过光合反应，把太阳能中的能量以葡萄糖的形式储存了下来。绿色植物通过这种方式固定下来的太阳能，沿着食物链在整个生态系统中流动，是维持地球上所有异养生物获取负熵的根本来源，也是整个生态系统的负熵之源。因此，有人称太阳是地球上的生命之源。

其实，太阳是地球上的生命之源这种说法并不是很严谨。首先，实验证明绿色植物能够在日光灯等人造光源的照射下完成光合作用。如果光源的能量来源是来自于非太阳能（包括直接和间接的）的能源，例如核能，那么我们可以说在日光灯照射下生长的绿色植物的生存脱离了太阳能。其次，除了实验室的人造环境，事实上，地球上也存在一些独特的生命形式并不依靠直接或间接的从太阳那里获得的能量来维持耗散结构。看过美国迪斯尼公司出品的科学纪录片"Aliens of the Deep"的人都知道，在太阳光无法到达的地球海洋的最深处，也有生物种群的存在。在这种独特的生态系统中，自养生物是一种紫红色的细菌。利用地球深处熔岩喷口处的热能，这种紫红色的细菌能够利用熔岩喷口处喷出的硫化氢与二氧化碳进行化学合成，同样生成葡萄糖，化学反应方程式如下[①]：

$$6CO_2 + 6H_2S + \varepsilon \rightarrow C_6H_{12}O_6 + 6S \qquad (3.2)$$

ε：被紫红色的细菌所利用到的热能。

这种紫红色的细菌被其他生物摄食后，这种化学合成固定下来的热能又被其他异养生物所获得，从而维持了这种独特的生态系统的运转。从这里我们也能够看出，对于生命这种典型的耗散结构，正如薛定谔所说的，负熵才是真正的生命之源。至于负熵来自于太阳、日光灯还是熔岩喷口，对于生命来说则

---

① 山边茂. 生物热力学导论. 屈松生，黄素秋，译. 北京：高等教育出版社，1987：97.

没有什么分别。

由于异养生物不具备自养生物那种利用太阳能和无机物合成葡萄糖的能力，因此异养生物需要以自养生物或其他异养生物为食，通过把直接或间接得自自养生物由光合作用或化学合成固定下来的高能物质（氨基酸、蛋白质、脂肪等）分解为葡萄糖，然后再通过呼吸反应分解葡萄糖来获得维持耗散结构的能量。

3.1.2.2　生命体对能量的使用

自养生物和异养生物都是通过呼吸作用氧化分解葡萄糖来获得能量的。自养生物主要在夜晚进行呼吸反应，而异养生物则无时无刻不在进行着呼吸反应。所谓呼吸反应是生物以葡萄糖的氧化作为开始的食物的生物学燃烧过程，化学反应方程式如下：[1]

$$C_6H_{12}O_6 + 6O_2 \rightarrow 6CO_2 + 6H_2O + \varepsilon \tag{3.3}$$

生物进行呼吸反应的主要目的是为了通过分解葡萄糖以获得能量。依靠这种能量，生物体得以通过做功来维持生理机能。概括起来，这些对生物体生命运转至关重要的功大致主要有化学功、输送或浓缩功、机械功和电功四种。[2]

所有生物细胞，无论是成长期还是成长后都要做化学功，其主要内容是用氨基酸、嘌呤体、葡萄糖等低分子物质制造蛋白质、核酸、多糖质等生物高分子物质，即所谓生物合成。这些高分子物质在生命期内不断被消耗，因此生物需要不断做化学功进行生物合成来补充消耗掉的生物高分子物质，而这一过程中需要消耗大量能量。

---

① 山边茂. 生物热力学导论. 屈松生，黄素秋，译. 北京：高等教育出版社，1987：95.
② 山边茂. 生物热力学导论. 屈松生，黄素秋，译. 北京：高等教育出版社，1987：95.

生物体内每时每刻都在进行的生物合成需要多种反应物并会产生多种生成物。这些反应物和生成物都需要根据各种细胞功能的不同在生物体之间进行有目的的输送，这一过程就需要做输送或浓缩功。所谓输送或浓缩功，就是生物把从外界获得的水、二氧化碳等物质运送到能够进行光合反应的细胞中，以及生物体中的不同种类细胞引进所需要的 K^+、PO_4^{3-}、葡萄糖、氨基酸等物质，并排出不需要的或有害的物质，在这些过程中，常常需要这些物质逆着浓度梯度运动，因此需要耗费能量做功。

动物具备爬行、奔跑、飞翔、游动的能力，一些植物也具有主动做出某种动作的能力。这些功能的实现，是由于生物能够通过做机械功驱动肌肉或其他相关组织收缩与拉伸的缘故。生物体做机械功所消耗的能量一部分转变为肢体的动能，还有一部分则通过肢体运动对外界做功转变为其他形式的能量。以人提一桶水为例，人体内做机械功耗费的能量一部分转变为手的动能，一部分则转变为水桶的势能。当然，在这一过程中，不可避免地会有一部分能量转变为废热耗散掉了。

生物的神经细胞是通过发出和接受电信号进行工作的。其基本原理是神经细胞通过 K^+、Na^+ 等离子的运动，在细胞膜内外产生电位差和放电现象，从而产生活化电流来传递信号。在这一过程中，驱动这些离子运动则需要耗费能量通过做电功实现。

除此之外，一些具有独特生理机能的生物要完成其机能还要额外耗费能量做功，例如像萤火虫之类的发光生物通过氧化荧光素发光，这一过程就需要额外耗费能量做功。

总之，由于这四种功是生命体维持组织机构和生理机能正常运转的所必需的，因此每个生命体只要一息尚存，就无时无刻不在耗费能量做这四种功。这也是为什么生命体要保证外界能量不断输入的生物学上的原因。

3.1.2.3　生命体对能量的耗散

根据热力学第二定律，以上所有的生物过程都伴随着能量贬值，即在太阳能、化学能、机械能、电磁能等能量形式的转化过程中都有一部分能量转化为不能再做功的废能了。这就需要生物具有一种能把这部分废能排出体外的机能。除了人们熟知的呼吸、排泄过程会带走一部分废能以外，生物还通过直接热量辐射、与接触物的热传导、空气对流和体液蒸发几种方式与外界环境进行能量耗散。① 生命体正是在向外界耗散废能的过程中实现了自身熵值的降低。

3.1.3　生物为获得能量摄入而进行生存竞争

从生物对能量的获得、使用和耗散过程中我们可以看出，生命体是一种典型的耗散结构系统。如果我们把不同生物体的组织结构看成是形形色色、各具特征的"贝纳德花纹"的话，那么生命现象与无机界自组织现象之间的区别将变得微乎其微。正如贝纳德包一样，如果外界的能量输入停止了，生命也就终止了。能量在生物体内的流动如图 3.1 所示。

正是由于负熵对于生命具有如此重要的意义，围绕耗散结构系统，不同种类生物为了获得能量输入都各自发展出来一套获取能量的方式，其表现为不同种类生物在生态系统中都占有各自的生态位。由于大自然在一定时期内能够提供的负熵是有限度的，例如一天内照射到地球上的太阳能的量是一定的，生物为获得负熵这种至关重要的生存资源必然会展开争夺能量的生存竞争。如果我们把太阳能、水、二氧化碳等光合作用反应所需要的无机物资源看成是绿色植物的"食物"的话，生态系统中的生存竞争就是以食物消费竞争的面目出现的。

---

① 唐纳德·L 哈迪斯蒂. 生态人类学. 郭凡, 邹和, 译. 北京：文物出版社, 2002：41-42.

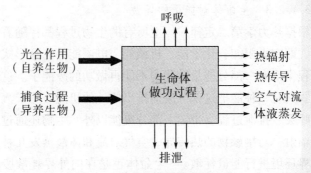

图 3.1　能量在生物体内的流动

达尔文（C. Darwin）的进化论解释了生态系统中的生存竞争是如何产生和运转的。器官形态与功能占优势的生物个体（由基因决定）能够在食物消费竞争中处于有利地位，从而能够摄入足够的能量以保证自己的生存，同时也获得了繁殖下一代的权利。因此，导致生物个体在器官形态与功能占优势的基因也获得了更大可能性被遗传到下一代生物体中。相反，器官形态与功能不占优势的生物个体由于摄取不到足够的负熵，其基因被遗传下去的可能性也降低了。这也就是为什么我们看到森林中的树木根系越来越深、枝干越来越高，动物奔跑得越来越快的原因。

3.2　人类消费的本质

3.2.1　生物学的消费与经济学的消费

人体也是一种耗散结构，需要遵守耗散结构理论所规定的一般规则，即人体耗散结构的维持与发展也需要不断从外界环境摄入负熵。在这一点上，人和其他生物并没有什么本质的不同。人类是通过消费来获得维持和发展自身耗散结构所需要的能量摄入的。但直觉告诉我们，生态系统中的各种生物无时无刻不在为了食物（生物体负熵的主要来源）而进行生存竞争，而人类则不是这样，尤其是现代社会，人们已经不再单纯为了食物而奔忙。其实，这一点从生物学意义上的"消费"含义与经济学意义上"消费"的含义具有明显的差异就能看得出来。生物学意义上的"消费"仅是对食物或生物摄入的营养物质而言的；生物学中的"消费者"也是专指那些不能依靠简单的无机物合成生物有机质和生物能，而需要以其他生物为食的生物。与此相对应的是，经济学上"消费"的含义则要广泛得多。人们除了把购买和食用食物叫做消费，购买和使用衣服、家具、电视、汽车、房屋、煤炭、汽油等各种用品，以及享受他人的服务也都被称为消费。

如果只有食品消费才是摄入负熵，而其他物品和服务的使用并不会对人体耗散结构系统造成任何影响。那么，随着社会进步，人们为"一日三餐"而四处奔忙的时间显然越来越少。人类是不是已经逐渐摆脱了追逐负熵的阶段了呢？答案显然是否定的。从耗散结构理论来看，虽然经过千万年的进化，人类身体组织器官发生了很大的变化，但并没有根本改变其耗散结构的本质。恰恰相反，由于进化论是指向第二类时间箭头的，进化只会使人体耗散结构系统变得更加复杂、更加有序，人类仍要遵守耗散结构理论的一般规定。而生物学和经济学对"消费"含义上表现出的偏差只是表面上的，如果从消费的热力学本质上看，生物学的消费与经济学的消费本质上仍是一致的。

3.2.2　人类消费的本质

食物供给人体所需要的营养物质并使人不觉饥饿；衣服为人体提供遮蔽使人不觉得寒冷；房屋给人提供遮风避雨的地方；汽车成为人类的代步工具使人走得更快更远；请理发师修

剪头发以保持身体舒适和美观仪表等。所有这些人类行为，除了都可以被称为"消费"以外，还有什么关联吗？或者说，人们在这些千差万别的消费活动中到底消费了什么？

这其实是一个关于人类消费本质的问题。我们说，从热力学的角度来看，人类消费的本质，实际上是通过利用消费品或服务中所蕴藏的各种形式的能量进行做功，来获取人体耗散结构系统所必需的能量摄入。日本物理学家槌田敦将这种消费品或服务中所蕴藏的能量称为扩散能力①，以强调其必须具备扩散做功的能力。② 在上述例子中，人类都从各种消费品或服务的能量耗费中获得了某种形式的能量。

我们首先来看食物消费。人类食物中存在大量以蛋白质、氨基酸、脂肪等形式储存的化学能。当食物经过消化道变成粪便排泄出去后，这些蛋白质、氨基酸、脂肪等高能物质被消化道分解吸收，一部分被分解成为葡萄糖直接用于呼吸反应以产生维持生理机能的能量，一部分被重新合成为碳水化合物和脂肪储存起来以备将来用于呼吸反应。从呼吸反应的化学反应方程式（式3.3）可以看出，反应前后的物质是守恒的，所不同的是反应物的熵值低，生成物的熵值高，代表二者熵值差的能量被人体耗散掉了，也就是被消费了。在这一过程中，食物中含有的化学能在体内燃烧做功，人体从中获得了热量。从这里我们也能看出，人类的食物消费并不是在消费物质，物质在消化过程中是守恒的，这也就是为什么人们可以吃米饭，也可以用面粉代之的原因。人类真正消费的是构成食物的各种物质中所负载的能量。

---

① 所谓扩散能力，就是槌田敦所谓潜熵，并有潜熵＋熵＝恒量。扩散能力是做功能力的直白表述，因此其含义就是自由能。

② 槌田敦. 资源物理学. 朴昌根，译. 上海：华东化工学院出版社，1991：11.

人类消费的煤炭、汽油等燃料与食物有一定的相似性，都是利用消费品中的化学能进行做功。只不过前者的化学能以各种碳氢化合物的形式存在，而后者的化学能以氨基酸、蛋白质、脂肪等高能物质形式存在；前者的含能物质在体外氧化释放能量，而后者在体内氧化释放能量；前者（包括后面讲到的衣服等具有形式能的消费品）释放的能量主要用于创造并维持适宜人类生存的体外环境（例如煤炭燃烧释放热量使室内温度更加宜人），以保证人体耗散结构系统正常运转，而后者释放的能量则直接用于人体耗散结构的维持与运转。这里还需要说明的是，根据燃料消费做功释放的能量形式不同，人体耗散结构系统摄入的能量形式也不同。例如燃烧煤炭用于取暖，人体获得的是热量；而乘坐燃烧汽油驱动的汽车，人体获得的是对体内化学能的节省（代替步行）。

我们再看衣服、家具、房子等消费品。这类消费品的特点是这些消费品中所蕴藏的能量并不是化学能，其能量也不是通过氧化燃烧一次性释放和被消费的，而是被逐渐释放和被消费的。德国著名物理学家奥斯特瓦尔德（F. W. Ostwald）将固体或刚体抵御外界作用力并保持一定形状的能力称为形式能。[①]事实上，人类使用衣服、家具、房子等这类消费品正式为了利用其中的形式能。如果从形式能这一陌生的专业名词的角度理解这点有些困难的话，我们可以仍从热力学第二定律出发来理解。根据热力学第二定律，自然过程总是自发的从热力学几率小或微观态数目少的宏观状态向热力学几率大或微观态数目多的宏观状态演变。如果没有外界的能量输入，系统演变的最终状态是对应于热力学几率最大的平衡态。衣服、家具、房子等消费品之所以具有被人们消费的价值，是由于其具有某种结构

---

① 奥斯特瓦尔德. 自然哲学概论. 李醒民，译. 北京：华夏出版社，2000：99-100.

（即一种有序性）。具有这种有序结构的消费品显然处于热力学几率极小的状态，人们对这些消费品的使用会导致其向热力学几率大的状态演变，其表现就是衣服穿破、家具磨损、房屋折旧。与食物消费一样，新衣服和旧衣服、新家具与旧家具、新房子与旧房子之间熵值的差就可以看成是耗费其蕴藏的形式能量对外"做功"的结果。通过形式能对外"做功"，人体耗散结构系统同样获得了对体内化学能的节省。例如穿衣为身体保暖，减少了身体热量损失，从而使身体只要燃烧较少的化学能就能使温度保持在最适宜的 37℃。在这类消费活动中，用于做功的能量与燃料消费一样是在人体外部流动，其主要作用也是创造并维持适宜人类生存的体外环境以保证人体耗散结构系统正常运转。唯一与燃料消费不同的是，这类消费品中的能量不是一次性释放和被消费的，而是被逐渐释放和被消费的。

事实上，人类并不总是在一次消费活动中只单纯利用一种性质的能量做功，很多时候，人们为了获得某种形式能量的摄入，需要在一次消费活动中同时让几种性质的能量做功。例如汽车，人们驾驶汽车要同时消费汽车的形式能和为汽车提供动力的燃油中蕴藏的化学能，在这一过程中，人体获得了对体内化学能的节省；再如电视，为了获得信息能的摄入，人们看电视时同时要消费电视节目所蕴含的信息能①、电视机的形式能和驱动电视机工作的电能。

享受别人的服务同样是在消费能量，只不过这种消费活动消费的是别人体内储存的化学能而已。例如，人们请理发师理发，理发师在理发前后身体的物理状态显然是不一样的，理发之后会觉得疲劳，这是由于支出能量做功的缘故。通过消费理发师体内的化学能，人们得到的是更加漂亮、整洁的外表和更

---

① 信息是一种负熵，能够消除系统的不确定性，从而增加系统的有序性。这与能量做功的效果是一样的，因此可以被看成是一种能量。

加舒适的发型。再如人们观看文艺表演，舞台上演员的表演实际上是把体内的化学能转化为机械能驱动肌肉做功以做出表情、移动肢体和发出声音。声音本身是一种空气振动，含有声能。由于演员的组织加工，演员的对白、歌声成为一种带有某种秩序的空气振动，从而又为声音中加入了信息能。剧院中的光线照在演员的表情和肢体动作上发生发射，反射光则带有了演员所传递的各种肢体信息。当这种带有信息能的光能和声能传送到观众的眼睛和耳朵里，其中含有的信息能够愉悦观众的心情。因此，在观看文艺表演这种消费活动中，通过消费演员体内的化学能（当然还有剧院、舞台、座椅中的形式能和提供照明的电能），人体获得了信息能。

人类所消费的能量种类并不只局限于以上所讲到的化学能、形式能、信息能、电能、光能、声能等几种，还包括热能、动能、势能、磁能、体积能、表面能、核能等多种性质的能量。如果我们用这种方法分析人类所有的消费活动就能够看到，无论消费品具有哪种性质的能量，其被使用之后的状态的熵值一定大于被使用之前的状态的熵值。这是因为，经过使用后的消费品不可能变得比未使用之前更加有序（事实上，使系统变得更加有序的是生产过程，具体分析参见第四章），这是由热力学第二定律决定的。这样我们就能够得出结论：人类消费的本质是通过利用消费品或服务中所蕴藏的各种形式的能量做功来获取人体耗散结构系统所必需的能量摄入。在这一点上，生物学的消费与经济学的消费获得了统一。正如美国人口学家洛特卡（A. Lotka）曾经说的，"人类在其经济生活的表象下，依然具备生物特征，这一点我们与其他物种没有什么区别。"① 在经济学意义上，广泛得多的"消费"含义只不过说

---

① A Lotka. Elements of Mathematical biology. New York：Dover Publications inc.，1956.

明人类获取能量的来源从有机界扩展到了无机界而已。

从人类消费的本质出发，进而我们能够发现，一件物品能不能成为人类的消费品，或者说是否具备被人类消费的价值，关键是看其是否含有能量，确切地说是否含有人类能够利用的那些形式的能量。根据热力学第二定律，如果系统没有外界能量输入，系统的熵恒增，直到达到平衡态。反之，任何系统如果没有处在平衡态，那么它就具有向平衡态扩散的能力，即做功的能力。我们说，这样的系统就含有能量，具有被人类利用的价值——使用价值。事实上，槌田敦也正是这样定义消费品的使用价值的。①

应该说，某种物品具有使用价值，即含有人类能够利用的能量，并不一定会被人类使用或消费。某种物品是否会成为消费品还要受物品含有能量的存在形式、人类技术水平以及具有相同功能物品的替代等方面因素的影响。但是，如果某种物品中不含有人类能够利用的能量，那么这种物品一定不会成为人类的消费品。这也就是为什么我们从没见过以吉布斯自由能改变量大于或等于零的物质作为有效成分的食物和燃料、温度与环境相同的电热器、文字按随机顺序排列的书籍、原子排列和周围空气一样混乱的衣服的原因。

3.2.3　人体耗散结构、需求与消费的关系

消费的本质告诉我们，人类各种消费活动都是为了获得维持人体耗散结构所必需的能量。但能够被人类消费的能量形式多种多样，到底消费哪些形式的能量能够获得人体所需要的能量摄入则取决于需求。我们知道，人体耗散结构正常运转是需要一定内部和外部条件的，其中内部条件包括身体各部分机能

---

① 槌田敦. 资源物理学. 朴昌根，译. 上海：华东化工学院出版社，1991：11.

健康、心理情绪稳定等，外部条件则主要是指适宜人类生存的物理环境，包括温度、湿度、含氧量、气压等。当这些内部或外部条件不处于人体耗散结构运转的最佳条件范围时，或者由于某种原因，原来处于最佳范围内的内部或外部条件发生改变，对人体耗散结构的正常运转造成了危害时，人体就会本能地产生纠正这些偏差的需求，而满足这些需求则需要消费相应形式的能量。例如，饥饿会产生吃饭的需求，满足这种需求则需要消费食物中的化学能；气温过低会产生添加衣服的需求，满足这种需求则需要消费衣服中的形式能；身心疲惫会产生休闲娱乐的需求，满足这种需求，比如说以看电视的方式休闲，则需要消费电视节目所蕴含的信息能、电视机的形式能和驱动电视机工作的电能。可见，人体耗散结构是产生需求的客观物质基础，而所谓需求就是对能量的需求，并且需求决定人类消费能量的形式。通过消费能量，需求在得到满足的同时，人体耗散结构得到维持和发展。人体耗散结构、需求与消费之间的关系如图 3.2 所示。

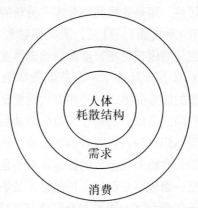

图 3.2 人体耗散结构、需求与消费的关系

事实上，这种关系并不仅限于人类，所有生物都以这种模式进行能量消费。只不过其他生物消费的能量只是来源于食物

中的化学能，并通过自身生理机能来满足这些需求而已。例如，冬天来了，动物并不会利用衣服中的形式能，而是通过增加耗费体内的化学能用于生长毛发、羽毛或者脂肪来对抗严寒；动物进行娱乐也不会看电视消费信息能、形式能和电能，而同样是耗费体内化学能进行追逐嬉戏。但是这种出于维持生命体耗散结构系统的正常运转而产生需求，进而消费某种形式的能量来满足这种需求的能量消费模式，不管对于动物还是人类来说都是一样的。

3.2.4 人类消费能量的有限性与无限性

在地球上，能量存在的形式多种多样、千差万别，但并不是所有含有能量的物品都能够用于人类消费，人类只能将以某些种形式存在的能量作为消费品。正是这种对能量形式的选择性，同样一种性质的能量由于其存在形式不同，从而对于人类来说意义迥异。例如，食用菌和毒蘑菇都含有化学能，但前者能够成为人类的食物，而后者则不能；木材中含有的形式能并不能直接用于居住，而是要将其组合成一种新的有序结构才行（具有了一种新的形式能）。可见，人类能够利用的能量形式具有有限性。究其原因，是在长期的自然选择过程中，各种物种（包括人类）都各自具备了一套获取负熵的本领，但同时也限制了其消费的能量的形式。一些形式的能量对于某些生物来说就是能够利用的负熵，而对于其他生物来说则不是，在生态系统中表现为不同物种占有各自的生态位。例如，面包对人类来说就是负熵，食物消化过后的排泄物则不是；而对分解者来说则正好相反，面包不是负熵，排泄物才是负熵。这里需要指出的是，对于生命而言，能量本身并没有相对性，所有生物都需要稳定的能量摄入来维持耗散结构。各种生物（包括人类）利用能量的相对性只不过是由于其利用能量的方式和能力的局限所导致的对所能利用的能量形式具有局限性。

　　与其他生物不同的是，人类具有一种能够把不能直接消费的能量形式转化为人类能够使用、消费的能量形式的本领。这种本领就是运用人类掌握的科学技术进行有目的的生产活动（具体分析参见第四章）。一般来说，在生态系统中，各种生物都固定以其食物链下层的几种生物为食，杂食动物也不过是其食谱相对更广泛而已。这就决定了这些生物所能利用的能量形式十分单一。而人类则不同，通过掌握使用火以及其他烹饪技术，人类重组了食物中的能量存在形式消除了对人体的不利影响，从而使几乎所有动物体内的化学能都能被人类所利用（当然出于文化、宗教的原因人们并不都这样做）。这样，人类的食物来源空前拓展了。其他生物通过耗费自己身体内储存的有机能量生长毛发、羽毛、脂肪来抵御寒冷，而人类则改变动植物纤维和木材等编织和建筑材料的组织结构，形成某种人类能够利用的形式能（即制造衣服和修建房屋过程），通过消费体外的形式能来达到同样的目的。这样，人类消费的能量形式又从有机界推进到了无机界。理论上讲，只要不违背质能守恒定律和热力学第二定律，能量存在形式的转变并没有限制，可以经过无数环节改变能量的储存形式。也就是说，如果掌握相应的技术，人类具有把任何形式的能量转变为人类能够消费的能量形式的可能性。换句话说就是，所有含有能量的物品都有成为人类消费品的可能。从这个角度讲，人类利用能量的形式又是无限的（如图3.3所示）。例如，人类能够将排泄物作为肥料用于种植蔬菜来间接获得其中残存的化学能；人类能够从毒蘑菇内提取某种有效成分做成药品用于治病；等等。

　　人类利用能量的有限性和无限性是辩证统一的。人类直接利用能量形式的相对有限性体现了人类的生物学本质和内核，而人类间接利用能量形式的绝对无限性则体现了人之所以为人的本质特征和劳动外壳。人类间接利用的绝对无限的能量要最终转变为人的生物学内核所能够接受的能量形式，而人类的生

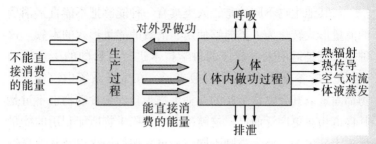

图3.3　人类利用能量示意图

物学内核所需有限的能量形式则通过劳动外壳对绝对无限的能量形式进行转化来获取。可以说，人类利用能量的拓展要以生物内核为目的，同时以劳动外壳为手段。正是在生产和消费中，人类实现了生物学内核和劳动外壳的统一。

3.2.5　人类能量消费的类型

与其他生物消费的能量来源和形式都比较单一不同，人类通过能量转化的方式获得最终消费的能量，能量消费的范围也更加广泛。根据能量的性质、耗散方式、利用方式和用途的不同，人类的能量消费可以划分为不同的类型。

3.2.5.1　按能量的性质划分

人类消费的能量按性质的不同可以分为物质性消费和服务性消费。前者主要是人类通过使用含有各种形式能量的物质来获得维持耗散结构的能量，例如人类使用食物、衣服、汽车等消费品；后者则是人类通过相互做功获得的维持耗散结构的能量，例如人类享受理发、按摩、观看文艺表演等。需要加以说明的是，我们这里所说的服务性消费与日常生活中所说的服务消费还有所不同。这里所说的服务性消费是人们通过直接对人体做功获得消费的能量，而一旦有物质作为媒介就不能称为服务性消费了，事实上应该被视为一个生产过程（参见第四章）。例如，日常生活中我们一般把餐饮业称作服务业。如果我们考察人们的就餐过程就会发现，厨师改变了食物中能量的存在形式，使食物更加可口、更富有营养，从热力学角度看，这实际是一个生产过程，而不是一个消费过程。

本质上讲，人类从服务性消费中获得的能量也是来自于外界，人体与贝纳德包一样都可以看成是外界能量耗散的通道。根据图3.3，人体从外界获得的各种形式的能量经过体内能量转化，除了一部分转化为高熵的能量形式通过呼吸、排泄、热传导等方式散失在外界环境中以外，还有一部分转化为其他低熵能量形式，例如机械能，用于对外界做功。这部分低熵能量如果直接施加于人类自身上就构成服务性消费。如果这部分低熵能量施加于其他物质上，以增加物品中含有的能量或改变物质中的能量形式，则构成生产。物质性消费的能量来源正是生产活动产生的高能物质。

3.2.5.2　按能量的获取方式划分

根据能量的获取方式不同，人类的能量消费可以分为体内消费和体外消费。体内消费主要是指食物消费，以及食用营养品、药物治疗等消费。这类消费活动的特点是，以各种物质形式存的能量在人体外并不释放，要获得这些消费品中的能量须要通过食用、注射或其他方式，把含有各种形式能量的物质输入人体内，经过人体组织的消化、分解、释放后予以利用的。由于生命体利用能量的特点是须要通过多种化学反应释放各种化学键中的能量，因此体内消费的能量主要是化学能。体内消费的能量主要用于维持人身组织机能正常运转和为对外做功提供能量。

在体外消费活动中，人类利用的能量在体外已经存在，不需要经过身体组织的消化分解作用予以释放。与体内消费的能量种类比较单一不同，体外消费的能量种类则丰富得多，几乎所有种类的能量都能成为人们体外消费的对象。当然，所有种类的能量都要经过能量转化形成人体适宜利用的能量形式。例如人体并不能直接利用核能，人类在生产过程中经过能量转化，将核能转化为热能，热能再次转化为电能（核电站发电过程），电能转化为其他形式的能量，如转化为热能（电热器），以供人类利用。体外消费的能量主要用于构建适宜人体耗散结构存在和正常运转的体外环境，包括人类使用衣服、家具、住房、交通工具以及其他消费品中的形式能，乘坐交通工具消费的燃料中的化学能，进行娱乐时消费的电能、信息能，享受别人服务时消费的化学能等都属于体外消费的能量。

3.2.5.3 按能量的利用方式划分

根据能量的利用方式不同，人类的能量消费可以分为直接消费和间接消费。除了形式能以外的所有性质的能量，人类都是以直接的方式加以利用的。在这种方式下，人类消费强度和获得能量是直接相关，并呈成正比关系的。例如，食物消费中获得的化学能和所吃的食物量成正比，驾驶汽车获得的体内化学能的节省和燃油消耗成正比，看文艺表演获得的信息能和演员的化学能消耗成正比，等等。

在各种性质的能量中，形式能是比较特殊的一种能量。由于形式能体现在抵御外界作用力并保持一定形状的能力上，因此与其他性质的能量不同，形式能的释放和消费并不与人类消费活动的强度直接相关。例如房屋，房屋中的形式能并不因房屋内多住了几个人或者住的时间久一点就消耗得快一些。由于热力学第二定律的缘故，房屋中的形式能在没有人居住的情况下也在持续以一定速度消失，这一速度虽然与人类使用的强度有一定关系，但并不像人类利用其他性质的能量那样呈严格的正比例关系。看电视也是这样，我们消费的电能和信息能都与我们看电视的时间成正比。虽然电视机本身也会由于我们看电视就一点而磨损得多一些，但绝不像电能和信息能那样与看电视的时间呈严格的正比例关系。由于这种能量不与人类消费活动的强度直接相关，因此我们可以看作是人类以间接的方式利用的。

3.2.5.4 按照能量的用途划分

根据能量的用途不同，人类的能量消费可以分为主旨消费和辅助消费。所谓主旨消费就是从消费中获得的能量是直接用于维持单个个体耗散结构的消费活动。前文所举的所有的例子都属于主旨消费。虽然人类消费的目的和主旨是为了获得维持人体耗散结构的能量，但有时为了单个个体能够获得稳定的能量输入，需要耗费一些能量为整个人口总体创造一个安全、适宜的外界环境。用于这一目的的能量称为辅助消费的能量。例如，人类使用电力设施、给排水设施、交通设施、河流堤坝等公共设施所获得的形式能就属于辅助消费。辅助消费的能量并不能直接用为维持单个人体耗散结构的稳定运行，但却是维持整个人类社会耗散结构稳定运行所必需的，对人类的主旨消费起到了辅助作用。

3.3 人类消费的特点

3.3.1 人类消费的三个特点

人类消费的本质告诉我们，人体耗散结构是消费需求产生的物质基础，消费需求就是对能量的需求，而消费活动就是人体耗散结构获得能量的过程。消费本质的得出是基于对生命体这一独特热力系统的一般逻辑推演，体现了所有生命体的共同特征。在消费的本质上，人类与其他生物并无根本区别。但是，经过几百万年的进化，人类的消费活动也表现出一些与其他生物不同的特点：

3.3.1.1　人类消费能量的形式具有多样性

不需要作深入的研究，根据日常生活的经验人们就会发现，动物所消费利用的能量在形式上与人类相比是很单一的。这主要表现在两个方面：首先，动物对能量的需求比人类简单。动物对能量的需求保持在最低级的层次上，所消费的能量主要用于满足基本的生理需求。而人类则不同，除了低级的能量需求，还会进一步产生更高级的能量需求，例如情感需求等。其次，动物不具有对能量形式进行转化利用的本领，动物用于满足各种需求的能量基本上都来自于身体内的化学能，而其体内的化学能又来自于食物消费。例如，为了生命体耗散结构正常运行，动物也会产生为身体保暖的需求，但动物不会利用衣服中的形式能，而是通过消耗体内的化学能生长出绒毛、羽毛和厚脂肪来维持生命所需要的温度。动物还会产生躲避天敌、驱赶蚊虫、医治创伤等对各种能量的需求，但动物基本都是利用体内的化学能满足这些需求。仅在极少数情况下，一些动物会利用其他形式的能量，例如在身上涂满泥巴以防止蚊虫叮咬等。但总体上说，在消费类型上，动物主要进行物质性消费、体内消费、直接消费和主旨消费，而人类消费则包括所有消费类型。即便单从食物消费来看，由于人类具有对能量形式进行转化利用的本领，人类的食谱也比动物要广泛得多。人类既能以动物为食也能以植物为食，既能以陆生动植物为食也能以水生动植物为食，经过加工处理，甚至一些昆虫都已经上了人类的餐桌。而动物一般都以其生物链下层中固定的几种生物为食，杂食动物也不过是其食谱相对广泛，但仍远比不上人类食物的多样性。

在前文对消费本质的分析中，我们是把不同消费品的具体形态、结构、用途忽略掉，抽象出它们的能量本质进行分析的。如果我们把这些消费品的具体形态、结构、用途与它们所含有的能量形式一一对应，即一种能量形式对应一种使用价值，那么人类消费的各种形式的能量可以用一个三维空间表示，即日本资源物理学家槌田敦所说的使用价值空间[①]（如图3.4所示）。在消费品使用价值空间中的任意一点表示某种消费品的使用价值。由于具有对能量形式进行转化的本领，人类能够利用有限的天然材料创造出种类无限多、使用价值无限多的消费品，从而对应使用价值空间中的无数个点。相比之下，动物消费的能量形式则简单得多，只需要食物链中的几个点就能表示了。

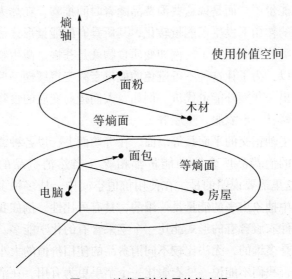

图3.4　消费品的使用价值空间

在人类消费品的使用价值空间中，主轴是熵轴，表示消费品所含有的能量的多少。熵轴向上增加，表示消费品的熵值越来越大，所含有的能量越来越少。显然，在热力学第二定律的作用下，使用价值空间中所有的点都在不断地向上移动，即消

---

① 槌田敦. 资源物理学. 朴昌根，译. 上海：华东化工学院出版社，1991：31－33.

费品中所含有的能量不断减少，转变成了熵。至于说这种向上移动的速度，则由具体的能量存在形式和所处的外界环境决定。譬如说新鲜水果、奶油面包等不宜存放的食品向上移动的速度要快一些；衣服、家具等消费品向上移动的速度就相对慢一些。但是不管其上升速度如何，一旦这些消费品在使用价值空间达到某种高度（不必完全转化为正熵），这些消费品就不再具有使用价值了。例如，食物变质、衣服破旧、房屋损坏等。当然，这并不是说这些变质的食物、破旧的衣服和房屋不再含有能量了。而是说这些消费品随着时间推移，在热力学第二定律的作用下发生了能量转化，其所具有的能量形式已不再适合人类使用和消费了。例如变质食物就是苍蝇、微生物的负熵。所以，为了让这种不可避免的能量衰减变得缓慢一些，人类会付出一些额外能量代价。例如，人们把易变质的食物放进冰箱，修补一下衣服、房屋等。

与主轴正交的平面是等熵面。在等熵面上，以各种能量形式存在的消费品所含有的能量都相等（当然消费品的量不同）。这里需要说明的是，在使用价值空间中，从多种多样的消费品中抽象出来的能量是一维的，具有可比性。例如我们可以说一件衣服含有的形式能比一个苹果含有的化学能多。但使用价值是多维的，无法比较不同消费品的使用价值的大小。也就是说，我们不能说一件衣服比一个苹果更为有用。在消费品使用价值空间中，熵值小的等熵面（熵轴的下部）具有更多种类的能量形式。在图3.4中，我们看到处于下方的等熵面面积更大一些。这是由于随着人类对能量形式转化的环节越来越多（生产过程），消费品的结构越来越复杂（也就是消费品中含有的能量越来越多），功能越来越细化，品种越来越多。可以想象，在熵轴最顶端的等熵面上的消费品都是最简单的木棒、石块等。这些消费品都是天然形成的或只经过人类简单的加工，无论是结构还是功能都是最简单的（其中含有的能量也就最少)，能量形式肯定也是最少的，即等熵面的面积也是最小的。

3.3.1.2　人类对能量的需求具有层次性

虽然使用价值是多维的，并不能比较不同消费品有用性的高低。但人类对不同形式能量的需求并不是无差别的，而是有层次的。美国著名心理学家马斯洛（A. H. Maslow）将人类的需求按照由低到高的顺序分为生理、安全、社交、尊重和自我实现五个层次，并认为人们总是有先获得低层次需求的满足才会产生更高层次的需求。[①] 如果我们稍加留意就会发现，马斯洛需求层次理论中的前两个层次的需求——生理需求和安全需求，是维持人体耗散结构最基本的需求，一旦不能得到满足，人的生命也就终止了。而社交、尊重、自我实现这后三个需求则属于高级的心理层面的需求。这三个需求如果能够得到满足，会使人体耗散结构处于更好的运转状态之中，即便不能得到满足，也不会危害或者说直接危害到人体耗散结构的生存。由此可见，人类需求的层次性正是反映了人体耗散结构是需求产生的物质基础这一事实，是人类从维持和发展人体耗散结构出发，所产生的一系列价值判断所导致的必然结果。因此，人类需求的最低层次正是与其他动物没有什么分别的生理和安全需求。只有当这些需求满足了，人类才会产生更高层次的需求。

拉兹洛的广义进化综合理论能够基于热力学第二定律和耗散结构理论，对需求的层次性做出合理的解释。当耗散结构系统在较长时间内持续保持更大量、更密集的能量通量时，耗散结构系统就会发生新的突变，使系统在更高层次上形成新的动

---

① 亚伯拉罕·马斯洛. 动机与人格. 许金声，译. 北京：中国人民大学出版社，2007：16–23.

态稳定性，系统地组织层次也会变得更复杂和更为有序。① 对于人类需求问题就是，当人体耗散结构在获得稳定持续的食物化学能和衣服、住房等基本形式能的输入以后，系统会发生新的突变，系统的组织层次变得更加复杂（既表现在身体上也表现在思想上）。由于系统结构更加复杂有序，就需要更多的能量通量，从而会产生对更高层次能量的需求，例如读书的需求（获取更多的信息能），并在这一层次上形成新的动态稳定性，直到由于获得更大的能量通量使需求得到满足并发生新的突变为止。正所谓"衣食足然后知礼仪"。

由于需求决定人类消费能量的形式，因此，与需求的层次性相呼应，人类对各种形式的能量的追逐和消费也具有层次性。人类总是在获得确保基本生理机能正常运转的能量形式以后，才会追逐其他更高形式的能量。更准确地说应该是，人体耗散结构系统总是在获得确保基本生理机能正常运转的能量形式以后，才会发生突变，产生追逐其他更高形式的能量的需求。就像是盛水的玻璃杯，当有水注入的时候，水总是首先填满水瓶底部的空间，然后才会填满中部和上层空间。人体耗散结构系统也是一样，当仅有少量能量摄入时，这些能量一定会用于满足处于底层的基本生理需求。只有当这种基本形式的能量通量足够多、并能保持持续摄入的时候，人体耗散结构系统才会摄入其他形式的能量用于满足更高层次的需求（如图3.5所示）。人类这种能量消费的层次性是绝对的，我们绝不会看到这种情况，即水瓶的底部是空的，而上半部分却充满了水。当由于某种原因导致人体耗散结构系统能量输入发生中断，人类出于维持人体耗散结构的本能，总是千方百计寻求能够用于满足基本生理需求的能量形式，即便以失去其他形式的能量为

① 拉兹洛. 进化——广义综合理论. 闵家胤，译. 北京：社会科学文献出版社，1988：32-36.

代价也在所不惜。例如，沙漠中饥渴难耐的人会用一根金条去交换一壶水。

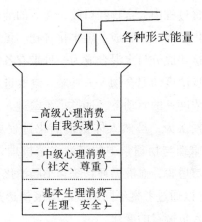

图3.5　人体耗散结构系统能量摄入的层次性

3.3.1.3　人体对同一形式的能量边际摄入量递减

在日常生活中，我们都有这样的生活经验，就是当我们感到饥饿的时候，吃下的第一个馒头会带给我们极大的满足感，而此后吃下的馒头带给我们的这种满足感会逐渐下降，直到吃饱后这种满足感就会变成一种负担和痛苦。不单是吃饭，穿衣服、看书、看电视等各种消费活动都会带给我们类似的生活经验。在西方经济学中，这种现象被称为边际效应递减定律。边际效应递减定律被认为是人类普遍存在的心理现象，并作为不证自明的公理被广泛应用于各种经济问题分析中。在这里我们要说，包括需求在内的人类的所有心理感觉都是以维持和发展人体耗散结构系统为基础的，并反映了人体耗散结构系统正常运转的客观要求。因此，边际效应递减定律并不是变幻莫测、无法捉摸的单纯的人类心理变化，而是具有深刻的自然科学根源的。浙江大学的张明教授曾经在《负熵与货币——经济学的重构》一书中，给出了人对衣食两类消费品的边际效应递减的自然科学证明。①在这里，我们将张明教授的证明过程作一简略介绍。

在人类摄食过程中，食物经口腔、胃等的消化研磨，通过一系列酶的催化作用，分解成了碳水化合物、蛋白质、脂肪以及无机元素。这些成分与水混合成为一种带有各种溶质，且各种溶质都有各自浓度的混合物——食糜。食糜进入小肠后，各种溶质在各自浓度差的驱动下，透过小肠壁进入人体内的血液循环。张明教授认为，虽然人体摄食消化过程更为复杂和精细，但其工作原理与物理学中的溶液渗透机理是一致的（小肠内壁相当于渗透膜，血液循环系统和小肠消化系统相当于两个容器腔），可以通过考察不同浓度的溶液渗透过程研究食物消费中人体摄入负熵量的变化。

为了考察溶液渗透过程，需要将一个容器用渗透膜分成两个室（1室和2室），两室内溶质的质量和溶液体积分别为 M_1 和 M_2、V_1 和 V_2，则初始时刻两室溶液的浓度分别为 $C_1(0) = M_1/V_1$ 和 $C_2(0) = M_2/V_2$，并且令 $C_1(0) > C_2(0)$。由于1室溶液浓度高于2室，1室中的溶质会透过渗透膜进入2室，导致两室中溶液的浓度将趋向相同水平，直到达到动态渗透平衡的状态（两室溶液浓度相同）。

溶质从1室不断渗入2室必然引起两室中溶液浓度值发生变化，而两室溶液浓度值发生变化以后，又会引起溶质进一步透过渗透膜难易程度发生变化，从而影响溶质渗透的速度。通过大量的实验归纳和理论分析，人们发现两室中溶液浓度随时间的变化率与两室中溶液的浓度差成正比，用数学方法描述就是：

---

① 张明. 负熵与货币——经济学的重构. 杭州：浙江大学出版社，2002：81-88.

$$\frac{dC}{dt} = -K \left[C_1(t) - C_2(t) \right]$$

$$= -K \left[C_1(t) - C_\infty \right] + K \left[C_2(t) - C_\infty \right] \quad (3.2)$$

式中，K 为比例常数；

C_∞ 为达到动态渗透平衡时溶液的浓度，其数值为 $\frac{M_1 + M_2}{V_1 + V_2}$。

图3.6 中的 $C_1(t)$ 和 $C_2(t)$ 两条曲线分别表示了两室中溶液的浓度随时间流逝的变化进程。

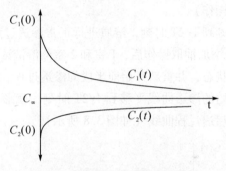

图3.6 溶液浓度随时间变化曲线

我们知道，在溶液中，溶质的量和溶液浓度成正比。因此，溶质透过渗透膜的速度变化与溶液浓度变化也成正比例关系，即有 $\frac{dM}{dt} = -H \frac{dC}{dt}$

（H 为常数）。溶质渗透速率随时间变化的曲线如图 3.7 所示。那么，一段时间内从 1 室渗透到 2 室的溶质的量就是溶质渗透速率随时间变化函数的积分，用数学公式表示就是 $M(t) = \int_0^t \left(\frac{dM}{dt} \right) \cdot dt$，在图 3.7 中就是曲线下面的面积。

当我们在一定时间长度内，比如说 T 时期内，多次进行在 1 室内添加高浓度的溶液，同时从 2 室抽走低浓度的溶液这样

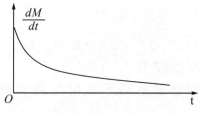

图 3.7　溶质渗透速率随时间变化曲线

一种操作（相当于吃另一个馒头），透过渗透膜的溶质数量怎么变化呢？我们首先看进行一次以上操作的情况（在 1/2T 时刻进行以上操作）。

在 0 时刻到 1/2T 时刻，溶质进行正常渗透过程。当在 1/2T 时刻进行添加抽取操作后，1 室和 2 室的溶液浓度又恢复到了 0 时刻的状态，并重新开始前半段的渗透过程。这就相当于把 0 时刻开始的渗透曲线平移到 1/2T 时刻，就形成了有两个波峰的新的渗透过程曲线（如图 3.8 所示）。

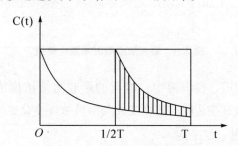

图 3.8　进行一次添加抽取操作的溶质渗透曲线

在图 3.8 中，如果不进行添加抽取操作，从 0 时刻开始的溶液曲线在越过 1/2T 时刻后会按其本来趋势继续发展。但当进行了这种操作以后，原来的进程被强制中止了，并开始了又一轮高速渗透过程。图 3.8 中的阴影部分的面积就是进行添加抽取操作后多渗透到 2 室的溶质的量。很显然，进行添加抽取操作后通过渗透膜的溶质显然是增多了，但增多的量并没有达到不进行这种操作时的 1 倍。

　　当我们在 1/3T 和 2/3T 时刻进行两次这样的操作的时候，我们会看到，透过渗透膜溶质的数量的变化曲线会有三个波峰（如图 3.9 所示）。经过分析我们会发现，经过两次添加抽取操作渗过的溶质要比进行一次操作要多，但新增加的渗透溶质数量要少于上一次操作所增加的水平。不论我们在 T 时期内进行几次这样的操作，这一规律是一致的，即随着操作次数的增加，透过渗透膜的溶质数量也在不断增加，但新增加的溶质数量却不断减少。回到人体和馒头的例子上就是，每多吃一个馒头人体摄入的能量会增加，但增加的量会比上一个馒头带给人体的要少。这就是人类食物消费边际效应递减定律的物理学根源。

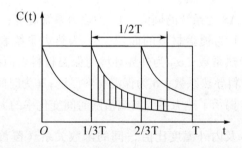

图 3.9　进行两次添加抽取操作的溶质渗透曲线

　　再看衣服消费。张明教授认为，人们穿衣服的目的是为身体保暖，从而保证人体的体温恒定在 37℃ 左右，为身体内部进行新陈代谢活动提供一个最适宜的内在环境。如果身体表面没有衣服的覆盖，身体表面流失的热量必然很多，为了保持37℃ 的体温，人体必然要多消耗体内的化学能做功发热。因此，在张明教授看来，人体可以被看成是一个不断散发着热量的"微温火炉"，只不过这一特殊的热力系统是以生物型的新陈代谢作为生热装置的，而不像其他普通热力系统是以电功型

（如电热炉）、机械型（如摩擦生热的装置）或化学型（如汽车发动机）作为生热装置的。衣服则是覆盖在这一微温火炉表面的保温材料。因此，可以通过考察普通热力系统的散热过程来研究衣服消费中人体摄入能量（实际上是对人体内化学能的节省，由于衣服增加节省了用于做功发热的化学能，增加了人体内的能量储备，因此也可以看成是人体的能量摄入）的变化情况。

根据物理学中的热传递公式，可以推导出热力系统内部热量散失速度变化率遵守下式[①]：

$$\frac{\Delta S}{\Delta t} = \frac{(1 - \frac{T_2}{T_1})\ F}{\frac{1}{\alpha_1} + \frac{\delta}{\lambda} + \frac{1}{\alpha_2}} \tag{3.3}$$

式中，ΔS 为系统的熵值；T_1 为热力系统温度；T_2 为外界环境温度；F 为覆盖材料的面积；α_1 为热力系统表面与保温材料表面换热系数；α_2 为外界环境与保温材料表面换热系数；γ 为保温材料导热系数；δ 为保温材料厚度；t 为时间。

式3.2揭示了热力系统的熵值随时间变化率的大小与保温材料厚度 δ 及内外温度比值 $\frac{T_2}{T_1}$ 间的函数关系（覆盖材料的面

---

① 推导过程如下：

根据熵定律公式 $\Delta S = \frac{\Delta Q}{T_1}$

可知，$\frac{\Delta S}{\Delta t} = \frac{1}{T_1} \frac{\Delta Q}{\Delta t}$

并代入热传递公式 $\frac{\Delta Q}{\Delta t} = \frac{(T_1 - T_2)\ F}{\frac{1}{\alpha_1} + \frac{\delta}{\gamma} + \frac{1}{\alpha_2}}$

得到，$\frac{\Delta S}{\Delta t} = \frac{(1 - \frac{T_2}{T_1})\ F}{\frac{1}{\alpha_1} + \frac{\delta}{\lambda} + \frac{1}{\alpha_2}}$

积 F、热力系统表面与保温材料表面换热系数 α_1、外界环境与保温材料表面换热系数 α_2、保温材料导热系数 γ 为常数）。图 3.10 是式 3.2 的图示。它以热力系统内外温度比值 $\frac{T_2}{T_1}$ 与保温材料厚度为参数，表示两者对热力系统熵值随时间变化率 $\frac{\Delta S}{\Delta t}$ 的示意，其中 $(\frac{T_2}{T_1})_3 > (\frac{T_2}{T_1})_2 > (\frac{T_2}{T_1})_1$。

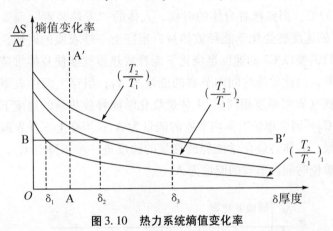

图 3.10　热力系统熵值变化率

由图 3.10 可见，热力系统内外温差越大（$\frac{T_2}{T_1}$ 越大），系统熵值在单位时间内的变化值也越大；保温材料厚度越大（δ 越大），则系统熵值在单位时间内的变化值越小。在保温材料厚度一定的情况下，内外温差越大，热力系统熵值变化速度越大，也就是说系统热量损失越快。图 3.10 中 A′－A 垂直线说明了这种情况。这也就是为什么穿同样的衣服人们在冬天会觉得冷的原因。

如果要保持系统熵值变化速率在不同内外温差下均保持恒定，需要随着温差增加为热力系统增加保温材料的厚度。图 3.10 中 B′－B 水平线说明了这种情况。δ_1、δ_2、δ_3 分别是在系统内外温度比值为 $(\frac{T_2}{T_1})_1$、$(\frac{T_2}{T_1})_2$、$(\frac{T_2}{T_1})_3$ 的情况下保温材料应该具有的厚度。这也就是为什么在冬天我们要添加衣服的原因。

我们再看添加衣服对于人体耗散结构系统能量消耗的影响。从图3.10中任取一条曲线形成图3.11，即假定热力系统内外温差保持恒定。从图3.11我们能够看到，若要人体保持在37℃。当赤裸着身体的时候，人体的"发热装置"需要以 C_0 的速度燃烧化学能释放热量；当穿上一件衣服的时候，人体只需要以 C_1 的速度燃烧化学能释放热量就能使身体维持在37℃，因此单位时间内节省的能量为 A_1；当穿上两件衣服的时候（衣服厚度相同），人体燃烧化学能释放热量的速度下降为 C_2，因此单位时间内节省的能量为 A_2；当穿上三件衣服的时候，人体燃烧化学能释放热量的速度进一步下降到 C_3，那么单位时间内节省的能量为 A_3。

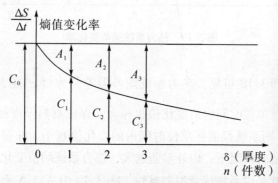

图3.11　添加衣服对人体能量消耗的影响

图3.11的曲线形态表示了衣服厚度或者说衣服件数与人体摄入能量（节省的能量）的函数关系。我们能够看到，随着衣服件数的增加，人体摄入的能量不断增加，但添加衣服所带给人体的能量摄入增加量则不断减少，即多添加一件衣服所

带给人体的能量节省要少于上次添加衣服所带给人体的能量节省。这就是人类衣服消费边际效应递减定律的物理学根源。

　　与衣食消费一样，人体对从任何消费活动中摄入的同一形式的能量都是边际递减的，只不过由于人体耗散结构系统对不同形式能量的利用方式不同，增加摄入能量的减少速度会各不相同而已。例如，人们长时间的看书会觉得乏味，从而会休息或用其他消遣方式调剂一下；长时间的坐车会觉得劳累，人们宁可走一会儿疏松一下筋骨；等等。这里需要再次强调的是，边际效用递减完全是一种客观存在，其实质是对人体能量摄入边际递减的反映。我们能够看到，对衣食消费边际递减的证明过程并不牵涉任何人的心理因素，人体对能量摄入的边际递减是实实在在的。如果说人的心理也在这其中起到了什么作用的话，那就是人的需求等心理变化完全是以人体耗散结构系统为基础的，反映了人体耗散结构系统正常运转的要求。当人体耗散结构系统对某一形式的能量摄入量不断增加，而边际摄入量不断减少，就会在心理上表现为需求不再强烈甚至排斥，即效用下降。

3.3.2　人类对能量追逐的无限性

　　人类能量消费的这三个特点决定了人类对能量的追逐是没有限度的。由于人类对同一形式的能量边际摄入量递减，因此当某种形式能量通量达到一定限度，人体耗散结构系统从中获得的能量摄入并不能与这种形式能量的消费量同比例增加，从而导致人体对这种能量形式的需求下降。这时由于人类能量消费具有层次性，从而导致人们追逐其他形式能量的摄入。因此，只要有足够的能量通量，在同一形式的能量边际摄入量递减和能量消费层次性的共同作用下，人们消费的能量形式不断增加，消费能量的数量不断增加。从图3.4可知，人类消费品的使用价值空间是无穷的，也就是说能够用于人类消费的能量形式是无穷的。因此，在任何时候，人们绝不会满足于当时的能量摄入量而放弃对更大能量通量的追求。人类对能量的追逐是无限的，这也是由人体的耗散结构本质决定的。

"一骑红尘妃子笑，无人知是荔枝来。"唐代诗人杜牧的这首《过华清宫》一方面勾勒出了一幅封建统治者不顾普通百姓的死活而贪图享受的画卷，同时也说明了人类追求更大能量通量的必然性。在一千多年前，囿于内能流规模和热效率的限制，并不是人人都能获得足够大的低级的能量通量的，只有皇族贵戚、官吏地主才能获得大量的能量摄入（包括低级和高级的能量形式）。由于人体对同一形式能量摄入的边际递减，这些获得大量能量摄入的皇族贵戚、官吏地主必然不会满足于有限形式的能量摄入，从而产生获得更多形式的能量的需求。对于北方罕见的荔枝来说，只不过是这种能量形式多元化需求中的一项而已。我们可以设想，即便王宫设在江南等荔枝主产地，"一骑红尘妃子笑，无人知是 XX 来"的故事一样会发生。这是由人类能量消费的特点决定的，而不受某个人的口味或喜好的影响。反观封建社会的普通老百姓，由于衣食尚且不足（在人类能量消费的层次中处于最底层），在人体能量消费结构的"水瓶"中，最底层的基本生理消费尚没有获得足够的能量摄入，因此人们不会产生消费更高层次能量（例如荔枝）的需求。

人类能量消费的特点并不能单纯地理解为人类贪婪无厌的根源。从广义进化综合理论来看，更大量、更密集的能量通量导致耗散结构系统发生突变是完成系统进化的关键。应该说，人体耗散结构系统对能量摄入的永不满足，人类对能量追逐的无限性，也是人类社会进步的动力之源。正是因为人类对能量的无尽追求，我们才能实现社会的不断进步，从而拥有今天这样物质丰富、生活富足的生活，像荔枝这样的"旧时王谢'盘中珍'"，早已经"飞入寻常百姓家"了。不单是这些衣食等传统消费品和服务增多了，在当代，通过不断的发明创造，人类社会充斥了大量的新式消费品。这些新式消费品小到曲别针、圆珠笔，大到汽车、电脑，形形色色、应有尽有，占据了使用价值空间的大部分空间。由于消费的能量形式空前多样化，人们在能量消费结构不断升级的情况下，获得了空前巨大的能量摄入量，其表现就是人们的生活水平空前提高了。当然，也正是因为人体耗散结构系统对能量摄入的永不满足和人类对能量追逐的无限性，人们不会满足于当前的生活状态，仍在追求更大更多的能量摄入。因此人类社会仍会不断向前发展。

3.4 本章小结

长期以来，人们在生命本质的机械论和活力论的争论中总结出了生命本质的两大特征：需要不断摄入能量和能够通过繁殖进行自我复制。耗散结构理论产生以后，人们认识到生命体是一种典型的耗散结构，其本质特征就是需要外界能量的不断输入来对抗自身熵的增加。在生命的本质问题上，人们感性的认识和科学的理论获得完美的结合与相互印证。

在自然界中，自养生物通过光合作用和化学合成，把太阳能和地球内部的热能转化为化学能来获得维持耗散结构系统的能量。异养生物则通过捕食自养生物和其他异养生物，间接利用太阳能和地球内部的热能。生物体利用获得的能量用于做化学工、输送或浓缩功、机械功和电功，从而维持了生理机能的正常运转。通过呼吸、排泄、热量辐射、热传导、空气对流和体液蒸发等多种方式，生物体将做功后的废能排放到外界环境中，并实现了自身熵值的降低。这样，在持续稳定的能量输入中，生命体的有序结构和身体机能得到维持和发展。

与其他生物一样，人体也是一种耗散结构，需要不断从外界环境摄入负熵。但与其他生物不同的是，人是通过消费的方式来获取能量的。从热力学的角度来看，人类消费的本质实际上就是通过利用消费品或服务中所蕴藏的各种形式的能量做功来获取人体耗散结构系统所必需的能量摄入。由于可供人类消费的能量形式多种多样，人体通过产生各种需求来选择具体需要摄入的能量形式。人类所有需求都是以人体耗散结构系统为基础，并以人体耗散结构系统的正常运转为根本出发点的。

人类的消费活动具有消费的能量形式多样性、对能量的需求具有层次性、对同一形式的能量边际摄入量递减三个特点。这三个特点决定了人类永远不会满足于当前的能量摄入量而放弃对更大能量通量的追求。人类对能量的追逐是没有限度的。

4

生产的本质与内能流

现在我们知道，与其他生物一样，人体也是一种耗散结构，并且人类消费的过程就是人体耗散结构系统从外界获取所必需的能量摄入的过程。人类使用的消费品可以被看成是蕴藏各种形式能量的载体。人们在消费这些消费品的过程中，让这些消费品中含有的各种能量做功，来获得对抗人体耗散结构系统熵增趋势的能量。那么，人类是通过什么方式来获得这些对人类生存至关重要的能量载体的呢？答案很简单，这种方式就是生产。

4.1　生产的本质

4.1.1　动植物的摄食与人类的生产

从生存的手段来讲，人类的生产和动植物的摄食显然具有可比性。在生态系统中，动植物生活的主旋律是为了获得能量摄入而进行的生存竞争。在人类社会中，生产是社会存在的基础，人们通过生产活动获得食物、衣服、房屋等所有消费品和服务。从第三章我们已经知道，人类正是通过消费这些消费品和服务来获得自身能量的摄入。可见，生产和摄食分别是人类和动植物赖以获得对抗生命体耗散结构系统熵增趋势的能量的手段。尤其是自养生物在生物学和生态学中也被称为生产者，似乎更加说明动植物的摄食活动与人类的生产活动没有什么本质的区别。人们之所以把自己的"摄食活动"称为生产，似乎只不过是一种人类中心主义的表现而已。

但直觉告诉我们，虽然同属于"猎取"能量的手段，但人类的生产与动植物的摄食还是存在明显不同的。概括地讲，人类的这种直觉主要来自于对生产与摄食的以下三点观察：

首先，摄食是出于动植物的本能做出的下意识活动，而生产则是人类有意识的、有目的、有组织的活动。我们说动植物的摄食活动是一种本能，是一种经过千万年进化获得的与猎物所对应的条件反射。例如，绿色植物的种子发芽生出的第一片嫩叶就会进行光合作用，蜘蛛天生就会结网捕虫等。与动植物这种来自遗传基因的本能不同，人类的生产则基于大脑对客观世界的认识与把握，然后有意识地做出的一种活动。无论是生产目的，还是生产过程都是经过人们深思熟虑的，有意识的设计安排的。并且，人类能够根据自己需要的变化，或者基于对客观世界认识的深入，有意识地对生产活动进行改进和完善。正如马克思所说的："蜜蜂建筑蜂房的本领使人间的许多建筑师感到惭愧。但是，最蹩脚的建筑师从一开始就比最灵巧的蜜蜂高明的地方，是他在用蜂蜡建筑蜂房以前，已经在自己的头脑中把它建成了。"①

其次，动植物通过身体器官去追逐能量，而人类则通过生产工具来达到相同目的。英国著名考古学家柴尔德（V. G. Childe）曾经说过，"人类需要工具去做各种必需之事，这些事其余动物能用翅膀、牙齿、或旁的身体器官去做——例如挖

---

① 马克思，恩格斯. 马克思恩格斯全集：第23卷. 北京：人民出版社，1971：202.

掘草根、防御寒冷及捕食猎物等。"① 因此，美国人口学家洛特卡将生物赖以获取能量的身体器官称为"体内工具"（endosomatic instruments）②，例如：绿色植物的叶片、狮子的爪子和牙齿、鸟类的翅膀和喙等。当然，与其他生物的"体内工具"相对应的就是人类进行生产活动所使用的"体外工具"（exosomatic instruments）了。③ 即便如此，人类进行生产所使用的工具与其他生物的器官相比，也实在是差距太明显了。如果说人们狩猎用的矛与狮子的牙齿，人们捕鱼用的网和涉禽的喙还具有某种相似性的话，那么当今人类使用的生产工具，例如电子计算机、核电站，无论从形式还是功能上与其他生物的"体内工具"相比都天差地别了。

最后，动植物的摄食要简单、直接得多，而人类的生产则要更复杂、更迂回。在生态系统中，所有生物在食物链中都占据一处位置，每种生物都固定地从下层食物链中获得能量摄入。例如，绿色植物"捕食"太阳能、兔子"捕食"绿色植物、狐狸捕食兔子，狼捕食狐狸等。动植物是如此"执着"，以至于有人将猎获的狼肉抛给野生的狐狸，狐狸也会出于对天敌天生的恐惧而拒绝食用。而人类的生产则不是这样。人不吃苜蓿，但却种植苜蓿，然后把收获的苜蓿用来喂养牛来获得牛肉；人并不穿野草，但却将野草收割用来喂养羊，然后将羊毛剪下纺成毛线，用毛线再织成衣服；人不直接消费铁矿石、石油、橡胶树，但人们却去挖掘铁矿石、开采石油、种植橡胶树，然后经过具有大量中间环节的生产加工，人们才获得最终

---

① Ｖ Ｇ 柴尔德. 工具发展小史. 周进楷，译. 北京：中国科学图书仪器公司，1953：2.

② N Georgescu‐Roegen. The Entropy Law and The Economic Process. Cambridge：Harvard University Press，1999：307.

③ N Georgescu‐Roegen. The Entropy Law and The Economic Process. Cambridge：Harvard University Press，1999：307.

消费品——汽车。人类似乎并不像其他生物那样"直接"获取所需要的能量，人类"捕食"能量之路显然要复杂得多、曲折得多。

我们说，人们的这种直觉是对的。这三个不同点充分体现了人类生产与动植物摄食的根本区别。并且，正是透过与动植物的摄食活动的对照比较，才能够使我们得以一窥人类生产的本质。

4.1.2 人类生产的本质

从古到今，人类进行的具体的生产活动形形色色，生产的产品种类繁多，生产工艺各不相同，但如果我们从热力学的角度出发，透过这些表面现象，就会发现人类所有的生产活动都能被看成是某种形式的能量从初始能量形式（原料）到最终能量形式（产品）的一种转化过程。例如，粮食生产就是人们利用农作物将太阳能转化为了化学能；养殖业生产则是人类利用家畜将饲料中以粗纤维形式存在的化学能转化为了家畜体中以蛋白质、脂肪等形式存在的化学能；工业生产中，人们将体内的化学能、建筑材料中的形式能以及一部分生产工具中的形式能转化为了以房屋的形式存在的形式能，将河流中存在的势能转化为电能，再转化为热能、动能等其他形式的能量；等等。这种能量转化既可能是发生在不同性质的能量之间，上例中的种植业就属于这种情况；也可能发生在同一性质能量的不同能量形式之间，上例中的养殖业就属于这种情况；还可能发生在既不同性质也不同形式的能量之间，上例中的建筑房屋和通过电能转化形成多种形式的能量就属于这种情况。

根据热力学第二定律，能量在流动与转化过程中转化率不是百分之百的，必然要有一部分能量转化为废能散失掉。因此，人类以能量损失为代价进行这种能量转化绝不是漫无目的的。一言以蔽之，人类进行这种能量转化的目的就是为了最终获得人体能够用于消费的能量形式。人体中不存在叶绿素，不具有通过光合作用直接利用太阳能的能力，然而通过农业生产所进行的能量转化，人类把不能用于消费的太阳能转化为了能够用于消费的以粮食的形式存在的化学能。人的消化系统不具有消化吸收植物粗纤维的能力，然而通过畜牧业生产所进行的能量转化，人类把不能用于消费的以粗纤维形式存在的化学能转化为能够用于消费的以肉类形式存在的化学能。堆积在一起的木料也具有一定抵御外界作用力并保持一定形状的能力，但这种形式能能不能被人类所消费利用，只有通过建筑生产过程（人体内化学能输出做功过程），将这种不能用于消费的建筑材料中的形式能与人体输出的机械能共同转化为某种具有特殊框架结构以房屋形式存在的形式能，才能够被人类所消费利用。

我们说，人类的这种能量转化本领并不是像动物的摄食本领那样是与生俱来，并能够在下意识的情况下出于本能而做出的。人类这种能量转化的本领是在对客观世界的认识和客观规律的把握的基础上做出的。例如，人类只有发现植物生长现象并掌握一定的植物生长的规律，才能进行农业生产的能量转化；人类只有发现动物生长现象并掌握一定的动物生长的规律，才能进行畜牧业生产的能量转化；进行复杂的工业生产更是需要具备相应的物理、化学知识。人类利用这些自然规律，有意识地设计安排能量流通转化的渠道和过程，最终获得可用于消费的能量形式，这就是生产过程。如果我们用一句话概括生产的本质，那就是：生产是人类基于对客观世界的认识与理解，以人类能够用于消费的能量形式为目标，有意识地将人类不能消费利用的能量形式转化为人类能够消费利用的能量形式的活动。

从生产的本质出发，我们再回过头来看生产与摄食的三点不同就会发现：第一个不同点实际上是人类以生产这种方式转化利用能量的前提条件；第二个不同点是人类的这种能量利用方式的基本特征；第三个不同点则是体现了人类的这种能量利用方式的本质。这三个不同点合在一起就构成了人类这种区别于动植物摄食的独特的能量利用方式——生产。人的社会性也正体现于此。这里需要说明的是，如果用生产的本质来衡量，生态学中所称的"生产者"——自养生物并没有进行生产。生物学和生态学中的"生产"是指自养生物利用太阳能或深海地热能将无机物加工合成为有机营养物质，其他生物都是直接或间接地消费自养生物"生产"的有机营养物质。自养生物的这种"生产"是相对于整个生物圈而言的，如果单纯考察自养生物，我们就会发现自养生物是直接利用的太阳能或深海地热能，在此之前并没有进行能量转化。自养生物合成葡萄糖的能量转化是在体内进行的。这和其他异养生物将现成的有机营养物质进行消化利用并没有什么本质的不同。只不过由于自养生物具备某种特殊的器官，例如含有叶绿素的叶片，能够直接"消化利用"太阳能和无机物质而已。同理，我们也不能说原始社会人类进行的采集、狩猎活动是生产。在这些活动中，人类都是直接消费利用自然界已存在的能量，在获得这种形式的能量之前并没有进行能量转化。

在生态系统中，有些生物也会做出一些类似于人类生产的活动。例如，美洲有一种蚂蚁，它们会将一种蝴蝶的幼虫收集起来，并把这些幼虫"放牧"到树上让它们去吃树叶，晚上再把它们带回蚁穴内，以防止这些幼虫受到伤害。蚂蚁这样做是为了获得这种幼虫身上的分泌物。蚂蚁的这种行为很像是人类的畜牧业生产。但我们说，蚂蚁的这种能量转化行为仍是一种下意识的本能，并不像人类那样是在对客观规律的认识和掌握的基础上做出的有意识的行为。因此，我们更应该把这种现象视为一种共生现象，而不是生产现象。类似的情况还有蜜蜂采花粉酿蜜等，都是出于生物本能，不属于生产行为。

4.1.3 生产工具的作用

生产与摄食的第二个不同点是，人类生产所进行的能量转化是在生产工具的帮助下完成的，而动植物是利用"体内工具"——身体器官来获取能量。我们知道，生产工具并不是消费品，不能用于人类消费从而为人体耗散结构系统输入能量，但生产工具与消费品一样都是一种能量凝聚体，也能够对外做功。人类获得这种能量凝聚体同样需要通过生产过程进行能量转化，也就是说需要耗费能量。以最简单、最原始的石器工具为例，人们将一块普通的鹅卵石加工打磨成为一把石刀，实际上是将人体内的化学能、普通鹅卵石所具有的形式能以及一部分生产工具的形式能转化成为了一种特殊结构的形式能。在这一过程中，由于热力学第二定律要发生作用的缘故，人体输出的机械能、普通鹅卵石具有的形式能和耗费的生产工具的形式能三者之和要大于石刀所具有的形式能，其能量差额转化为了熵。那么，人类以能量损失为代价制造出工具的目的是什么？生产工具对人类所进行的能量转化有什么作用呢？

洛特卡从获取能量的角度出发，把人类的生产工具和其他生物用于摄食的器官统称为"工具"。只不过由于生产工具不属于人体的一部分，因此他将人类的生产工具称为"体外工具"，将其他生物赖于获取能量的身体器官称为"体内工具"[①]。在人类产生之前，古猿只能依靠体内器官来获取维持和发展人体耗散结构系统的能量摄入的。人类学会制造和使用"体外工具"是长期进化的结果。因此，我们可以通过考察"体外工具"相对于"体内工具"的优势来认识生产工具在能量转化中的作用。概括地讲，"体外工具"相对于"体内工

---

① N Georgescu - Roegen. The Entropy Law and The Economic Process. Cambridge：Harvard University Press，1999：307.

具"具有如下两点优势：

首先，相对于"体外工具"，"体内工具"形式更加固定、功能更加单一。

由于"体内工具"是生物体的一部分，具有固定的结构和功能。例如，绿色植物的叶片只能获取并利用太阳能，并不具有获取和利用其他生物体内的化学能的本领；狮子锋利的牙齿和爪子、敏锐的鼻子和眼睛、独特的消化系统均是获取羚羊、牛羚体内化学能的利器，但对太阳能以及其他形式的化学能，例如绿色植物、昆虫体内的化学能，则无能为力。在地球生态系统中，所有的生物都与绿色植物和狮子类似，其体内器官均是围绕获取某种或某几种形式的能量而"设计"的。除了这几种形式的能量，装备在生物体内的工具就不能发挥作用了。因此，在生态系统中经常会发生这样的事情，某种物种灭绝会导致以这种生物为食的生物也灭绝。

相比之下，人类所使用的"体外工具"就不同了。人类通过有意识地设计、生产具有某种结构和功能的生产工具，这种生产工具就具有了获取转化某种形式能量的能力。因此，"体外工具"不像"体内工具"那样受到固定形式的限制，可以具备转化利用无数种形式的能量的能力。可以说，生产工具的种类有多少，人类能够利用的能量形式就有多少。例如，人类能够通过使用火使多种生物体内的化学能转化为能够被人类的消化系统所消化吸收的能量形式①，通过使用太阳能热水器转化并利用太阳能，通过使用风车②转化并利用风能，通过使用水电站转化并利用水能，通过蒸汽机、内燃机转化并利用煤炭、石油中储存的化学能等。可以说，只要具备做功的能力（使用价值），所有形式的能量都存在被人类通过某种生产工

---

① 我们把煮熟的食物看做一种新的能量形式。
② 这里不区分小型的生产工具和大型的生产设备，统称为生产工具。

具获取、转化和利用的可能性。显然，形式功能多样化的
"体外工具"比"体内工具"能够为人体耗散结构系统带来更
大的能量通量。正如柴尔德所说的，"正因为工具不是我们身
体上的一部分，而且它们的用途不是天赋的，因此我们能够改
变它们，以适应不同的情况和需要。人类之所以既能在热带与
河马同居，又能在北极圈内与北极熊同居，其故就在此。那些
依靠身体上由遗传得来的'工具'的动物，无一能适应像这
么一个范围的气候的！"①

其次，"体外工具"比"体内工具"更加便于功能的改进
和效率的提高。

人类的"体外工具"与其他生物的"体内工具"都不是
静止不变的，而是要不断发展和进化的。正如乔治斯库—罗根
在其《熵定律与经济过程》一书中所说的，"一般来说，体内
器官进化可以被看成是生物体组织机构热效率的提高过程。同
理，人类的体外器官也能够被看作是这样一个过程。体外器官
能够使人们获得相同的负熵，花费比使用体内器官更少的自身
的自由能。"②

由于"体内工具"是天生的，是生物体的一部分，生物
体自身并没有对这种"工具"的改造、重新设计的能力。当
然，生物体可以通过后天锻炼使"体内工具"的功能更加强
大。例如，人们加强锻炼可以增加肌肉的力量。但是，总体来
说，这种通过后天锻炼在一代生物寿命的时间内使"体内工
具"获得的改进幅度是很小的。生物所使用的各种"体内工
具"一般是通过漫长的进化过程，在无数代生物寿命时间内，

---

① V G 柴尔德. 工具发展小史. 周进楷，译. 北京：中国科学图书仪器公司，1953：3.

② N Georgescu‑Roegen. The Entropy Law and The Economic Process. Cambridge：Harvard University Press, 1999：307.

经过自然选择使优势基因逐渐积累显现，才能获得较为明显的功能改进的。例如，鱼类经过几千万年的进化过程才拥有了今天这样的流线型的体形；鸟类的翅膀也经过了几千万年的进化改进；人类经过几百万年的进化才拥有了现在这样一双灵巧的手。

相比而言，人类使用的"体外工具"的改进则不受生物基因的限制，获得根本性功能改进所花费的时间也相对短得多。例如，人类把时速只有十几千米的第一辆汽车改进到时速几百千米的豪华汽车只用了不到200年的时间；把时速几百千米的飞机改进到超音速飞机只用了不到100年的时间；把每秒钟运算几千次的计算机改进到每秒运算千亿次的超级计算机只花了几十年的时间。生产工具的功能改进和效率提高意味着在相同时间内可以为人类提供更多的可供消费的能量，进而增加单个人体耗散结构系统的能量摄入。因此，"体外工具"比"体内工具"更加便于功能的改进和效率的提高，也就意味着"体外工具"比"体内工具"更加便于人体耗散结构系统获得更大的能量通量。这也是之所以人类"体内工具"进化不及其他生物，却反而获得极大成功的根本原因。

由于生产工具具有以上两点优势，人类才会不惜以能量耗费为代价来制造生产工具。生产工具不但能够转化人体器官所不能转化的能量，而且由于生产工具不受生物基因的限制可以进行无限的功能改进，人类获得更大能量摄入之路在生产工具的帮助下变得空前广阔、平坦了。因此，耗费一些能量来制造生产工具是完全值得的。"工欲善其事，必先利其器"、"磨刀不误砍柴工"就是这个道理。

4.1.4 人类生产的能量转化轨迹

我们说，生产的本质是人类为了获得可用于消费的能量形式所做的能量转化过程。那么，参与这种转化的各种生产要素中所含能量的变化轨迹是怎样的呢?

4.1.4.1 生产对象的能量转化轨迹

我们首先来看生产对象在生产过程中的能量转化轨迹。一般说来,传统的熵经济学家,例如保尔丁、乔治斯库—罗根、槌田敦等,都将消费品看成是一种低熵的能量凝聚体,把生产看成是以产生高熵废料为代价,从高熵原材料中分离熵来制造出高度有序的低熵产品的过程。[①] 也就是说,于生产对象来看,生产过程使其获得了熵减。例如,生产过程使木材变成了房屋、使钢铁变成了汽车等。而消费过程就是这种低熵的能量凝聚体的能量释放过程,伴随着消费品熵值的增加。例如,居住使房屋变旧,驾驶使汽车报废等。因此,生产和消费一般被看成是一对相反的过程。

我们说,生产对象在生产过程中实现了熵减在绝大部分生产过程中是正确的。这是由于在热力学第二定律的作用下,所有自然变化过程都是向着熵增方向发展的。因此,在自然状态下,作为生产原料的能量凝聚体一般来说含有的能量较低,不能直接用于人类消费。例如,各种矿石中矿物元素只占很小的比例。即便在巨大的太阳能输入的情况下,自然生态系统也会产生很多含有较多能量的凝聚体,例如,树木、煤炭、石油等。但以这些形式存在的能量相对于对人体做功的水平来说仍显得熵值过大,需要进一步降低其熵值,增加其含有的能量。例如,木材要进行剥皮、烘干、蒸馏,煤炭要进行粗选、精选、脱硫,石油要进行催化裂化等工艺过程进行降熵,生产出熵值更低的房屋、精煤、汽油。因此,我们看到在绝大部分生产过程中,生产对象的熵值是下降的,或者说其含有的能量是增加的。至于说这种增加的能量来自何处,我们将会在后面对

[①] 槌田敦. 资源物理学. 朴昌根,译. 北京: 华东化工学院出版社,1991: 23.

人体输出的能量和生产工具含有的能量在生产过程中的转化轨迹中具体分析。

这里还需要说明的是，随着生产的专业化和细化程度的不断加深，生产被人为地分为许多环节，人们不加区分地把所有环节都称为生产。事实上，并不是在所有的生产环节中生产对象的熵值都实现了降低，有时中间产品中含有的能量要比用于生产它的中间材料的能量少。例如生产汽车的铝材并不是纯铝，人们总是先生产出纯铝然后再加入相应的化学元素（如镁、钛等）来使铝材的物理性能达到最佳。从纯热力学角度看，纯铝和纯镁的物理结构更加有序，这一工序制造出来的合金的物理结构显然要比纯铝更加无序，所含有的能量也就更少。因此，对于这道工序，生产对象的熵值是增加的。但是这样一个生产环节并不能改变生产对象熵值下降的总趋势。如果从整个制造过程来看，铁矿石、铝矿石变成了汽车，显然产品比原材料更加有序，所含有的能量也更多，生产对象的熵值同样是下降的。

根据笔者的研究，生产对象在绝大部分生产过程中的能量转化轨迹是熵减的，但这只是一般情况，实际生产过程中也会有一些例外。这种例外主要是由于自然界中也会因为某种自然原因产生一些天然的熵值很低的能量凝聚体，但这些能量凝聚体所含有能量的存在形式一般来说并不适合人类直接消费，而是需要通过生产过程降低这些能量凝聚体的能量强度，而这就需要增加生产对象的熵值。例如，地热温泉中含有许多对人体有益的微量元素，但动辄水温会高达 $70℃ \sim 80℃$，不能直接用于人类消费。这时就需要人为加入一些冷水以降低温泉水温，使其达到适合人类消费的水温。在这一生产过程中，生产对象的熵值就是上升的。但是，我们要说，即便在这一生产过程中生产对象实现了熵增，但最后的产品（温度合适的温泉水）仍属于低熵产品，具备对外做功的能力。这是生产出的消费品所必须具备的使用价值，否则，人类的生产就变成了单纯的能量耗散过程，失去能量转化的目的了。

可见，生产对象在生产过程中能量转化轨迹并不是固定的，而是可以朝向熵增和熵减两个方向的。当然，在绝大部分情况下，生产对象在生产过程中熵值是降低的。因此，我们是不能通过考察生产对象的能量转化轨迹来判断某一能量变化过程是生产过程还是消费过程的。生产对象和消费品分别在生产和消费过程中的能量转化轨迹并不是严格相反的。

4.1.4.2 人体耗散结构系统的能量转化轨迹

在生产过程中，劳动者体内的化学能通过对外做功（劳动过程）也参与了生产的能量转化。与绝大部分生产过程中生产对象的转化轨迹相反，作为用于对外做功的化学能凝聚体——人体耗散结构系统在生产过程中实现了一个熵增过程，其表现就是劳动过后人们会觉得疲劳。在生产过程中，人们通过呼吸反应，将体内以葡萄糖、脂肪等形式储存的化学能燃烧释放，并通过驱动肌肉和其他相关组织的运动转化为机械能，其表现为肢体移动等。人类正是用这种方法获得的机械能对外做功来进行各种生产劳动的。根据耗散结构理论，系统只有在外界的能量输入的情况下才能维持自身的有序性，而能量输出必然导致系统熵值增加。在生产过程中，人体对外做功输出能量导致人体耗散结构系统熵值增加。

我们再看人体输出的能量在生产过程中的转化轨迹。根据热力学第二定律，能量的转化效率不能达到100%。在生产过程中，人体通过转化化学能输出的机械能会不可避免地有一部分转化为正熵散失掉，但还有一部分机械能转化为其他形式的能量，增加了生产对象中的能量储备。举一个简单的例子，人们从水井里把水打出，人体输出的机械能一部分转化为正熵（譬如说辘轳与井绳摩擦生热），另一部分则转化为了水和水桶的势能。再如，人们将灼烧过的铁胚打造成刀具、犁头等铁器，人体输出的能量一部分转化为了正熵散失掉了，一部分则转化为了生产对象的形式能。可见，人体输出的机械能是生产对象在生产过程中熵值能够降低的重要原因，或者说是生产对象所增加的能量的重要来源。

4.1.4.3 生产工具的能量转化轨迹

与消费品一样，生产工具也是经过人类生产过程得到的，也是一种能量凝聚体，同样具有对外做功的能力。在生产过程中，与人体输出的机械能类似，生产工具中的能量通过对外做功，一部分转化为了正熵散失掉了，另一部分转化为了生产对象的能量储备。生产工具中的能量是生产对象在生产过程中所增加的能量的另一个重要来源。锻造铁器的例子中，砧板和锤头是生产工具。显然，每锤打一次铁胚，砧板和锤头所具有的形式能就会减少一些。因为每使用一次，生产工具不可能比使用前更新或更加结实。这些减少的形式能一部分转化成了正熵，另一部分转化为了铁器的形式能。当然，我们还知道，在这一过程中，人体输出的机械能也有一部分转化为了铁器的形式能。如果我们用一台电动机带动的电锤打铁，那么转化为铁器形式能的能量还有电能。

也许，对于一些读者来说，生产的这种能量转化太过抽象，不利于理解，那么我们可以尝试进行视角转换来帮助理解这一过程。我们可以将生产对象看成是类似于人体的一种特殊的热力系统。当然，这种热力系统并不是耗散结构系统，但这一热力系统也能够通过吸收某种形式的能量来获得系统熵值的降低。仍以锻造铁器为例，铁胚通过吸收人体输出的机械能和一部分生产工具（铁锤、砧板等）中的形式能，获得了自身系统熵值的降低，其表现就是铁胚变成了铁器，其中所具有的形式能增加了。由此我们能够看出，生产工具和消费品本质上都是通过生产过程得到的一种能量凝聚体，人类进行能量转化生产出生产工具和消费品的目的都是为了获得它们的对外做功的能力。只不过，生产工具对外做功（与人体输出的能量一道）的对象是生产对象，而消费品对外做功的对象则是人体耗散结构系统。并且，通过对外做功，生产工具和消费品都使它们做功对象的熵值降低了。

从以上对生产对象、人体耗散结构系统和生产工具的能量转化轨迹来看，在生产过程中，人们以损失一部分人体化学能和生产工具中含有的能量为代价（转化为正熵的部分），将一部分人体输出的机械能和生产工具中含有的能量转化为其他形式的能量，储存在生产对象中。在这一过程中，只有生产对象的熵值是降低的，人体耗散结构系统和生产工具的熵值都是上升的[①]。图4.1是以生产刀具为例，用使用价值空间表示的生产对象、人体输出的机械能和生产工具的能量转化轨迹。

4.1.5 生产的相对性与消费的绝对性

在马克思主义政治经济学和人口学中，倾向于把消费看做生产。马克思在《〈政治经济学批判〉导言》中，曾经把传统经济学意义上的物质资料生产称为第一种生产，把原来意义上的消费称作第二种生产，并认为"在第一种生产中，生产者物化，在第二种生产中，生产者所创造的物人化"[②]。恩格斯在1884年出版的《家庭、私有制和国家的起源》一书的第一版序言中写道：根据唯物主义观点，历史中的决定性因素，归根结底是直接生活的生产和再生产。但是，生产本身又有两种。一方面是生活资料即食物、衣服、住房以及为此所必需的

---

① 在少数生产过程中，生产对象、人体耗散结构系统和生产工具的熵值都是增加的。例如将地热温泉的水温降低。但我们说，水温降低后的温泉水仍要具备对外做功的能力。

② 马克思，恩格斯．马克思恩格斯选集：第2卷．北京：人民出版社，1972：93.

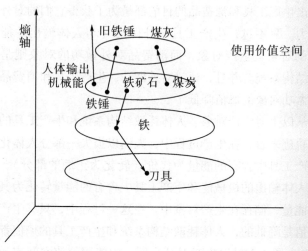

图 4.1　生产要素在生产中的能量转化轨迹

工具的生产，另一方面是人类自身的生产，即种的繁衍。[①]恩格斯这里说的人类自身生产包括人类自身生命的生产和他人生命的生产，其中前者是指人们把自己劳动获得的生活资料通过消费转化为自己的体力、智力的过程；后者是指通过生育、抚养等方式使新一代人诞生和成长的过程。[②]可见，马克思、恩格斯这里所讲的人类自身生产其实就是消费过程。

但是，从热力学的角度来看，消费和生产都是对能量的耗散过程，生产应该被看成是一种消费，而不是相反。从图 4.1我们能够看到，在生产过程中，生产对象的熵值降低了，同时人体耗散结构系统和生产工具熵值增加了。根据热力学第二定律，这种能量转化必然要有一部分能量转化为正熵，也就是说生产对象减少的熵值必然要小于人体耗散结构系统和生产工具

----

① 马克思，恩格斯．马克思恩格斯选集：第 4 卷．北京：人民出版社，1972：2.

② 刘铮，李竞能．人口理论教程．北京：中国人民大学出版社，1985：23.

增加的熵值之和。如果我们把生产对象、人体耗散结构系统和生产工具看做一个更大的系统的话，我们会发现，生产过程并没有为给我们创造能量，反而使已有的能量加速耗散了，生产作为一个整体也是一个消费过程。我们之所以认为生产和消费是两个相逆的过程，只不过是仅针对生产对象而言的。可见，生产是相对的、有条件的；消费是绝对的、无条件的。

这里需要注意的是，我们把吃饭看成是一种消费还是人类自身的生产，是一个研究视角的问题。当我们着眼于消费品，譬如馒头，在这一过程中由馒头变成粪便，是一个熵增过程，或者说是一个消费过程。而对于人体来说，吃馒头是一个能量摄入过程，实现了系统熵减，是一个对人体的生产过程。但是，当我们将馒头和人体当做一个系统重新审视这一过程时，由于有一部分能量不可逆转地转化为了正熵，这一过程显然应该视为是一个消费过程。这是由热力学第二定律决定的，是绝对的、无条件的。

4.2 内能流及其构成要素

4.2.1 人类社会系统与地球生态系统

所谓地球生态系统（以下简称生态系统）是生命子系统，包括人类、动物、植物、微生物等，是与其环境子系统在特定时空的有机结合。人类社会系统则是人类及其生命支持系统和人化物理环境系统在特定时空的有机结合。我们知道，人类社会系统和生态系统均是开放系统，需要外界的能量输入才能维持和发展自身结构的有序性。因此根据耗散结构理论，人们能够轻易判断出人类社会系统和生态系统均是典型的耗散结构系统。并且，人类社会系统一般被认为是生态系统的一个子系统，其理由主要基于以下两点：

一是人类社会系统是生态系统发展到一定阶段的产物。我们居住的这颗星球，已经有 50 亿年左右的历史。在距今 34 亿~46 亿年以前，地球上的无机环境开始发生一些有利于生命孕育的变化——海洋和大气产生，无机世界逐渐产生了有机物质，并出现单细胞植物，地球生态系统初步形成了。在距今 5.7 亿年的寒武纪，多细胞异养的后生动物大量出现，原始的食物链产生，生物圈形成。此后，经过几亿年的进化，地球上的生物由单细胞进化到多细胞、由低级生物进化到高级生物。在距今 300 万年以前，大型灵长动物中的一支——古猿进化产生了早期原始人类，标志着人类社会系统的产生。此后，人类社会经过原始社会、奴隶社会、封建社会到现代资本主义社会的发展，人类社会系统的结构不断地复杂化、有序化。可见，生态系统的产生要远早于人类社会系统。人类社会系统的核心生物——人类是由生态系统中的普通一员——古猿进化而来的。人类社会系统是生态系统发展到一定阶段的产物。

二是生态系统是人类社会系统存在和发展的基础。人类社会系统脱胎于生态系统，并且生态系统构成了人类社会系统存在和发展的基础。这主要表现在维持和发展人类社会系统所必需的物质和能量，无一不是直接或间接来源于生态系统。例如，人类进行农业生产离不开的空气、土壤、水和无机盐都直接取之于生态系统；进行工业生产所必需的各种原材料、能源和生产工具也都直接来源于生态系统；即便是构成人体的每一个原子也无一不是来源于生态系统。除此之外，由于人类进化于生态系统，并长期被生态环境进行自然选择，地球的物理环境，包括温度、气候等，非常适合人类的生存，并成为人类社会系统存在和发展的基本环境基础。

4.2.2 人类社会内部能量流动

作为一种耗散结构的生态系统，就像是覆盖在地球表面的一种具有迷人"花纹"（即有序结构）的贝纳德包，在耗散能量的同时，其结构得以维持和发展。我们看到自然界中风起云涌、雨落水流、春华秋实、草长莺飞，均是生态系统迷人"花纹"的一角。正如贝纳德花纹的生成需要在上下液面间产生一定的温差一样，生态系统这种"花纹"的产生也有赖于外界的能量输入。支撑生态系统这种有序结构的能量主要来自于太阳，也有一少部分来自于地球内部（地热能）和月球（潮汐能）。当这些能量持续不断的进入生态系统，并在从海拔十千米到海平面以下十千米的地球表面空间以有机界的新陈代谢作用和无机界的大气环流、水体运动、地表腐蚀风化等方式流动、耗散的时候，生态系统这种迷人的"花纹"就产生了，我们所看到的地球表面的自然面貌也就形成了。

在大约 300 万年前，当人类产生以后，以人类社会为界，生态系统的能量流动就分化为了两个部分：一部分能量始终在人类社会外部流动，不为人类所疏导利用，我们可称之为人类社会外部能量流（以下简称外能流），即马克思用哲学语言所说的"自在自然"。外能流主要包括未被人类利用的水能、风能、潮汐能、地热能、核能、各类化石能源和金属与非金属资源中含有的化学能和其他形式的能量，以及未被利用的野生动植物体内的化学能等。此外，还有一部分能量进入到人类社会系统，并且能够为人类所疏导利用，我们可称之为人类社会内部能量流（以下简称内能流），即"人化自然"。不同历史时期内能流所包含的能量种类和形式不尽相同，我们将在下文详细论述。外能流和内能流一起构成了生态系统内的能量流动，内能流是生态系统能流的支流和组成部分。自从人类诞生以来，地球表面的自然面貌就是外能流和内能流共同作用的结果，生态系统的"花纹"自此也打上了人类的烙印。

我们说，生态系统内的能量流动支撑了整个地球生态耗散结构系统的存在和发展，而内能流则是人类社会耗散结构系统得以维持和发展的基础。那么，内能流的能量是从哪里来的呢？答案显而易见，是人类通过生产所进行的能量转化，有意识地从外能流引入的。我们看，静静躺在河床中的一块顽石，在河水经年累月的冲刷下，由棱角分明变得形似鹅卵，再由体硕的圆石变成细小的河沙，这一过程没有一丝一毫的人力参与其中，完全是外能流作用的结果，或者说这一能量变化过程本身就是外能流的组成部分。但是，当原始人拿起那块鹅卵石，将它的一边打磨成锋利的尖刃，并使用这一具有特殊形状的鹅卵石切割兽皮时，我们说原始人就将鹅卵石所具有的形式能引入了人类社会。当使用一段时间之后，这把石刀由锋利变得粗钝，其中含有的形式能被消耗了一部分，或者说它在使用价值空间中上升了一段距离，这段距离所代表的能量就是原始人消耗的内能流。再看春季洒在河滩上的阳光，一些太阳能转化为风能，一些蒸发了的液态水储存在气态水中，也有一些被绿色植物的叶片所捕获转化为了植物体内的化学能。在大气环流、水体运动，以及植物生长、死亡、腐败的过程中，这些形式的太阳能转化为正熵耗散掉了。在这一过程中，所有形式的能量也都未受人类的干扰，完全是外能流能量流动、耗散的一部分。但是，当人们将这片河滩开垦成良田并种上庄稼，利用庄稼体内的叶绿素将太阳能转化为一种人类能够利用的化学能——粮食。这实际上就是人类通过庄稼将一部分太阳能吸纳入了人类社会系统，成为内能流的一部分了。正是通过无数个类似于石刀和庄稼这样的能量转化过程，人类从外能流引入到人类社会系统的能量汇成了巨大的能量流——内能流。日常生活中，我们看到的列车滚滚、机器呼啸、道路蜿蜒、高楼林立等所有人造系统都是内能流的一部分。

这里需要说明的是，人体输出的机械能也是内能流的一部分，而这部分能量直接来自于人体耗散结构系统，似乎并不是从外能流引入的。实际上，这部分能量是由人体内化学能转化而来，而人体内的化学能是人体从消费品中所获得的能量的储存。因此，人体输出的机械能归根结底也是来自于外能流。

外能流不但是内能流能量的来源，也是内能流产生的高熵废弃能量的归宿。根据生产的本质，我们知道，人们通过生产把人类不能消费的能量形式转化为能够消费的能量形式。在消费过程中，以消费品为载体的这种形式的能量释放并对人体做功，在人体耗散结构系统获得熵减的同时，消费品的熵值增加。但此时，使用后的消费品虽然熵值增加了，能量形式发生转变，但并不是说已全然不含有任何形式的能量了。只不过其含有的能量已不再能够被人体所消费，即失去了这种消费品的使用价值而已。当人们把这些使用过的消费品，连同不能再消费利用的能量一起遗弃的时候，这些能量就又重新回到了外能流，参与到外能流的流动与耗散中。在上例中，变钝了的石刀有可能被遗弃在河边又开始了变为细沙的历程，也有可能被遗弃在路边经历风化侵蚀变成了普通的石头。总之，它所具有的微少的能量又重新投入到了外能流中。粮食生产与消费也是这样。在生产过程中，不能食用的庄稼的茎、叶、根被丢弃了，可能经过微生物分化分解重新变成了无机物，也可能被其他动物吃掉，转变为其他形式的化学能进入了生态系统的食物链。而庄稼的能够食用的部分则被人类吃掉，最后变成粪便被排除体外，成为微生物的食物。与石刀一样，这些能量同样脱离了人类社会系统进入了外能流。不但这些废弃的能量形式（具有做功的潜能）最终重新回到了外能流，根据热力学第二定律，在以上所述的所有能量转化过程中都有一部分能量转化为了正熵，这些能量的终极形式不具有做功的能力，因此也就根本不具有使用价值的潜能，更不会保留在人类社会内部，也重新进入了外能流。外能流与内能流的关系参照图4.2。

至此，我们就能够给出内能流的精确定义了。所谓内能流就是人类通过生产所进行的能量转化，从生态系统引入到人类社会系统内，并在人类社会系统内部流动、耗散，用于抵消人类社会系统内部不断产生的正熵，从而使人类社会系统得以维持和发展的能量总和。

也许有人会有这样的疑问：一般来说，人们将客观世界看成是由物质、能量和信息三基元构成的巨系统，其中的任何子系统都是物质、能量和信息相互作用的产物。在人类社会耗散结构系统中，物质、信息和能量一样参与其中，物质流、信息流和能量流的有机结合共同构成了整个地球生态循环网络。在内能流的概念中，只包括能量而不包括其他两个基本元素，是不是不符合客观实际呢？我们说，产生这样的疑问是很自然的。本书之所以提出内能流的概念代替物质、能量、信息三基元，主要出于以下两点理由：

首先，本书中如无特别说明，我们所说的能量是广义的能量，是物质、能量、信息三者的统一。量子物理学告诉我们，物质与能量的对立只存在于日常生活和经典物理学中，在微观物理学层面则消失了。过去人们认为电子等基本粒子是类似于微型台球那样的刚体，并构成了物质的最基本、永恒不变的单元。但现在我们知道，电子是能量的集中，是一种物质波或波包。[1] 在微观世界中，能量能够变成物质，例如，伽马（γ）射线的量子，即高频的 χ 射线，可以转变为带负电和带正电的孪生对粒子，电子和正电子。[2] 而且物质也能够转变为

① 路德维希·冯·贝塔朗菲. 生命问题. 吴晓江，译. 北京：商务印书馆，1999：183.

② 路德维希·冯·贝塔朗菲. 生命问题. 吴晓江，译. 北京：商务印书馆，1999：183.

能量，爱因斯坦的质能方程（$E = MC^2$）就是这种转变的精确描述。这就是说，物质和能量实质上是等价的。经典的质量守恒定律和能量守恒定律统一为质能守恒定律就说明了这一点。而且，随着现代物理学的发展，粒子物理学、场论、真空理论表明真空是量子场的基态，量子场的涨落形成了粒子，粒子和场统一于能量而非物质。[①] 至于信息，我们已经知道，信息本质上是一种负熵，即也是一种能量。可见，物质世界三基元在能量上获得了统一。能量，这种基本的东西，正是古希腊哲学家赫拉克里特所理解的"火"："万物都能换成火，火也能换成万物，正像货物换成黄金，黄金换成货物一样。"[②] 正如里夫金和霍华德在《熵：一种新的世界观》中所说的，"（我们）要考虑到一切都是由能量所生成的。世间万物的形态、结构和运动都不过是能量的不同聚集与转化形式的具体表现而已。一个人、一幢摩天大楼、一辆汽车或一棵青草，都体现了从一种形式转化成为另一种形式的能量。高楼拔地而起，青草的生成，都耗费了在其他地方聚集起来的能量。高楼夷为平地，青草也不复生长，但它们原来所包含的能量并没有消失，而只是被转移到同一环境的其他所在去了。"[③] 我们这里所说的内能流的能量就是这样一种广义的能量，包括狭义的能量，以及物质的各种形态所对应的能量和以信息方式存在的能量[④]。

其次，人类消费的是能量而不是物质，物质只能被看成是

---

① 李醒民．奥斯特瓦尔德："高级万能博士"和"天才综合体"（《自然哲学概论》序言）．北京：华夏出版社，1999：8.

② 赵鑫珊．普朗克之魂．北京：文汇出版社，1999：358.

③ J 里夫金，T 霍华德．熵：一种新的世界观．吕明，袁舟，译．上海：上海译文出版社，1987：28 - 29.

④ 根据能量守恒定律，能量从可做功的状态转变为不可做功的状态在量上是守恒的，也就是说熵作为废能也被看成是一种能量。但在本书中（包括内能流概念中），能量都是指的具有做功能力的形式，不包括熵。本书直接把这种不具有做功能力的能量称为正熵或者废能，以示区别。

能量的载体被卷入到人类社会系统的各种运动中的。例如，我们吃食物、穿衣服、住房子，食物、衣服、房子等消费品都是物质性的，或者说都是各种原子不同排列组合的结果。因此物质确实参与到了我们的消费活动中。但是我们看，当人们使用完这些消费品以后，构成这些消费品的物质没有缺少一个原子，全部又回到了外能流中。人体排泄物①、破衣服、旧房子所含有的物质与食物、新衣服、新房子是一样的，人体并不靠摄入物质为生，所有的消费品在消费前后改变的是物质的存在形式，它们从一种有序的存在形式变成了另一种无序的存在形式，或者说从一种高能量存在形式变成了低能量存在形式（对应于使用价值空间中的上升过程）。这两种存在形式之间的能量之差就是人们消费的能量，也是人们千方百计进行能量转化的最终目的。这就是薛定谔的著名论断——生命体"以负熵为生"②的本源所在。可见，物质是作为能量的载体参与到人类社会系统的各种运动中的。除了核裂变和核聚变这类以物质生成能量的情况以外，物质从生产的"入口"进入人类社会，到从消费的"出口"重新回到自然生态系统，并没有发生任何变化，变化的只是能量，能量从一种熵值低的形式变成了一种熵值高的形式。

正是基于以上两点理由，在物质、能量和信息三基元中，我们选择能量概念作为基本概念，将物质、能量、信息统一在能量的概念之下，用表示广义能量的内能流概念取代人类社会内部的物质循环、能量流动和信息流动。槌田敦教授曾经在《资源物理学》一书中，出于避免由于使用具有广泛含义的能

---

① 在人类生长发育阶段，我们所吃的食物中的少量物质会变成我们身体的一部分。在生长发育停止以后，如果体重不发生变化，食物中摄入的物质只是不断地更替体内的物质。

② 埃尔温·薛定谔. 生命是什么. 罗来欧，罗辽复，译. 长沙：湖南科学技术出版社，2003：69.

量概念所带来的词义混乱的目的，将消费品中含有的这种"对人类有用的消费能力"命名为"扩散能力"。[①] 其实，"扩散能力"就是以物质为载体的具有做功能力的能量。笔者认为，通过创造"扩散能力"这一概念虽然避免了广义能量和狭义能量导致的混乱，但用一个完全陌生的专业词汇代替一个熟知的概念会造成人们理解困难。而且，单从词汇构成来看，"扩散能力"给人一种强调客观事物所具有的一种属性，而非一种客观事物本身的错觉。因此，本书仍使用能量概念，而没有借用槌田敦教授创造的"扩散能力"概念。但读者在阅读过程中需要注意区分广义能量和狭义能量。

4.2.3　内能流的构成

自然界中存在的具有消费和转化价值的能量形式有无数种，在生产过程中，更多的能量形式被创造出来（使用价值空间下层的等熵面面积更大），这些数不胜数的能量形式汇聚起来共同组成了内能流。内能流中各种形式的能量构成了人们各种消费活动的能量之源，使人体耗散机构系统和人类社会耗散结构系统在内能流的流通、耗散中得以维持和发展。在内能流这一错综复杂的能量综合体中，各种形式的能量并不是在作杂乱无章的运动，彼此间也不是毫无关联的，而是基本上沿着食物链、技术链和信息链这三条路径进行流动转化的。这三条路径上的能量共同汇聚成为了内能流的三条能量支流（如图4.2所示）。

---

① 槌田敦. 资源物理学. 朴昌根，译. 上海：华东化工学院出版社，1991：10－11.

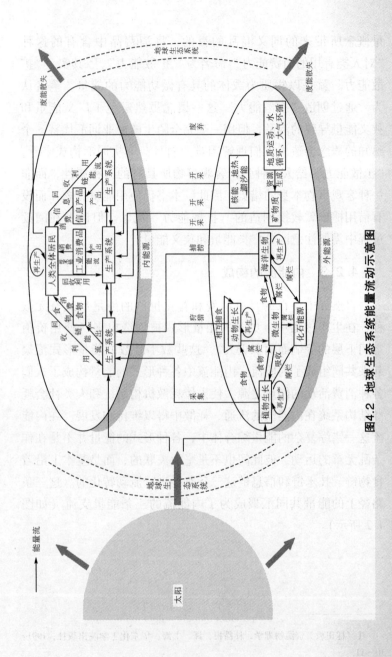

图4.2 地球生态系统能量流动示意图

　　我们首先看食物链能流。无论在任何时代、任何类型的社会中，内能流中必然有一条能量支流是以为人类的食物消费提供能量为最终目的，并沿着食物生产的链条进行能量转化的，因此，我们可称之为食物链能流。食物链能流主要包括：在农业、畜牧业、渔业、食品制造加工业中，人们从外能流引入的各种形式的能量、生产工具的形式能和动力能以及人体输出的机械能。我们以牛奶生产为例来看看人类是如何围绕获得牛奶这种形式的能量而形成一条能量流的。首先，人类种植牧草把太阳能转化为牧草体内的化学能或者直接利用外能流中现成的化学能（野草），然后通过奶牛把牧草或野草体内植物粗纤维形式存在的化学能转化为奶牛体内以蛋白质、氨基酸、脂肪等形式储存的化学能，其中也有一部分转化为了以牛奶形式存在的化学能。其次，围绕这条能量转化链条，还有其他形式的能量不断汇聚进来。比如人们收割牧草或野草、喂食奶牛，人体输出的机械能和镰刀中的形式能的一部分就汇聚到了这条能流中了。人们在食用牛奶以前，需要把牛奶煮沸，木柴或煤炭中的化学能也汇聚了进来。这样一来，各种形式的能量围绕牛奶这种形式的能量就形成一条能量转化通道。人类消费的食物有无数种，并且每一种食物的获得都要经历不同的能量转化过程，从而都会形成类似于牛奶那样的能量转化通道。人类社会系统内部，无数条这样的能量转化通道中的能量流共同汇聚成为了食物链能流。

　　除了食物链能流，内能流中还有一条重要的支流——技术链能流。与食物链能流不同，技术链能流并不是以为人类的食物消费提供能量为最终目的，而是主要用于建立和维持人类生存所需的人工物理环境、构造社会物质技术系统、支撑工业生产和科学文化活动等。技术链能流主要包括：在建筑业，除食品以外的加工制造业、能源业、运输业，除以信息制造、储存、传递、接受、处理为主的服务业中，人们从外能流引入的各种形式的能量、生产工具的形式能和动力能以及人体输出的机械能。与上例围绕牛奶生成的能量流类似，在技术链能流中，围绕某种非食物产品，从以原材料的形式把某种形式的外能流能量引入内能流，到不同生产环节中不断进行能量形式的转化，再到最终形成消费品被人类消费以后退出内能流或形成生产工具再回到其他能量转化过程中，也都形成了一条能量转化通道。千千万万条这样的能量转化通道中的能量流就汇聚形成了技术链能流。

除了食物链和技术链能流，内能流中剩下的能量基本上是沿着信息的链条在流动耗散。信息链能流主要是为人体耗散结构系统提供以信息形式存在的能量摄入，以及为生产提供信息服务。信息链能流主要包括：在广播电视电影、新闻出版、通信业、邮政交通、互联网、银行保险等主要以信息生成、保留、接受、处理、传递为主的服务业中，人们从外能流引入的各种形式的能量、生产工具的形式能和动力能、以及人体输出的机械能。同食物链和技术链能流一样，每条信息本身与信息在生成、保留、接受、处理、传递过程中汇聚进来的从外能流引入的各种形式的能量、生产工具的形式能和动力能以及人体输出的机械能共同形成了一条信息链能量转化通道。例如，人们打电话就是由呼叫人消耗体内的化学能制造出声能和信息能，然后由电话机的话筒将以声能为载体的信息能转化为以电能为载体的信息能，经过长距离输送，在接听人的电话机的听筒再将以电能为载体的信息能重新转化为以声能为载体的信息能。在这一过程中，电话机、程控交换机、电话线等生产工具的形式能以及电能汇聚了进来，与信息能共同形成了一条能量转化通道。人类社会系统中，千千万万条这样的能量转化通道中的能量流就汇聚形成了信息链能流。

一般来说，在食物链、技术链和信息链能流之间，食物链能流和其他两个能流之间的差距较大，比较容易分辨，而技术链能流和信息链能流则不太容易分辨。尤其是一些信息链的能量转化过程中也会像技术链能流那样形成一些具有形式能或其他非信息形式的能量凝聚体作为产品，譬如说报纸、图书、影碟等。并且，这些产品在使用过程中，其含有的形式能也会被消耗。这时候，我们就要以人类消费的目的为出发点来判别哪些属于技术链能流，哪些属于信息链能流。我们说报纸、图书、影碟中含有的形式能只不过是信息能的载体，人们在使用报纸、图书、影碟这些消费品时，主要是为了获得这些消费品中的信息能，而不是像穿衣服那样消费的就是形式能。因此，围绕这些消费品所做的能量转化过程中卷入的各种形式的能量均属于信息链能流，其他不以信息能为消费目的的能量转化过程中所卷入的各种形式的能量均属于技术链能流。

虽然我们将内能流划分为食物链、技术链和信息链三条能量支流，但这三条能量支流之间的界限并不是泾渭分明的，而是彼此交融的。例如，人们把化肥、农药以及各种生产工具等工业产品用于种植业和养殖业，从而把技术链能流的能量引入了食物链能流，其本质是人类通过能量转换，以一部分技术链能流能量为代价，换取了食物链能流能量的增加；而以玉米、小麦、甘蔗等为原料生产乙醇汽油，用牛皮制作皮鞋等则是相反的过程，其本质是把一部分食物链能流能量转化为了技术链能流能量。信息链能流就更是这样。事实上，在食物链和技术链能流的能量转化中都有信息能参与其中，人们只有在相关信息的帮助下才能实现对能量转化过程的控制，获得人们想要的结果。因此，信息能是食物链和技术链能流按人类的预想和设计进行转化流动所必需的。例如人们蓄养奶牛需要获得牧草长势的信息来进行收割，需要获得奶牛生理信息来投喂饲料、防治疾病、挤奶等。工业生产中更是这样，所有生产过程人类均需要获得相应生产信息来进行生产控制。冶炼过程中需要获得有关温度、湿度、成分、结晶状况等信息；加工制造过程中需要获得形状、结构、物理性能等信息；就是人们做饭也要掌握火候、颜色、味道、时间等信息才能做出色香味俱佳的饭菜。

4.3 人类社会系统进化的时间之矢

4.3.1 内能流吸纳率与热效率

根据热力学第二定律，任何能量转变过程都要伴随着或多或少的能量损失。进入到人类社会系统内部的能量同样如此，无论是食物链能流还是技术链和信息链能流在流动转化过程中都有一部分能量转化为正熵散失掉了。例如，20 世纪 40 年代，美国耶鲁大学学者林德曼（R·L·Lindeman）对湖泊中生物及生物量的转移进行了定量分析后发现，能量沿自然食物链从一个营养层到下一层次的传递率在 4.5% ~ 17% 之间，平均为 10%①。也就是说每通过一个营养层次，能量损失在 90% 左右。自然食物链上的这种数量关系被称为十分之一定律。根据十分之一定律，如果 10 000 个单位的太阳能被绿色植物的叶片所捕获，通过光合作用，只有约 1000 个单位的能量被转化为化学能，其他约 9000 个单位的能量就转化为正熵散失掉了。我们说绿色植物对太阳能的转化效率就是 10%。如果我们把含有这 1000 个单位化学能的植物用来喂牛，同样只能有 10% 的能量，即 100 个单位的能量被转化为以动物蛋白、脂肪等形式存在的化学能。我们说绿色植物和牛共同对太阳能的转化效率就是 1%。当我们杀牛取肉、加工烹饪，直到变成一道菜端至食客面前，又有一部分能量损失掉了，这时，能量的转化效率就更小了。食物链能流是这样，技术链能流和信息链能

---

① 姜学民，徐志辉. 生态经济学通论. 北京：中国林业出版社，1993：28.

流同样如此，只不过不同转化环节和能量转化通道的转化效率各不相同而已。

我们知道，人类所进行的所有能量转化都指向一个方向——消费。无论食物链能流、技术链能流和信息链能流在人类社会系统内流动转化的环节有多么复杂、曲折，这些能量流最终都要转化为能够用于人类消费的能量形式。那么，在进入人类社会之后，形成最终消费的能量形式之前，所有内能流的能量转化通道中能量转化效率的加权平均所得到的综合转化率就是内能流的热效率。可见，所谓的内能流的热效率，实际上就是内能流在人类社会系统内部转化生成可用于消费的能量形式的总效率，可以用符号 n 表示。内能流的热效率是衡量人类转化利用内能流能量的水平高低的指标。内能流的热效率越高，表示人类转化利用能量的水平越高，人类在能量转化过程中造成的能量损耗就越少，能量转化的最终成果——可用于消费的能量就越多。

由于热力学第二定律要发生作用的缘故，内能流的能量会随着能量转化进程的不断发展而越来越少。当人类刚把外能流的能量引入到人类社会系统时，尚未发生能量转化损失，内能流中的能量最多。我们把这时的内能流称为初始内能流，这时内能流的能量称为内能流初始量，用符号 I 表示。在上例中，如果人类只有太阳能→植物化学能→动物化学能这一条能量转化通道，那么 10 000 个单位的能量就是内能流初始量。

事实上，在外能流流动的能量同样要遵守热力学第二定律，也有能量损失的问题。如果我们像内能流初始量那样，把进入地球生态系统，未经任何能量转化过程的全部能量称为生态系统能流初始量（主要是刚到达地球表面的太阳能），并用符号 G 表示。那么，显然就存在一个内能流初始量在生态系统能流初始量中占多大比例的问题。我们可以用内能流吸纳率表示这一比率，其数学表达式就是：

$$N = \frac{I}{G} \tag{4.1}$$

其中，N 为内能流吸纳率。内能流吸纳率是衡量人类从外能流引入能量的本领大小的指标。由于生态系统能流初始量是一个相对固定的量，因此内能流初始量的大小只取决于内能流吸纳率。内能流吸纳率越高，表示人类从外能流引入能量的本领就越大，相应的内能流初始量也就越大，内能流初始量占生态系统能流初始量的比例也就越大。

显然，当我们确定了内能流吸纳率和内能流的热效率，我们也就确定了内能流初始量和可用于人类消费的能量的数量。由于人类进行能量转化的最终目的就是为了获得可用于人类消费的能量，并且只有以这些形式存在的能量才是人体耗散结构系统的负熵之源，因此，我们将这部分能量称为有效能量，其数学表达式为：

$$C = G \cdot N \cdot n \tag{4.2}$$

其中，C 为有效能量。由于内能流热效率为内能流初始量转化为有效能量的比率，因此，$G \cdot N \cdot (1-n)$ 就是在生产的能量转化过程中损失的能量，我们可以称之为技术损失。这样，内能流热效率能用如下数学公式表示：

$$n = \frac{C}{G \cdot N} = 1 - \frac{T}{G \cdot N} \tag{4.3}$$

式中，T 为技术损失。内能流初始量、生态系统能流初始量、有效能量、技术损失之间的关系如图4.3所示。

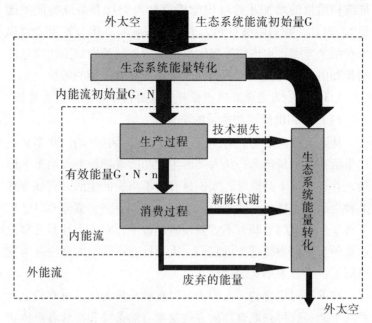

图 4.3　生态系统能流初始量、内能流初始量与有效能量

4.3.2　人类社会系统进化的时间之矢

　　根据拉兹洛的广义进化综合理论，在任何层次上进化着的系统都要达到更高的复杂性，并且要使自己沉浸在更密集的能量流通量当中。[1] 或者说，任何系统都有获得更大的能量流通量的"本能"，以支撑更加有序和复杂的系统结构。无论是生物进化还是社会进化皆不例外。在人类社会系统中，人类个体进化的方向是指向人体耗散结构系统的能量通量增加的，这显然需要供人类消费的有效能量增加才行。而人类社会系统进化的时间之矢是指向社会系统的能量通量增加的，这显然需要内

---

　　① 拉兹洛. 进化——广义综合理论. 闵家胤，译. 北京：社会科学文献出版社，1988：106.

能流初始量的增加才行（内能流就是人类社会系统的能量通量）。因此，我们能够看到人类社会系统的进化与发展主要表现在两个方面：由内能流吸纳率提高所带动的内能流初始量的增长和由内能流热效率的提高所带动的有效能量的增长。

4.3.2.1　内能流吸纳率提高带来的内能流初始量的增长

（1）食物链能流初始量的增长

从人类诞生之初只有 1 万 ~ 2 万人①，到如今有 60 多亿人口生活在这个星球上；从人类诞生之初的食物种类极端单一原始，并且数量十分匮乏，人们过着食不果腹的生活，到如今食品种类高度多样化，数量极大丰富，世界上绝大部分人口已经不再受到饥饿的威胁，不需要精确的数字，对人类社会发展史的这种直观感觉就会告诉我们，人类社会系统中的食物链能流经历了一个显著增长的过程。

在人类诞生之初，人们主要以狩猎采集为生，过着茹毛饮血的生活。这种获取食物的方法受到自然条件和摄食者身体条件的众多限制，因此当时的食物链能流初始量很小，仅限于几种人类能够食用消化的野生植物种子、根和叶，以及一些野生动物。这些能量都是外能流在转化流动过程中"偶然"②形成的适于人类食用的能量形式，并通过人类的采集、狩猎活动直接从外能流引入的，没有经过任何能量转化过程。此时，人类与生态系统食物链上的其他生物很相似，仍处于摄食阶段，而尚未进入能量转化阶段。人类社会系统的食物链能流初始量也基本上仅是人类基于生态系统食物链的地位，从自己的"营养层"吸收的生物化学能，其他能量类型很少。

使用火是人类开始过渡到能量转化历史阶段的一个里程碑。当人们发现，森林里的枯枝败叶能够引燃火，并且，用火

---

① 潘纪一，朱国宏. 世界人口通论. 北京：中国人口出版社，1991：21.

② 之所以说是偶然形成的，是相对于人类有目的的生产行为而言的。

烤过的食物更加美味以后，人们就有意识地保留火种，以备使用。在这一过程中，原始人在无意中增加了食物链能流初始量。使用火烤制食品，实际上是把一部分蕴藏在植物中的化学能以燃烧的形式释放出来，把化学能转变为热能，然后热能又转化为熟食的化学能。在原始人没有学会使用火以前，这部分植物体内的化学能中的一部分会被分解者腐化分解，然后剩下的部分会被植物重新吸收利用。总之，这部分能量是在外能流中流动转化的。而人们通过使用火，就将这部分外能流的能量引入到了内能流，增加了食物链能流初始量。此外，火对于内能流初始量的意义还在于：通过使用火把食物烧熟，可以起到消毒和消除异味的作用，生食不宜消化或有毒、有异味的动植物都能够进入人类的食谱了，从而大大增加了食物链能流初始量。

与火的使用增加了食物链能流初始量一样，陶器的发明与使用也起到了相同的作用。人们使用陶器是为了获得陶器的形式能。这种形式能是通过转化过去在外能流流动的植物体内的化学能和粘土的形式能而获得的，从而增加了食物链能流初始量。通过耗费陶器的形式能，人们不但能够防止食物遭到昆虫和鼠类的侵害（降低能量以人类能够消费的形式向不能消费的形式转化的速度），而且那些不宜烤制的食物，例如细小的子实类食物和带荚的豆类，只要用陶器煮一煮就可以食用，[①]从而大大扩大了人类的食物资源，增加了食物链能流初始量。

公元前 7000 年左右，农业最先在近东地区产生，然后是欧洲和中国。[②] 农业的产生源自人们长期对自然的观察。人们发现植物的种子能够生长发育成为植株，并且一些植物的某些

① Ph E L Smiths. 农业起源于人类历史（续）. 玉美，云翔，译. 农业考古，1989（2）.

② 潘纪一，朱国宏. 世界人口通论. 北京：中国人口出版社，1991：30.

部位，如根、茎、叶、子，可以用来食用。于是人们有意识地挑选出适于食用的植物种类进行集中种植，把这些植物作为人类的能量转化器，增加转化了一部分太阳能为植物化学能，从而大大增加了食物链能流初始量。

畜牧业同样如此。由于草食动物具有人类所不具备的消化植物中纤维制成分的能力，因此，通过驯化饲养牲畜，以牲畜作为一种能量转化器，人们把过去只能在外能流流动的植物纤维中的化学能纳入了内能流，并转化为了人类能够消化利用的动物化学能。显然，畜牧业的产生也增加了食物链能流初始量。

除了通过种植和养殖进行能量转化以外，随着技术力量的增长，人类直接从外能流获取能量的手段也处于不断增强的趋势，这也是导致食物链能流初始量增长的一个重要方面。以捕鱼业为例，从最初的小木筏在无风浪的内河和湖泊捕鱼，再到使用小帆船在近海捕鱼，最后发展到用拖网渔船到深海捕鱼。显然，捕鱼技术的提高使外能流能量被加速吸纳到内能流中，也大大增加了食物链能流初始量。

（2）技术链能流初始量的增长

在人类诞生之初，主要以狩猎采集为生，人类基本上与其他生物一样属于天然食物链上的普通一环，受制于自然和生物规律，人类社会系统的能量流通量几乎只限于食物链能流。在旧石器时代，最初的技术链能流只限于一些未经加工或稍作加工的天然石块、单面或双面削尖的去了皮的木棒以及一些动物的骨骼等天然能量形式。这样的时代占据了人类全部历史的99.5%。此后的一万多年间，随着人类开始掌握能量转化的技术与方法，技术链能流才逐渐成为内能流最重要的组成部分。

我们知道，相同形式的能量由于其在生产过程中的转化途径不同，而会进入不同的内能流支流。例如，燃烧木柴用于烹饪食物，木柴中的化学能就进入了食物链能流。而燃烧木柴用于冶炼，则木柴中的化学能就进入了技术链能流。因此，火的使用也对技术链能流初始量的增长起到了促进作用。

金属不同于石块和木头，天然的金属是不存在的，金属原子以游离或化合的形式广泛分散于矿石之中。因此矿石的熵值很高，需要用燃料中的能量进行能量转化来降低铜矿石的熵值，才能将金属提炼出来以加以利用。人类正是在熄灭的火堆里偶然发现了一些具有晶莹光泽的小金属珠以后，才开始有意识地进行冶炼提取金属的。人类第一个开始大规模开采利用的金属是铜，公元前4000年左右人们就掌握了冶炼铜的技术。[①]从此，技术链能流初始量中加入了铜矿石中的能量，人类也进入了青铜时代。此后，金、银、铁、铝等金属也陆续被人们发现，进一步增加了技术链能流初始量。

除了以各种金属矿藏形式存在的能量以外，以能源的形式存在的能量也不断被人类引入技术链能流，从而扩大了技术链能流初始量。最初，人类使用的能源仅限于树枝、树叶中的化学能，个别地区的人会使用少量的煤炭。工业革命以后，煤炭、石油、天然气等形式能源获得了大规模的开发利用，风能、水能、太阳能、地热、潮汐能等新式能源也逐渐被人类纳入到技术链能流之中，甚至通过核裂变反应，人们将隐藏在原子世界中的能量释放出来，汇入了人类社会系统的能流中，从而引发了技术链能流初始量的爆发式增长（参见表4.1）。

---

① Ｖ Ｇ 柴尔德. 工具发展小史. 周进楷，译. 北京：中国科学图书仪器公司，1953：12.

表4.1　　　1860—1970 年世界主要能源产量①

单位：百万兆瓦时

年份	煤	褐煤	石油	压凝汽油	天然气	水力	合计
1860	1057	15	—	—		6	1078
1870	1628	30	8	—	—	8	1674
1880	2511	58	43			11	2623
1890	3797	97	109	—	40	13	4056
1900	5606	179	213		75	16	6089
1910	8453	271	467	—	162	34	9387
1920	9540	394	1032	14	254	64	11 298
1930	9735	493	2045	78	575	128	13 054
1940	10 904	798	3037	83	867	193	15 882
1950	11 632	902	5439	163	2088	332	20 556
1960	14 472	2184	11 159		4971	689	33 475
1970	14 454	1982	24 274		11 342	1144	53 206

（3）信息链能流初始量的增长

我们知道，系统进化使系统的构成元素、组织层次和关系结构不断增加，系统的复杂性、有序性不断增加。而系统构成元素、组织层次和关系结构的不断增加，必然导致在系统各组成部分之间起联络、组织、协调作用的信息呈爆炸性增长趋势。这一点从生物体复杂性与处理信息的器官之间的关系就能够看出。最简单的单细胞生物，例如草履虫，只有一个细胞，不必处理大量系统内的信息，只要应付少量来自系统外的信息就可以了，因此细胞质就能够胜任；较初级的多细胞动物，例如节肢动物，就需要专门的神经系统来协调不同组织器官的行

---

① 卡洛·M奇波拉. 世界人口经济史. 黄朝华，译. 北京：商务印书馆，1993：38.

为了；更复杂的动物，例如昆虫，则需要专门的信息处理中心
——大脑来应付来自系统内与系统外的大量信息。而且，生物
体的组织机构越多、系统越复杂，例如鸟类和哺乳类，大脑就
越发达。

　　人类社会系统也是如此。在石器时代，人们以氏族部落为
单位进行采集狩猎活动，除了相邻部落间有少许联系之外，大
部分部落没有任何关系，甚至不知道对方的存在。这时，人类
社会系统中的信息流仅限于狩猎、采集、祭祀活动中的语言交
流以及代际之间的经验传承，信息链能流初始量十分有限。当
国家产生后，无论是从疆域还是人口来看，国家都远比氏族部
落的复杂性大得多。而国家的正常运转则有赖于需要各地区、
各阶层、各组织机构之间的联络和协作。显然，这就需要大量
的信息传递作为基础。在信息量增加的同时，人们也要耗费一
些其他形式的能量，例如羊皮卷的形式能、纸张的形式能、马
匹体内的化学能、信鸽体内的化学能等，用于信息的储存、传
递。相应的，信息链能流初始量也就增加了。

　　在近代，随着社会分工的不断细化、行业的不断增加、各
种政府与非政府组织越来越多，现代社会系统的复杂性不断增
加，这些都会带来人类社会系统内部流动的信息量的迅速增加。
由于信息量的增加，用于这些信息的制造、储存、传递、接受、
处理所需要的工具和人员也必然要相应增加。当生产工具中的
能量和人体输出的能量都汇聚到信息链能流中时，信息链能流
初始量就会呈爆炸性增长的趋势。对于这一趋势，我们可以从
微观生产企业的情况可见一斑。19 世纪中期，美国大部分的公
司规模都很小，一般来说，一个公司只有一个或几个业主/经
理，或许还有为数不多的技术娴熟的工匠或者工头，再加上几
个普通工人。在这样的小公司里，业主和工匠一般通过非正式
的口头信息交流就能够协调和管理公司的日常活动。但是，随
着公司规模的扩大，需要大量的、更加详细专业的自下而上的

会计信息来为决策层提供参考，需要大量的、更加准确有效的自上而下的命令、指令和规章等信息进行管理，还需要大量的横向信息进行部门和地区分部的协调。因此，大量的信息被制造出来并在公司内部流动，相应的，专门负责处理信息的工具和人员也增加了。从1870至1920短短50年内，美国公司专门负责处理信息的办公室文员数量从74 200人飞速增加到2 837 700人，增长了3700%。1875—1918年间，主要因信息收集和信息处理而产生的新职位就有办公室经理、办公室工人、统计员、投递员、打字员、速记员、销售副主管、档案管理员等。①

在当代社会，每一个人都有自己的身份证号、银行账户、保险账户、IP地址等，甚至人们为每一件商品都制作了属于它自己的"身份证"——条形码（即通用产品代码，Universal product code，简称UPC）。人们的每笔资金往来、网上活动等都被作为信息记录并保存下来。每件商品的生产责任和流通过程都有据可查。因此，在当代社会，信息的制造、储存、传递、接受和处理不是以部门、机构、团体为单位的，而是细化到了每一个人和每一件产品。其带来的信息量之巨大令人叹为观止。巨量的信息量带动新型的信息处理工具，例如电子计算机、互联网等，不断投入使用，更多的人力也不断投入到信息搜集、储存、传递、处理活动中，其表现就是网络、通信、娱乐、银行、保险等信息密集型行业的从业人员大量增加。无疑，当代信息链能流初始量空前膨胀了。

4.3.2.2 内能流热效率的提高带来的有效能量增长

（1）食物链能流热效率的提高

我们知道，人类尚未掌握直接用无机物制造食物的技术，食物链能流主要靠农作物和家畜（禽）将太阳能转化为人类

① 阿尔弗雷德·D钱德勒，詹姆斯·W科塔达. 信息改变了美国——驱动国家转型的力量. 万岩，邱艳娟，译. 上海：上海远东出版社，2008：114.

能够消费的能量形式。因此，食物链能流热效率的提高主要表现在农作物和家畜（禽）的能量转化效率的提高上。

众所周知，所有农作物和家畜（禽）的生物表现都同时受生物自身遗传和外部环境导致的变异两个因素的共同影响。人类正是通过改变外部环境因素导致农作物和家畜（禽）发生变异，并不断选择对人类有利的变异结果来获得能量转化效率的提高的。从纯技术角度讲，大多数植物的能量转换效率很低，野生植物种群的光合效率通常只有 1% 至 5% 左右。[①] 但是，经过上万年人为干预下的自然选择，以及在近代农业科技知识指导下，不断选育优良品种和科学种植方法，使现代农作物的光合效率已经有了大幅度的提高。例如，通过选育种植优质杂交水稻，可以减少木质素、粗纤维等不能食用部分对能量的消耗，增加稻米产量，即提高了对太阳能的转化效率。玉米也是一个很好的例子，在 6000 年前或稍晚一点，玉米从一种其穗不比现代草莓大的野草，发展成为了世界上最大的谷类植物之一（图 4.4 所示）。[②] 正是由于农作物的能量转化效率的提高，人类在单位土地上转化获得的生物能量不断增加。据统计，人们通过采集活动所获得的植物性食品，其干重的年产量在 0.4 ~ 2 千克/公顷之间，而传统农业下的农田可达 50 ~ 2000 千克/公顷，现代化农业则高达 2000 ~ 20 000 千克/公顷。[③]

① 卡洛·M 奇波拉. 世界人口经济史. 黄朝华，译. 北京：商务印书馆，1993：24.

② 卡洛·M 奇波拉. 世界人口经济史. 黄朝华，译. 北京：商务印书馆，1993：29.

③ 姜学民，徐志辉. 生态经济学通论. 北京：中国林业出版社，1993：28.

图 4.4　玉米穗轴的进化①

　　同农作物一样，人们总是把能量转换效率高的家畜（禽）品种保留了下来，把能量转换效率低的家畜（禽）品种淘汰掉，经过千万年的选育改良，家畜（禽）的能量转换效率已经远超野生动植物所遵守的十分之一定律，成为了效率高超的能量转化器。其表现就是，在现代养殖方法下，所有肉用家畜（禽）的饲养时间都大幅度缩短了，家畜（禽）的受胎率以及每只家畜（禽）的产肉量、产奶量、产蛋量都有了大幅度的提高。现在，人们已经掌握了相当确切的数字来衡量生物自身

――――――――――

　　① 冬屏亚. 玉米的起源、传播和分布. 农业考古, 1986 (1).

的遗传特性与人为因素分别对农作物和家畜（禽）的生物表现的贡献率，如表4.2所示。

表4.2　生物自身的遗传特性与人为因素对生物表现的贡献率①

生物表现	遗传性与变异性对生物表现的贡献率（%）	
	生物自身遗传性	人为因素导致的变异性
牛的受胎率	5	95
玉米的穗长	17	83
家禽产卵率	20	80
玉米的产量	25	75
家禽的卵重	60	40
玉米含油量	65	35
萝卜的根长	65	35
牛的屠宰重	85	15

（2）技术链能流热效率的提高

从表4.2可以看到，虽然人为因素导致的变异性在生物表现中的贡献率越来越大，但毕竟生物能量转化器的生物表现还有相当大的比例是由生物自身遗传特性决定的，生物能量转化器的热效率并不能按照人的意愿无限制的提高。而非生物能量转化器，如机械、设备等生产工具，则不存在这一限制。因此，相较于食物链能流，热效率的提高在技术链能流上表现得更加明显。瓦特蒸汽机的技术效率为5%，而现代汽轮机则为40%，内燃机热效率可达45%以上。② 秸秆在老式锅炉内燃烧，热能利用率只有10%左右；在改良灶内燃烧，能量利用

────────

① 牛文元，毛志烽. 可持续发展理论的系统解析. 武汉：湖北科学技术出版社，1998：86.

② 卡洛·M奇波拉. 世界人口经济史. 黄朝华，译. 北京：商务印书馆，1993：46.

率可达20%以上；如果把秸秆制成沼气燃烧，其能量利用率就可达60%。[①] 在人类的技术发展史上，这样的例子不胜枚举（图4.5，图4.6所示）。人类总是千方百计地通过改进生产工具，优化组织管理，降低生产过程中的能量消耗，提高技术链能流的热效率。而技术链能流热效率的提高带来的直接结果就是人类社会有效能量利用量的大幅增加。据统计，仅从1974年以来，由于汽车能量转化效率的提高，美国高速公路上奔驰的汽车消耗每加仑汽油平均行驶的英里数增加了35%。[②]

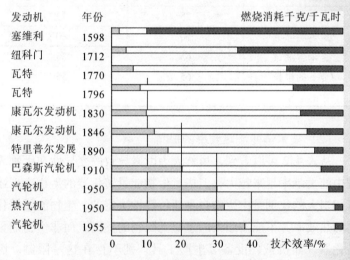

图4.5 1698—1955年蒸汽机的技术效率[③]

① 姜学民，徐志辉. 生态经济学通论. 北京：中国林业出版社，1993：148.
② 曹凤中. 国外环境发展战略研究. 北京：中国环境科学出版社，1993：152.
③ 卡洛·M奇波拉. 世界人口经济史. 黄朝华，译. 北京：商务印书馆，1993：46.

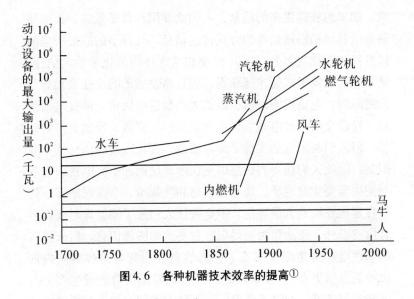

图 4.6 各种机器技术效率的提高①

（3）信息链能流热效率的提高

由于人们总是希望获得更多的信息能摄入，因此，信息链能流热效率的提高往往是和信息链能流初始量的增加共同发生的，它并不是表现在人体耗散结构系统获得的单位信息能在制造、储存、传递、接受、处理过程中所损耗能量的减少上，而是表现在以单位能量损失为代价，人体耗散结构系统获得的信息能增加上。

在"烽火戏诸侯"的典故中，人们耗费大量植物体内的化学能和人体输出的机械能来制造烽火，事实上只传递了一条非常简单的信息——敌人来了。如果用现代信息理论计算，这条信息含有的信息量只有 38.6 比特。② 显然，这么小的信息量无法为人们提供敌人的数量、进攻方向、部队将领等重要信

① 卡洛·M奇波拉. 世界人口经济史. 黄朝华，译. 北京：商务印书馆，1993：47.

② 冯志伟. 汉字的信息量大不利于中文信息处理. 语文建设，1994（3）.

息。如果想获得更多的信息，人们就要用八百里急送，由信使骑马沿着驿站输送信件的方式传递信息。几百字的战报所含的信息往往要损耗多名（匹）信使和马匹体内的化学能，信件、驿站和官道的形式能才能获得，而且路途遥远的往往要花费几天的时间。电话发明以后，虽然人们制造电话机、铺设电话线路、建设交换机和电站需要花费比马匹、官道、驿站更多的能量，但人们利用电话实现了即时通信，而且传递的信息量不受限制，因此人们获得的信息以更快的速度增加了。电视的发明与使用需要建设卫星、信号发射站和接收站、有线网络等，这些肯定也要耗费大量能量，但电视让人们除了能够即时获得声音信息以外，还能即时获得信息量更大的图像信息，后来发明的彩色电视又为图像加入了色彩信息（意味着单位时间内输出的信息量更大）。互联网的投入使用需要耗费能量生产个人电脑和服务器、铺设光纤等，但互联网能同时为人们提供电话那样的双向信息传送和电视那样的声音和图像信息，而且能够让人们实现信息的自主选择，人类从此获得了一个信息的海洋。由此可见，人们不断改进信息链能流的能量转化器，一方面带来了更大的能量耗费，另一方面也带来了更大的信息能通量，而且，后者增长的速度要远大于前者。虽然没有具体数字可以说明这一点，但直观感受清楚地告诉人们这一趋势是不容置疑的。烽火和驿站的信息传递方式是用一个相对较大的能量损耗传递一个信息量极小的信息能，而现代互联网则是用一个更大的能量损耗传递一个信息量极大的信息能。也就是说，单位能量损耗传递的信息量增加了，整个信息链能流的热效率提高了。

虽然我们在论述人类社会系统进化的方向时是按照内能流的三大支流——食物链能流、技术链能流和信息链能流初始量的增加和热效率的提高进行分别论述的，但我们要说，内能流三大支流初始量的增加和热效率的提高并不是彼此分立、独自进行的，而是互相促进、互相影响的。食物链能流初始量的扩张和热效率的提高能够为技术链能流扩张提供原材料，反过来技术链能流初始量的扩张和热效率的提高又为食物链能流提供高效的生产工具；信息链能流初始量的扩张和热效率的提高有助于食物链和技术链能流提高效率，而技术链能流则为信息链能流提供高效的能量转化器，是信息链能流初始量扩张和热效率提高的基础。在这个意义上，人类取得的任何一项技术进步，都不会仅体现在某一内能流支流上，而是会对全部内能流支流都造成影响，从而使内能流初始量和热效率在"三个引擎"的带动下进行扩充和提高。

4.3.2.3 人类社会系统进化的客观必然性

通过以上分析我们可以看出，人类社会系统进化的时间之矢是指向高内能流吸纳率和热效率的。在人类发展史上，人类取得的每一项技术进步要么伴随着内能流吸纳率的提高，要么伴随着内能流热效率的提高，要么使二者同时提高。前者增加了内能流初始量，后者减少了内能流在能量转化过程的能量损耗，二者共同作用就使有效能量获得了增加，在现实社会中就表现为生产力的进步和社会财富的增加。二者的区别仅在于，内能流吸纳率的提高是以"外推"的方式（向外能流要能量）增加有效能量，而内能流热效率提高则是以"内精"的方式（减少内能流能量损耗）而已。人类社会进化的过程就像是一个公司成长的过程，而能量流就像是现金和资本流。人类社会不断扩大"资金"流量和提高"资金"的流动效率，为的就是获得更多的"利润"（有效能量）。

我们说，人类社会系统进化之所以会有这样一个时间箭头，归根结底是由人类社会和人体的耗散结构本质决定的。人类社会耗散结构系统获得更大的能量流通量的"本能"是内能流吸纳率提高的根源。而人体耗散结构系统获得更大的能量流通量的"本能"则是内能流热效率提高的根源（如表4.3

所示)。因此,人类社会沿着这样一个方向进化是客观必然的。任何个人的意志都无法阻挡和改变人类社会进化之矢的前进方向。罗马皇帝维斯佩基安(Vespasian,公元 9—79 年)在位期间,曾有人发明了一套滑轮和杠杆系统,可以有效地提升和运走石柱。但是出于对这种装置取代过多劳动力会造成社会动荡的担心,他只是赏给了发明者一笔钱,并下令把那套原型拆毁,不许采用。① 历史表明,这样逆社会进化之矢前进方向的事件只会减慢社会进步的脚步,而不会改变社会进化的方向。滑轮和杠杆系统符合人类社会进化的方向,终将会出现在人类历史中。

表 4.3   人类不同发展阶段能源消耗情况②

单位:10^6J/d

项目	原始人	狩猎期	农业前期	农业发达期	工业时期	现代社会
火	√	√	√	√	√	√
家畜		√	√	√	√	√
风			√	√	√	√
水			√	√	√	√
化石燃料					√	√
核能						√
人均能量消费③	8.73	20.93	50.23	108.84	322.32	962.78

---

① 拉兹洛. 进化——广义综合理论. 闵家胤,译. 北京:社会科学文献出版社,1988:99.

② 牛文元,毛志烽. 可持续发展理论的系统解析. 武汉:湖北科学技术出版社,1998:10.

③ 狭义能量.

4.3.3　人类社会系统进化的动力——科学技术

　　人类社会系统进化的根源是人类社会和人体的耗散结构本质，其表现是内能流吸纳率提高带来的内能流初始量的增长和内能流热效率提高带来的有效能量的增长，那么推动人类社会系统不断进化的动力是什么呢？答案是科学技术。对于这一点，马克思主义经典作家们用他们深邃的历史主义眼光曾做出过经典论断。马克思说过："把科学首先看成是历史的有力的杠杆，看成是最高意义上的革命力量。"[①] 恩格斯也有类似表述，"在马克思看来，科学是一种在历史上起推动作用的、革命的力量。"[②] 邓小平则把科学技术称为"第一生产力"。[③]

　　从热力学第二定律和耗散结构理论角度看，之所以说科学技术是人类社会系统进化的动力，是由于内能流吸纳率和内能流热效率的提高归根结底还是依靠科学和技术的进步。牛文元和毛志锋曾一针见血的指出："地球上每一种资源开发的经济学意义和利用价值均是技术有效性的函数。"[④] 就是说，任何一种具有使用价值的能量形式都存在被人类利用的潜在可能，而决定这种能量形式是否能够进入人类社会的能量转化系统，并被消费利用的是人类是否掌握对这种能量形式的转化技术。因此，我们会看到，只有在蒸汽机发明以后，人类掌握了把煤炭中的化学能转化为机械能的方法，才使煤炭获得了大规模的开采；内燃机的发明则使人类具有了将汽油中的化学能转化为

---

　　① 马克思，恩格斯．马克思恩格斯全集：第 19 卷．北京：人民出版社，1971：375.

　　② 马克思，恩格斯．马克思恩格斯全集：第 19 卷．北京：人民出版社，1971：375.

　　③ 邓小平．邓小平文选：第 3 卷．北京：人民出版社，1993：274.

　　④ 牛文元，毛志锋．可持续发展理论的系统解析．武汉：湖北科学技术出版社，1998：224.

机械能的能力，从而人们开始大规模的开采石油；电动机的发明使人们能够将电能转化为机械能，从而人们认识到，一旦具有把其他形式的能量转化为电能的技术，那么以电为媒介经过两次能量转化，人们也就间接获得了这种能量形式的利用技术。因此，风力、水力、潮汐、太阳能等都纳入了人类大规模开发利用的视野；当人类具备建造核反应堆的技术以后，蕴藏在原子世界中的能量被人们发现并开采出来，吸纳进入了人类社会系统。因此，我们可以毫不迟疑地说，科技水平决定了内能流吸纳率和内能流热效率的高低，人类社会系统进化的动力来自于人们掌握的科学技术的不断进步。

4.4　本章小结

与动物通过摄食来获得对抗生命体耗散结构系统熵增趋势的能量不同，人类是通过生产活动来获得对抗这种熵增趋势的能量。而生产在本质上是人类基于对客观世界的认识与理解，以人类能够用于消费的能量形式为目标，有意识地将人类不能消费利用的能量形式转化为人类能够消费利用的能量形式的活动。在生产活动中，人类以生产工具和自身的熵增为代价，使生产对象具备了适合人类消费的能量形式（绝大部分情况下实现了熵减）。其表现就是，生产工具和人体耗散结构系统在使用价值空间中的能量转化轨迹是向上移动的，而绝大部分情况下生产对象在使用价值空间中的能量转化轨迹则是向下移动的。由于相对于身体器官，生产工具的形式和功能以及形式和功能的改进更加灵活，因此生产工具在人类生产中的地位和作用逐渐凸现。

在马克思主义政治经济学和人口学中，倾向于把消费看做生产。但是，从热力学的角度来看，由于热力学第二定律的缘故，生产是相对的、有条件的；消费是绝对的、无条件的。如果我们把生产对象、人体耗散结构系统和生产工具看做一个更大的系统的话，整个生产过程不但没有创造出新的能量，反而使已有的能量加速耗散了。因此，生产作为一个整体更应该被视为一个消费过程。

人类是生态系统发展到一定阶段的产物，人类社会是地球生态系统的子系统。人类通过生产——这种独特的能量转化活动将生态系统中流动的能量引入到了人类社会，从而形成了支撑人类社会耗散结构系统维持和发展的能量基础。这样，地球生态系统中流动的能量也就被分化成了两部分，即人类社会外部能量流（外能流）和人类社会内部能量流（内能流）。内能流是人类所掌握控制的所有形式能量的总和，也是人类的负熵之源。大体上讲，内能流主要由食物链、技术链和信息链三条能量支流构成。

不同时代，人类社会内能流的吸纳率和热效率是不同的。内能流的吸纳率能够衡量人类从外能流引入能量的本领的大小，而内能流的热效率则是用来衡量人类转化利用内能流能量水平高低的指标。由于任何耗散结构系统都有获得更大的能量流通量的"本能"，决定了人类社会随着时代的发展和人类掌握的科学知识和生存技能的增加，内能流吸纳率和热效率会不断提高。也就是说，人类社会系统进化的时间之矢是指向高吸纳率和热效率方向的。在这一过程中，科学技术的进步起到了关键的作用。内能流吸纳率和热效率不断提高的直接后果就是人类用于消费的有效能量增加了，在现实社会中就表现为社会财富的增加。

5

人口分布原理

　　人类消费的过程就是人体耗散结构系统从外界获取所必需的能量摄入的过程，而生产则是人类为了满足自身对能量的需求而进行的能量转化。这种能量转化以外能流能量为起点，以适合人类消费的能量形式为终点，所有能量转化通道中流动的能量共同汇聚成了人类社会内部能量流。内能流不但是整个人类社会的负熵之源，而且也是每个人类个体的负熵之源，因此，内能流对于人类社会的人口数量，以及人口在地域空间的分布状况都有至关重要的影响。

5.1　人口数量与内能流的关系

5.1.1　生态金字塔与逻辑斯蒂增长实验的启示

　　正如前文所分析的，人类是生态系统中数以万计的生物种类中的一员。从热力学的角度看，作为生命体的人类个体与其他生物个体都是典型的耗散结构系统，都要依靠外界的能量摄入才能够维持自身耗散结构系统的存在和发展。在这一点上，人类与其他生物并没有任何的不同。因此，在分析人口数量与内能流的关系之前，我们照例还是先看看生态系统中的其他生物能够带给我们一些什么启示。

5.1.1.1 三种类型的生态金字塔

生态群落会由于不同生物之间相互捕食的食物链现象而形成一定营养结构（Trophic Structure），这种结构常常是特定生态系统的特征（湖泊、森林、珊瑚礁和牧场等）。[①] 在生态学中，人们往往用生态金字塔（Ecological Pyramids）来表示生态群落的营养结构。所谓生态金字塔就是以食物链中的第一营养级——生产者为塔基，依次按照营养级位顺序排列、绘制成的图示，也称为生态锥体（如图 5.1 所示）。[②] 根据表示方法的不同，生态金字塔又可以分为三种基本类型：①数量金字塔（Pyramid of Number），描述了单位面积上各营养级的个体数量；②生物量金字塔（Pyramid of Biomass），描述了单位面积上各营养级的总生物量或重量；③能量金字塔（Pyramid of Energy），描述了单位面积上各营养级所通过的总能流值。

由于热力学第二定律的缘故，能量沿食物链传递是不断衰减的。第一营养级生物（生产者）获得的能量，在自身的呼吸和代谢过程中要消耗很大一部分，余下的作为生物量积累，其中只有一部分会被第二营养级生物（初级消费者）所利用。因此，在数量上第一营养级必然大大超过第二营养级，第二营养级必然大大超过第三营养级……依此类推。美国生态学家林德曼提出，同一条食物链上各营养级之间能量的转化效率平均为 10% 左右，即所谓"十分之一定律"，或叫"能量利用的百分之十定律"。因此，能量金字塔总是呈底宽上尖的直立金字塔形。但是，由于生物物种之间存在个体大小巨大差异的缘

---

① E P 奥德姆. 生态学基础. 孙儒泳，钱国桢，林浩然，等，译. 北京：人民教育出版社，1981：76.

② E P 奥德姆. 生态学基础. 孙儒泳，钱国桢，林浩然，等，译. 北京：人民教育出版社，1981：76.

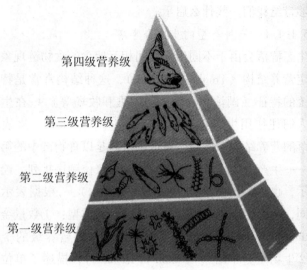

第四级营养级

第三级营养级

第二级营养级

第一级营养级

图 5.1　生态金字塔

故，数量金字塔和生物量金字塔则可能出现倒置或者部分倒置的情况，即塔基可能比上面的一层或多层要小一些。例如，消费者个体比生产者个体小很多的情况下（如昆虫与树木），第二营养级的个体数量就多于第一营养级。

美国生物学家奥德姆（E. P. Odum）对六种栖居地和个体大小很不同的种群的密度、生物量和能流率进行了研究，发现这六种物种之间，数量的差别为 17 个数量级（10^{17}），生物量的差别大约为 5 个数量级（10^5），而能流的差别仅约 5 倍（如表 5.1 所示）。可见，数量过分强调小生物体的重要性，而生物量则过分强调大生物体的重要性，只有能流才能够说明这六个种群均活动在一个营养级中。这也是为什么数量金字塔和生物量金字塔会出现倒置，而能流金字塔则不会出现这种情况的根本原因。

表 5.1　　　　　个体大小不同的六种初级消费者
种群的密度、生物量和能流①

	密度（米²）	生物量（克/米²）	能流（千卡/米²/日）
土壤细菌	10^{12}	0.001	1.0
海洋桡足类（Acartia）	10^5	2.0	2.5
潮间的螺丝（Littorina）	200	10.0	1.0
盐泽蝗虫（Orchelimum）	10	1.0	0.4
田鼠（Microtus）	10^{-2}	0.6	0.7
鹿（Odocoileus）	10^{-5}	1.1	0.5

　　所谓营养级的能流，就是该营养级的全部能量存量（生物数量）和能量流量（新陈代谢的能量）之和。因此，我们可以推断，如果不同营养级上的生物个体大小相近（即新陈代谢速度一样），那么各个营养级上的生物数量就完全取决于该营养级的能流。由于能量是随着营养级的升高而不断衰减的，因此，如果忽略生物个体的差异，生物数量会随着营养级的升高而不断减少，也就是说数量金字塔和生物量金字塔将不会出现倒置的情况。事实上，这与我们所观察到的现实世界是相符的。当不同营养级生物个体大小相差不多的时候，例如豹子与羚羊、狮子与牛羚、老鹰与野兔等，与不同营养级的能流规模相对应，处于高层营养级的生物的数量要远少于低层营养级生物的数量。

5.1.1.2　逻辑斯蒂增长实验

　　现在让我们从野外环境回到实验室。早在20世纪20年代，

---

① E P 奥德姆. 生态学基础. 孙儒泳，钱国桢，林浩然，等，译. 北京：人民教育出版社，1981：76.

美国生物学家、人口统计学家珀尔（R. Pearl）和数学家里德（L. J. Reed）在研究封闭器皿中的果蝇繁殖情况时发现，果蝇增值的数目是有一定限度的，达到这个限度后数量就不再增加了。珀尔和里德的实验是这样的：选取一对黑尾果蝇幼虫放入一个特殊的瓶子里，瓶子里盛有一定量的食物，然后每天记录果蝇数量的变化情况。① 实验表明，实验初期由于种群个体数很少，果蝇数量增加缓慢，其后进入快速增长时期。当果蝇数量达到峰值的一半后，种群数量增长开始逐渐变慢，直至达到峰值，种群数量不再增长。整个实验过程，果蝇数量的增长遵循逻辑斯蒂曲线（Logistic Curve），因此也被称为逻辑斯蒂增长（Logistic growth），如图 5.2 所示。此后，人们在研究拟谷盗、草履虫、小谷蠹、米象、酵母、桔全螨、田鼠、高原鼠兔、中华鼢鼠以及鱼类种群增长的时候，都发现了这样一条增长曲线。② 事实上，不单是在实验室中，有限环境下的生物数量都是按照逻辑斯蒂曲线增长变化的。在野外环境下，当生物种群引入到一个封闭的新环境中以后，其种群增长轨迹也是符合逻辑斯蒂增长的。例如，绵羊被引入澳大利亚以后的数量变化轨迹就是这样。③ 可见，在不同生物种群中，逻辑斯蒂增长曲线具有普遍性。

生态学家对于逻辑斯蒂增长曲线的解释是，当种群在一个有限的空间中增长时，随着种群密度的上升，对有限资源的种内竞争会随之增加，从而限制种群数量的继续上升。④ 事实上，如果我们仔细考察以上实验就会发现，与营养级上生物数量一样，决定封闭环境中种群数量的决定因素是这种环境能够

---

① 卡洛·M 奇波拉. 世界人口经济史. 黄朝华, 译. 北京：商务印书馆, 1993：80~81.

② 宋波, 玄玉仁, 卢凤勇, 崔启武. 浅评逻辑斯蒂方程. 生态学杂志, 1986：5.

③ 戈峰. 现代生态学. 北京：科学出版社, 2002：122.

④ 戈峰. 现代生态学. 北京：科学出版社, 2002：122.

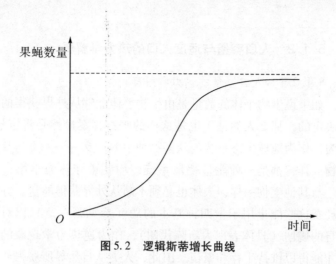

图 5.2　逻辑斯蒂增长曲线

为生物种群提供的能量。由于在逻辑斯蒂增长实验中，各种实验生物从食物中能够获得的能量是有一定限度的，例如小谷蠹实验中的每周固定投喂 10 克麦粒，[①] 因此有限的能流所能够支撑的生物数量也必然是有限度的。

　　生态金字塔和逻辑斯蒂增长实验都清楚地表明，在生态系统中，热力学定律是被严格遵守的，而且生物个体的数量是由生物群体能够从外界获得的能量决定的。其实，如果站在热力学第二定律的角度来看，理解这一点并不困难。我们知道，每个生物体都是一个耗散结构系统，都需要稳定的能量供应以对抗自身的熵增。因此，生物个体数量的多少就决定了需要多少能量供应。或者说，外界能够提供的能量供应就决定了生物群体的规模。这就像是电路上串联的灯泡，电压相当于能量供应，灯泡相当于生物个体，电路上能够串联并点亮的灯泡数量取决于电压的高低。在一定电压的电路上能够串联的灯泡数量肯定是有一定限度的。

---

　　①　戈峰．现代生态学．北京：科学出版社，2002：122.

5.1.2　人口容量与适度人口的热力学解释

5.1.2.1　人口容量的热力学解释

如果说生物个体的数量是由生物群体能够从外界获得的能量决定的，那么人类是否也是这样的呢？答案显然是肯定的。因为，作为地球生态系统内众多物种中的一支——人类与其他生物一样，都是一种能量耗散系统，均要遵守热力学第二定律。与其他生物一样，人体也必须不断从外界获得能量，并不断耗费这些能量用于做四种基本的功（参见第三章）以对抗自身的熵增（具体表现为新陈代谢），作为逆热力学现象的生命才能得以维持生存和繁衍。因此，人类从自然界所获得能量的多少就决定了人口数量的多少。内能流是人类有意识地引入到人类社会之中，能够被人类控制，可以用来维持全体人类生存和发展的能量的总和。因此，内能流的规模及其转化效率就决定了人类人口数量的规模。

当然，我们也要看到人类是地球生态系统能量流中具有特殊地位的一环，与其他生物有本质不同。但是，这种区别只限于能量的获得方式上。其他生物获得能量的途径只限于食物链，要么通过光合作用直接利用太阳能，要么通过摄食从食物链的下级营养级获得能量，维持种群生存的能量来源相对单一。而人类则能通过认识自然规律，进行有目的的生产劳动，积极能动地改造自然环境，使之满足自身生存和发展的需要，构成人类社会内能流的能量已不限于来自食物链的能量[①]。也就是说，人类不是消极地固守在自己的"营养级"被动地吸收来自下层的能量，而是通过发展生产把自然环境中的能量和生物系统内其他营养级的能量吸纳入人类的"营养级"（即内

[①]　并非指食物链能流，人类社会的食物链能流也远比从食物链获得的能量丰富得多。

能流），甚至直接作为生产者把其他形式的能量转化为化学能，从而促进无机物的有机化，自然能量生物化。这也是为什么人类处于食物链的最顶端，但却不遵守林德曼定律的原因。正如恩格斯在谈到人和动物的区别时所讲的，"动物仅仅利用外部自然界，简单地通过自身的存在在自然界中引起变化；而人则通过他所做出的改变来使自然界为自己的目的服务，来支配自然界。"①

　　人类和其他生物之间这种获取能量方式的不同是人之所以为人的关键。如果忽略了这种区别，在对人口容量的判断上就会犯错误。曾经就有生态学家根据人类和其他生物在利用能量方面的这种相似性，从生物圈能够提供的生物量（能量）出发，估算地球上的植物每年约能生产 165×1015 克有机物质（干重），折合能量 660×1015 千卡。然后再按每天每人需要 2200 千卡计算，一人一年需要 8×105 千卡，由此推算出地球可以养活 8000 亿人。最后再扣除其他生物食用的，以及人类不能食用的部分，认为地球上的人口容量为 80 亿左右（只以绿色植物为食以使食物链最短）②。然而，现实情况是世界人口数早已突破 60 亿，大部分人也并不是以素食过活，而且人们的生活水平和人口数量在同时增加。这种估算方法显然没有经受住时间的考验，其错误就在于没有看到人类获得能量方式与其他生物的区别，而把人类看成是与实验器皿中的果蝇没有区别的生物了。实际情况是，相对于逻辑斯蒂增长实验中的生物，人类通过技术进步和组织进步，扩大了他碰巧生活于其中

　　① 恩格斯. 自然辩证法//马克思, 恩格斯. 马克思恩格斯选集：第4卷. 北京：人民出版社, 1995：383.
　　② 潘纪一. 人口生态学. 上海：复旦大学出版社, 1988：119.

的那个"瓶子"。①

可见，考虑到人类独特的获取能量的方式，地球的人口容量绝不是一个固定值，而是内能流中有效能量的函数，其值会随着内能流状况的变动而发生变动。如果我们从人类消费和生产的本质出发来理解这一点，就会发现这一结论是完全符合逻辑的。我们知道，人类通过消费活动来获得用于维持自身耗散结构的能量摄入，而这些用于消费的能量则来自于生产活动所创造的内能流。显然，在一定时间范围内，全部人口消费的能量之和等于人类通过生产转化的能量，或者用如下恒等式表示：

$$G \cdot N \cdot n = P \cdot E \tag{5.1}$$

式中：P 为人口数量；E 为人均有效能量。

5.1 式的左边是有效能量，是人类经过生产过程转化得到的可用于消费的全部能量，右边是全部人口消费的能量之和。对 5.1 式进行变换可得到下式：

$$P = \frac{G \cdot N \cdot n}{E} \tag{5.2}$$

即一定时期内地球上的人口数与该时期内能流初始量（G·N），及其利用效率（n）成正比，与人均有效能量（E）成反比。人均有效能量是衡量每个人通过消费获得的能量摄入的指标。人们获得的能量多，就意味着人们获得的消费品（能量载体）越丰富，也就是人们的生活水平越高。因此，人均有效能量也可称为"幸福指数"②。这里需要说明的是，人均有效能量并不是能源的人均占有量。后者仅反映了能源这部分消费品中所含有的能量，因此后者仅是前者的一部分，前者

---

① 卡洛·M奇波拉. 世界人口经济史. 黄朝华，译. 北京：商务印书馆，1993：81.

② 仅指狭义的"幸福"。人的"幸福"不能单独用物质因素来衡量，精神因素也是重要方面。

的含义要比后者更加丰富。但由于能源消耗量更容易获得，并且在一定程度上能够反映人均有效能量，因此人们习惯用能源的人均占有量来比较不同国家生活水平的高低。

5.2 式中，人均有效能量只是一个平均值，事实上，在任何人类社会都不可能做到绝对的平均。纵观人类社会发展史，只有在原始社会时期，在单个的氏族内部才能做到真正的平均分配。至于在全世界范围内，哪怕是近似的平均，人类也从未达到过。目前，占世界人口 23% 的发达国家消耗了世界能源的 80%，人均能源消费量相当于发展中国家的 35~50 倍。简单平均不能反映由于实际上有效能量分配不均所减少的那部分人口。也就是说，在全世界范围内，由于有效能量分配不均，一定规模的有效能量所能"供养"的人口数量要少于按完全平均所计算出的人口数量。因此，有必要引入一个反映有效能量分配均衡度的参数——社会分配系数（i），并将 5.2 式修正为：

$$P = \frac{G \cdot N \cdot n}{E \cdot i} \qquad\qquad (5.3)$$

社会分配系数（i）是一个不小于 1 的数，人类通过生产所获得的能量转化的成果——有效能量在全体人群中分配得越平均，该数值越小，直到达到 1，即绝对平均。这里需要说明的是，社会分配系数是描述有效能量在全体人类居民中间分配的均衡程度的指标，并不能用来表示社会财富分配的均衡程度。这是由于：首先，社会财富并不都是有效能量，例如银行里的存款、股票、土地等都不是有效能量，并不能用来消费；其次，社会财富分配的不均衡会导致有效能量分配的不均衡，但二者并不绝对一致，例如一个节俭的富翁并不见得比一个贫穷的人实际消费的有效能量多。

现在，我们已经得到人口数量与内能流的恒等式 5.3，但二者之间的关系并不像表面上看起来那么简单。从第四章的分析我们能够看出，内能流吸纳率和热效率主要受科学技术水平的影响，但由于人体输出的能量也是内能流的一部分，因此，人口数量本身也是内能流的影响因素之一。也就是说，由于人既是有效能量的创造者，同时也是有效能量的消费者，内能流吸纳率和热效率也是人口数量的函数。因此人口数量既可能是人均有效能量的正因素，也可能是负因素。考察人口容量问题就必须要考虑到这一点。

现在我们假定，一定时期内人类社会所具有的科技水平和组织管理水平是固定不变的，内能流的有效能量随人口规模变化的情况可以用函数 C＝f（P）表示。由于产量是随生产要素的投入而边际递减的，因此有效能量随人口规模的变化曲线也要遵守边际报酬递减规律。在人口数量很少时，由于人口数量过低，生产活动转化得到的有效能量也维持在很低的水平。随着人口数量超过一定经济规模所必须的最低人口，分工和组织程度的提高会导致有效能量有一个快速增加的过程。此后，由于生产资料的限制，人口数量的边际有效能量开始递减，即每增加一个人所增加获得的有效能量不断减少，直到最后变为零。在坐标图上，函数 C＝f（P）表现为一条曲线（如图 5.3 所示）。曲线 C 上任意一点的人均有效能量，都可以用该点和原点所在直线与 X 轴夹角的正切值表示。相应的，曲线 E 就是人均有效能量的变化曲线。

人体是典型的耗散结构系统，人作为生产者是有条件的，而作为消费者是无条件的。每个人每天都要至少获得一定量的能量摄入才能够维持生存。有的学者经过计算认为这一数值是 10 450 千焦耳/天，或约 2500 千卡/天[1]。人体每天摄入的能量如果长期低于这一数值，将会由于营养不良而导致死亡。在

---

[1] 王维. 人·自然·可持续发展. 北京：首都师范大学出版社，1999：99.

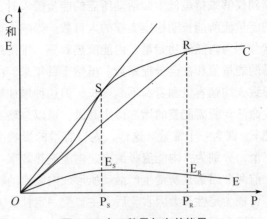

图 5.3　人口数量与有效能量

图 5.3 中，E_R 的值为 10 450 千焦耳/天，或 2500 千卡/天，其所对应的曲线 C 上的点为 R。显然，R 点右侧曲线上所有的点和原点所确定的直线与 X 轴的夹角都要小于 ∠ROX，也就是说这些点所对应的正切值也都小于 E_R，人们不可能维持生存。显然，P_R 就是该时期内能流所能够供养的最大人口数量，即人口容量，可用下式表示：

$$P_R = \frac{f(P_R)}{E_R \cdot i} = \frac{G \cdot N_R \cdot n_R}{E_R \cdot i} \qquad (5.4)$$

式中，P_R 为人口容量，N_R 为在这一人口数量下的内能流吸纳率，n_R 为这一人口数量下的内能流热效率，E_R 为人体最低能量需求。这里有必要说明的是，直线 OR 与曲线 C 只能形成一个交点。如果有第二个交点的话，那么第二个交点左侧曲线上的点和原点所确定的直线 X 轴的夹角都要小于 ∠ROX，显然这是不符合逻辑的。因此，直线 OR 与曲线 C 只能交于 R 这一点，其对应的人口容量也只能有一个。

根据 5.4 式，我们可以为人口容量作如下定义：所谓人口容量（最大人口容量），就是在一定历史条件下，把人均有效能量压缩到仅够维持最低生命活动所需的能量摄入时，人类社会内部的能量流所能长期稳定支撑的人口数。影响人口容量的四个因素分别为内能流初始量、内能流热效率、维持最低生命活动所需的能量值和社会分配系数。虽然千百年来，由于人类的进化导致人均脑容量和身高不断增长，但这种增加导致的维持最低生命活动所需能量的增加微乎其微，可以忽略不计，因此可以把 E_R 视为一个常量。这样，人口容量的影响因素实际上只有三个，分别为：内能流吸纳率、内能流热效率和社会分配系数。前两个因素是衡量生产活动所形成内能流的转化状况的指标，可视为是生产力因素。后者主要受一定社会关系的影响，因此可视为是生产关系因素。可见，地球人口容量不是一个固定值，而是一个与生产方式密切相关的人口学范畴。

从人口容量的热力学含义我们能够看出，由于涉及把人们的能量摄入维持在一个仅够维持最低生命活动水平的假设前提，因此，人口容量只是一个理论值，某一时点的人口容量并不具有太大的实际意义。提出人口容量的热力学描述公式，也并不是为了通过推算出公式中的所有变量来获得一个确切的人口容量值。研究人口容量的意义在于，在考虑到人口容量影响因素的前提下，动态的把握人口容量的发展变化规律。从 5.4 式可知，科技进步和组织管理水平的提高能够提高内能流吸纳率和热效率，进而增加可用于消费的有效能量来提高人口容量。而分配制度的完善能够降低社会分配系数，进而减少由于有效能量分配不均所导致的可"供养"人口的数量损失，从而提高人口容量。

也许有人会产生这样的疑问，由于人类的能量需求是有层次的，当人们处于一个极低的生活水平，获取的能量摄入基本上全部被用来满足基本生理需求，因此食物链能流能量占了全部能量摄入的绝大部分。5.4 式的分子部分表示人类通过能量转化所获得的全部有效能量，既包含食物链能流的能量，也包括技术链能流和信息链能流的能量。当用全部的有效能量与维持人类最低生命活动的能量比较时，是否会虚增人口容量呢？事实上，当设定一个人最低能量摄入量时，隐含这样一个假设作为前提，即人类所有生产活动的目的只是为了获得食物，所有生产活动的结果也只是获得了供人类维持基本生命活动所需的能量（从这里也能够看出人口容量只是一个理论值）。然而现实社会并非如此。因此，在掌握相关技术的情况下，需要通过消耗人类掌握的技术链能流和信息链能流的能量来组织生产，进行能量转化，改变物质原子的排列结构，将其转换成食物链能流能量。根据热力学第一定律和物质守恒定律，只要具备一定的科技手段，这种可能性是完全存在的。人工合成蛋白质和叶绿素就说明了这个问题。只不过在科学技术不够发达的时代，这种转化伴随着大量能量消耗，而只能成功转化一小部分能量，或者根本不能转化（这时的有效能量就是食物链能流传递量）。随着科技的进步，这种转化所带来的能耗虽然也随之降低，但是无论技术多么发达，这种转化都是把已经进入内能流的能量进行再转化，根据热力学第二定律，均会产生能量消耗，这必然导致内能流热效率的降低，从而导致整个人类社会有效能量和人口容量的下降。因此，该模型并不会导致人口容量虚增。

5.1.2.2 适度人口的热力学解释

由于人类社会有效能量是人口数量的函数，并且遵守边际有效能量递减的规律。因此，当科技水平和组织管理水平一定的情况下，在维持人类社会存在发展的最低人口规模和最高人口规模（人口容量）之间，一定存在着一个人口数量能够使人均有效能量达到最高，这个人口规模就是适度人口或最佳人口。

从图 5.3 可看出，曲线 C 上任意一点的人均有效能量，都可以用该点和原点所在直线与 X 轴夹角的正切值表示。在曲

线 C 上，显然，只有过原点的切线 OS 与 X 轴的夹角最大。OS
与曲线的切点 S 所对应的人口数量就是适度人口。在 S 点的左
侧，有效能量的边际转化量大于人均有效能量，人口数量尚未
达到最佳。在 S 点的右侧，有效能量的边际转化量小于人均有
效能量，人口数量已经超过最佳。适度人口可用下式表示：

$$P_S = \frac{f(P_S)}{E_S \cdot i} = \frac{G \cdot N_S \cdot n_S}{E_S \cdot i} \qquad (5.5)$$

式中，P_S 为适度人口，N_S 为在这一人口数量下的内能流
吸纳率，n_S 为这一人口数量下的内能流热效率，E_S 为最大人
均有效能量。

与人口容量不同，影响适度人口的因素除了内能流吸纳
率、内能流热效率和社会分配系数，还有最大人均有效能量。
随着人类社会的进步，适度人口和最大人均有效能量实现了同
步增长。我们在第四章已有论证，人类社会系统进化的时间之
矢是指向高内能流吸纳率和热效率的。在人类发展史上，人类
取得的每一项技术进步要么伴随着内能流吸纳率的提高，要么
伴随着内能流热效率的提高，要么使二者同时提高。前者增加
了内能流初始量，后者减少了内能流在能量转化过程的能量损
耗，二者都使人类社会有效能量获得了增加。伴随着人类社会
有效能量的不断增长，地球上的人口容量和适度人口也在不断
提高。但是，与人口容量提高不同（人体最低能量需求相对
固定），适度人口在提高的同时还伴随着人均有效能量的增
长。这也是为什么我们会看到地球上生活的人口越来越多，而
且人们的生活水平不断提高的根本原因。科技进步对适度人口
和人均有效能量的影响如图 5.4 所示。

图 5.4 中，a、b、c 三条曲线分别为科技水平低、中、高情
况下的人均有效能量随人口增长的变化曲线；曲线 d 为人均有
效能量与适度人口随科技水平提高的变化曲线；P_a、P_b、P_c 分
别为不同科技水平下的适度人口；E_a、E_b、E_c 分别为不同科技

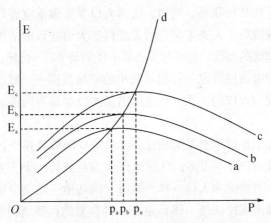

图 5.4 适度人口和人均有效能量随科技进步变化

水平下的最大人均有效能量。由于内能流吸纳率和内能流热效率主要受技术管理水平的影响，随着技术管理水平不断进步，适度人口也随之提高。虽然更大的内能流必然需要更多的人口参与能量转化，但由于技术进步能够节省劳动力，人均有效能量的增长速度显然要高于适度人口的提高速度。因此，人均有效能量与适度人口随科技水平提高的变化表现为一条向上弯曲的曲线。

5.1.3 来自城市供给系统（Urban Supply Network）的旁证

人口容量和适度人口的热力学解释揭示了人口数量和内能流之间具有密切的关系，但由于内能流的基础概念——广义能量是一个理论色彩很强的范畴，要比我们日常使用的狭义能量概念所包含的内容广泛得多（其内涵更接近槌田敦的扩散能力）。因此我们虽然能够定性地推演出人口容量和适度人口的热力学公式，却无法获得来自实际数据的直接证明。但是，一些人口学家还是通过直觉感觉了到人口数量和人类所能掌握的能量之间存在某种联系。例如，法国人口学家索维就曾经出于对地理大发现后，人类生存空间无法再扩大而导致的适度人口提高逐渐趋缓的担忧，而呼吁关心原子能的研究。① 此外，国外一些系统学家通过研究一种相对较小的空间范围——城市的能量供给系统与人口的关系，间接给出了人口数量与内能流关系的旁证。

　　与整个地球生态系统相比，无论是空间广度还是内能流的规模，城市都要小很多，只是地球生态系统的一个子系统。但是，与生态系统和人体一样，城市（确切地说是整个城市设施和全体城市居民的统一体）也是一种典型的耗散结构系统，需要不断地从外界吸收能量以维持和发展自身的有序性。当然，城市毕竟不是生命体，它所吸收能量的类型、转化路径都是基于城市里居住的居民的需要，由人类决定和控制的。并且，这些能量也是在城市居民的主旨消费和辅助消费过程中被消耗了。城市居民的消费过程同时也构成了城市的"新陈代谢"过程。在这一过程中，二者的耗散结构都获得了维持与发展。可见，这一区域性的能量流——城市内能流与整个地球生态系统的内能流一样，是区域内全部人口的负熵之源，它与城市人口数量之间也必然存在和地球生态系统内能流与全部地球人口之间一样的数量关系。

　　2006 年，德国学者库恩特（C. Kühnert）等人在研究城市发展的自组织过程中发现，欧洲国家的城市供给系统与城市人口数量存在某种固定的数量关系。库恩特对德国各个城市的人口数量和供给这些城市的总电能、加油站、邮局、汽车零售商等进行了统计，并把这两个量的对数值画在坐标图上，得到了一系列近似直线的分布曲线，而且这些直线的斜率都非常接近于 1（如图 5.5

___
① 阿尔弗雷德·索维. 人口通论（上册）. 北京：查瑞传，邬沧萍，戴世光，等，译. 北京：商务印书馆，1983：247.

所示)。这表明,城市人口数量与各种城市供给系统之间为严格的
正比例关系。此后,库恩特还对英国、法国、意大利、荷兰、西
班牙等其他欧洲国家的城市作了以上研究,也发现了相同的规律。
可见,城市人口数量与城市供给系统之间这一数量关系是普遍
存在。

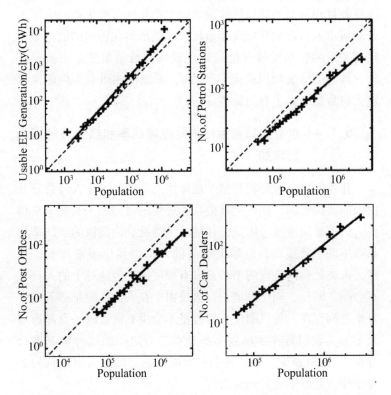

图 5.5　双对数化后城市能量供应系统与城市人口的散点图①

我们知道,在库恩特研究中的各种城市供给系统其实就是

①　Christian Kühnert, Dirk Helbing, Geoffrey B. West, Scaling Laws in Urban Supply Network, Physica A - Statistical Mechanics and Its Applications. (Volume 363, Issue 1):96-103.

城市的能量供给系统。电力设施、加油站、邮局、汽车零售商、饭店等都是不同能量转化路径上的关节点，其提供的电力、汽油、邮寄、汽车、食品等商品和服务都是内能流的组成部分。虽然库恩特用这些能量供给系统的数量代替了它们转化和传递的能量，但经过简单的逻辑分析，我们不难发现，城市人口数量和城市的能量转化设施的数量呈正比例关系，实际上是对城市人口数量和城市能量转化设施所转化传递的能量呈正比例关系的客观反映（能量转化设施的数量显然是由需要其转化传递的能流规模决定）。因此，库恩特的研究为内能流决定人口数量提供了有力的佐证。

5.1.4 世界人口数量随内能流吸纳率和热效率的提高而增加

让我们再把视野转到整个地球生态系统。由于人口数量是由内能流决定的，而人类社会系统进化的时间之矢又要求获得更大的能量流通量。因此，伴随着人类社会内能流的吸纳率和热效率的不断提高，地球上生活的人口数量也不断增长。当然，人类社会内能流的增长是没有限度的，但地球上的人口并不会随之同步、同比例增长，这是由于在人们的能量摄入和生育率之间存在一种机制使人口数量不会没有限度的一直高速增长下去（我们将在本章后半部分对二者之间的这种机制进行分析）。也就是说，人类社会有效能量的增加是人口增长的必要条件，但并不是其充分条件。

由于人口数量的增长受内能流状况的限制，而内能流的吸纳率和热效率又主要由人类所具有的科技水平决定。因此，世界人口增长轨迹被深深地打上了科技革命的烙印。从世界人口增长的整个历史来看，世界人口数量增长过程可以分为渔猎社会（直到旧石器时代）、农业社会（从新石器时代开始）、工业社会（自工业革命以来）三个重要阶段。人类在这三个阶段获取能量的主要手段分别对应于采集狩猎、种植养殖和工业。在两个阶段的过渡时期，由于人类掌握了促进能量转化的革命性新技术，从而使人类社会有效能量急剧增长，也为人口数量的快速增长创造了条件。因此，世界人口增长轨迹明显表现为以农业革命和工业革命为分界线的三个增长周期①（如图5.6所示）。其实，人类取得的任何一项科技进步都会导致人类社会有效能量的增长，只不过以种植业和工业为肇始的一系列科技革命极大的推动了有效能量的增长，从而为人口在短期内迅速增加提供了条件。因此世界人口增长轨迹才会表现为这样三个增长周期。

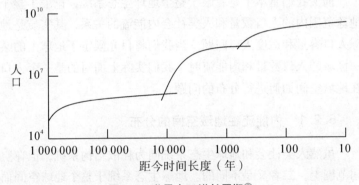

图 5.6　世界人口增长周期②

可见，世界人口发展史与我们的推论是相符的，人口与内能流之间的关系是一种客观实在，而不是我们想象出来的。对于人类来说，罩在人们头上的不是有形的"瓶子"，而是一个无形的"瓶子"——内能流。如果静止地来看，人类所掌握

---

① E S Deevey. The Human Population. Scientific American, Sept. 1960: 194－204.

② E S Deevey. The Human Population. Scientific American, Sept. 1960: 194－204.

的科技水平不变，从而人类社会有效能量也保持不变，那么其所能"供养"的人口数量肯定也是相对不变的。如果动态地来看，人类不断提高自身认识自然、改造自然的能力，从而人类社会有效能量也不断增长，其所能"供养"的人口数量肯定也是不断增加的。三者之间的这种逻辑关系，决定了世界人口增长轨迹必然与人类科技的发展轨迹相吻合。

5.2 人口在地域空间分布的内在机制

前文我们基本上是着眼于整个地球生态系统，论证了整个地球范围内的人口数量和人类社会内能流的关系，其实质是地球人口容量和适度人口问题。当我们将目光限定于地球上的某一区域的人口数量和内能流时，我们实际上面对的是一个人口在地域空间如何进行分布的问题。

5.2.1 内能流在地域空间的分布

虽然人类社会和地球生态系统同为耗散结构系统，但在空间范围上，二者又是不同的。地球生态系统于整个地球空间而言，是一个真正意义上的整体，其能量流动通过大气圈层、水圈层和岩石圈层的运动遍布整个地球。而人类社会系统的内能流则由于受人类活动能力的限制，在人类诞生之后的绝大部分岁月并不是一个整体，更不像外能流那样较均衡的分布于整个地球，而是被分割为众多相对独立或相互联系的子系统和次子系统。虽然，随着人类社会的发展，人类活动能力不断加强，这些子系统和次子系统的空间范围越来越大，有的甚至完全交融合并在一起了，但从整个地球表面空间来看，人类社会内能流仍是极不均衡分布的，整个人类社会内能流被分成了很多强度不一、相对独立的能量流子系统。

5.2.1.1 影响内能流在地域空间分布的两个因素

内能流是人类为了获取有效能量进行能量转化而形成的能量流，内能流初始量和热效率主要由科学技术水平决定。因此，人类科技水平的高低就构成了内能流在地域空间分布的第一个影响因素。人类科技水平对内能流在地域空间分布的影响比较复杂，科技水平提高既有弥合区域内能流分布不均衡的一面，也有加剧这种不均衡的一面。

首先，我们看科技水平提高对内能流在地域空间分布不均衡的弥合。一般说来，人类科技水平越高，人们进行能量交流的阻碍就越小，内能流在地域空间分布的范围就越广，联系也越紧密；人类科技水平越低，人们进行能量交流的阻碍就越大，内能流在地域空间分布的范围就越狭窄，甚至彼此完全割裂。例如，在原始社会，囿于人类认识能力和活动能力的限制，可能一条大河或者一座高山就构成了两个氏族部落的天然屏障，把两个主要由食物链能流构成的内能流分割成相互独立的两个部分。在地理大发现之前，人类认识能力和活动能力也十分有限，世界被大洋分割为完全独立的两个世界——新大陆（美洲大陆和澳洲大陆）和旧大陆（亚洲、欧洲和非洲），这两个世界的人类居民根本不知道对方的存在，更不会发生能量的交流，其内能流是完全独立的。即使在旧大陆，由于通信和交通都不够发达，亚洲、欧洲和非洲之间的能量交流也十分有限。所以，当非洲的土著正在追逐羚羊的时候，亚洲一些国家的居民已开始通过种植农作物和驯养家畜有意识地转化利用太阳能了；而亚洲大部分国家还在依靠"生物能量转化器"（农作物、牲畜等），并陶醉于较大规模的食物链能流的时候，欧洲却在经历轰轰烈烈的工业革命，把众多新形式能量吸纳入了技术链和信息链能流，极大地提高了整个内能流初始量和热效率。可见，虽然三个大洲的内能流并不是完全割裂的，但也各自形成了相对独立的能流系统。我们把这种在地域空间完全独立或相对独立的能流系统称为区域内能流（其空间范围可以从大洲到城市）。如今，随着科技水平的进步，在地球表面已经基本上不存在内能流的空白区，人们甚至从海洋和两极获取能量扩充内能流。而且人类所掌握的先进的能量转化器使陆地、海洋、天空、太空都成为了人类能量交流的载体，在地球空间范围内完全割裂的、独立的区域内能流已经不存在了，人类社会内能流已经成为了一个整体。

其次，科技水平提高也有加剧内能流在地域空间分布不均衡的一面。这是由于，在人类科技水平较低的时期，人类社会内能流规模较小，区域内能流普遍强度较低，因此不同区域内能流的差距较小。而人类科技水平的提高则有利于内能流摆脱地域的限制，使某些地区汇聚内能流的优势更加凸现，从而能够在一个相对较小的区域内形成规模巨大的内能流，即加剧了地区间内能流分布的不均衡。城市的发展就是一个最好的例子，对此我们将在第六章进行详细介绍。可见，科技进步一方面使内能流分布的范围更加广大，各个区域内能流结成了一个整体，另一方面也使相互联系的区域内能流之间的差距扩大了。

除了科技水平，地理环境的差异性是影响内能流在地域空间分布状况的另一个主要因素。在地球表面，一些地区自然条件适于人类生存，如陆地、温带地区等，一些地区则不适于人类生存，如海洋、南北极地等。所谓自然条件适于人类生存，其实就是外能流创造的人类生存环境符合人体的需要。人是哺乳动物，陆地能够为人类提供一个用肺呼吸的环境，因此比海洋更适于人类生存；人是恒温动物，因此气温不太高也不太低的温带要比极地更适于人类生存。如果要在不适宜人类生存的地方生活，人类就需要额外耗费内能流能量来制造某些设施以创造适于人体需要的环境，例如在海上建造能够漂浮的房子，在极地建造供暖设施等。这一方面增加了能量消耗，另一方面增加了能量转化的环节，从而必然导致适宜人类生存地区的区域内能流的热效率要比不适宜人类生存地区的高。也就是说，相同的内能流初始量，在适于人类生存的地区能够获得更多的有效能量。因此，在适于人类生存的地区更容易产生规模巨大的内能流，从而导致内能流在地域空间分布的不均衡。

我们知道，人类是通过使用能量转化器进行能量转化来创造内能流的，而地理环境又是通过影响能量转化器的效率来影响内能流在地域空间的分布的。因此，严格地说，地理环境的差异性单独构成内能流在地域空间分布状况的另一个影响因素，这一表述并不十分严谨。确切地说应该是，不同的地理环境对人类的能量转化器具有不同的意义，会影响区域内能流的吸纳率和热效率，从而导致区域内能流在地域空间的不均衡分布。也就是说，地理环境并不是独自发生作用的，而是和人类所具有的科学技术水平（决定了人类使用何等能量转化器）共同对区域内能流造成影响的。某一地区在人类科技水平极低的时期，产生并积累一定的有效能量可能十分的困难，但是随着人类科技水平的进步，在另外一种能量转化器的帮助下，同样是这一地区，可能很容易就产生巨大的内能流。举一个简单的例子，在原始社会，人类使用最简单的能量转化器——石器、木棒，靠采集狩猎生活，山地既能提供较安全的天然庇护场所——山洞，也有大量的野兽和野果供人们狩猎和采集。因此，平原地区的内能流并不比一些山地地区具有优势。但是，当人类掌握了农业生产技术，开始用生物能量转化器（农作物）进行能量转化之后，平原地区土壤肥厚、易于耕种的优势开始显现出来。这就意味着，利用生物能量转化器，人们在平原地区获得的内能流要比山地地区具有更高的吸纳率和热效率，平原地区的内能流开始突飞猛进。

从影响内能流在地域空间分布的两个主要因素来看，地理环境因素是静态因素。相对稳定但存在较大差异度的地理环境，导致内能流在地域空间的分布同样存在很大差异；而科技因素则是动态因素。人类科技进步在使内能流在地域空间上分布更加广泛的同时，也使区域内能流之间的差距不断扩大。应该说，影响内能流在地域空间分布的因素并不仅限于人类科技水平和地理环境，但正是这两个影响因素的存在决定了人类社会内能流在地域空间上的分布将是不均衡的，呈现相互联系的强度不等的区域内能流网络状态。

5.2.1.2　内能流在地域空间的分布状况决定了有效能量的分布状况

人类科技水平和地理环境，这两个影响内能流分布状况的因素决定了人类社会内能流在地域空间不能像外能流那样作为一个整体较均衡地分布于地球表面，而是以众多完全独立或相对独立的区域内能流状态存在的。用较通俗的话说就是，地球表面有的地方存在内能流，有的地方就不存在；那些存在内能流的地方，有的地方内能流规模大，有的地方内能流规模小。这些不同地方的内能流之间可能彼此隔绝，也可能彼此有能量交流。

内能流在地域空间上的这种分隔或相对分隔的分布状态决定了有效能量也是以相同的状态分布的。这是因为，有效能量是内能流转化流动的结果，在科技水平相同的情况下，内能流规模大的地方，其内能流转化形成的有效能量也必然越多；内能流规模小的地方，其内能流转化形成的有效能量也必然越少；没有内能流分布的地方，也不可能存在有效能量。与区域内能流相对应，我们把区域内能流转化得到的能够直接被用于人类消费的能量称为区域有效能量。从全球范围来看，人类科技水平和地理环境因素在导致区域内能流不均衡分布的同时，也是导致区域有效能量不均衡分布的原因。

5.2.2　人口在地域空间按照区域有效能量进行分布

由于一个地区能够生活多少人口是由为其提供"给养"的内能流及其能量分配情况决定的，确切地说是由有效能量和社会分配系数决定的，而不同地域的人口都是从该区域内能流获得能量的供给的。因此，我们自然会得出这样的结论：某地区的区域内能流的吸纳率、热效率（有效能量）和社会分配系数共同决定了该地区所能抚养的人口数量。当我们研究人口分布的时候，其背景实际上是被设定在同一时代、同一或相似的制度环境下的，因此不同地区的社会分配系数相差不大。这时候，一个地区的人口数量就是由该地区的区域有效能量决定的。推而广之，众多区域内能流在决定其地区内人口规模的同时，也决定了地球上人口分布的状况。这样，我们就把人口在地域空间的分布问题转化成了一个内能流及其有效能量在地域空间分布的问题。当然，这其中涉及一个前提条件，即人口内部存在某种机制能够自动调节人口数量以适应区域内能流的变化。我们知道，一个地区人口数量的变化只能通过自然变动和迁移变动两种方式才能达到。因此，我们将在后文分别从人口自然变动和迁移变动两个方面对这一机制予以论述。在这里，我们暂时认定这一前提条件是成立的，那么人口在地域空间分布状况就由区域有效能量的分布状况决定，人口在地域空间的分布状况实际上是对区域有效能量分布状况的反映而已。在地球表面，由于区域有效能量是不均衡分布的，因此，人口必然也是不均衡分布的。

我们再看影响人口分布的影响因素。实际上，我们常说的人口分布既包括人口在地域空间的静态分布状态，也包括动态再分布过程。前者是一定时点上人口在地理空间上的分布状态，后者是所有时点的人口分布状态按时间顺序连接在一起的动态过程。这很像是在一个以时间为横轴、人口分布状态为纵轴的坐标上的一条曲线，曲线上的点是该时刻的人口分布状况，而这条曲线就是人口再分布的动态过程（如图 5.7 所示）。由于人口是按照区域有效能量在地域空间的分布状况进行分布的，因此，影响内能流在地域空间分布的两个因素就分别构成了人口分布与再分布的影响因素。其中，地理环境因素是相对时间静止的因素，不会随着时代的改变而改变（或者说，以人类历史尺度来看，改变相对较小），我们可以看成是地域纵轴因素，它是人口分布的主要影响因素；科技因素是随着人类社会的发展而不断进步的，我们可以看成是时间横轴因素，它是人口再分布的重要影响因素。我们也可以这样理解这一点，当我们把研究视角固定在某一时点来研究人口的静态分布时，人们掌握的科技水平是不变的，这时决定某一地区人口数量的主要因素是地理环境；当我们把研究视角调整为某一时段来研究人口的动态再分布时，由于人们科技水平的进步会导致地理环境相对于人类的能量转化器的意义发生变化，相应的区域内能流的吸纳率和热效率也会发生变化，因此科技水平对于人口动态再分布起到的作用更大。

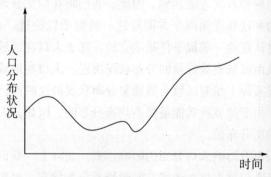

图 5.7　人口静态分布与动态再分布

至此，我们已经推导出，在地域空间上，人口是按照有效能量的分布状况进行分布的。某一时点，区域有效能量的分布状态就决定了人口静态分布的状态；在某一时段内，区域有效能量的变化就决定了人口动态再分布的变化过程。那么，也许有人会问，把人口分布与再分布问题转化为区域有效能量问题有什么意义呢？

首先，我们要说这种转换并不是笔者有意而为之，人口在地域空间上按照有效能量的分布状态进行分布才是人口分布现象的本质，人们看到的人口分布与再分布现象只不过是有效能量在地域空间的分布与变化的表现形式而已。正如在广义相对论诞生以前，人们看到的是地球的引力束缚着月球围绕它做圆周运动，而事情的实质则是地球的质量使周围空间发生了弯曲，月球在弯曲的时空里沿着测地线运动，引力只不过是时空弯曲的表现形式而已。

其次，将人口分布与再分布问题还原为内能流在地域空间的分布与变化问题，有利于避开人类的意志自由对人口分布问题的干扰。人类每一个个体都是一个具有独立意识和自由活动能力的人，每一个人的行为（生育和迁移）都是造成人口分布状态发生变化的因素。因此，在意志自由的状态下，众多影响人类生育和迁移行为的因素都被纳入了人口分布与再分布的研究范围，从而使人口分布与再分布研究批上了一层浓厚的主观神秘主义"面纱"，同时这一研究也被极度复杂化了。而内能流虽然是通过人类有意识的活动创造出来的，但影响内能流在地域空间分布的两个因素都是客观因素，内能流在地域空间的分布受人类主观意识的影响相对较小。因此，把人口分布与再分布问题还原为内能流在地域空间的分布与变化问题能够避开人类意志自由的干扰。

最后，穿过构成人类社会的生物、社会等高级层次系统的组织关系，我们在更低级层次系统层面上找到了人口分布与再分布的物理学本质。把人口分布与再分布问题还原为内能流在地域空间的分布与变化问题，不但使我们的研究能够避开人类自由意识等高级层次系统组织关系的干扰，直接深入事物的本质，而且为人口分布与再分布研究提供了一套有效的研究方法。我们可以通过分析人口与能量转化器的结合、地理环境因素对人类能量转化器的影响，以及人类使用的能量转化器的变化等方法来分析区域内能流吸纳率和热效率的分布与变化情况，从而掌握区域有效能量的分布与变化情况，进而获得人口分布与再分布的规律。在后文中，我们将运用这种分析方法在人类整个发展史的时空跨度上，对人口分布与再分布进行现象的分析与规律的归纳。

5.3　人口分布变动分析

前文，我们通过逻辑推导得出一个合乎逻辑的推论：区域有效能量的分布状况决定了人口静态分布状况。当我们要把这一推论运用于人口动态再分布的时候，则会遇到一个人口数量如何按照区域有效能量的变化而重新进行分布的问题。我们知道，一个人口若要改变其数量只能通过两个途径：人口的自然变动和迁移变动。在本章，我们将分析人口自然变动是如何通过改变区域人口数量，从而使人口按照区域有效能量进行再分布的，而人口迁移变动我们将放在第六章进行专门研究。

5.3.1　马尔萨斯人口论的错误

1798 年，英国经济学家、人口学家马尔萨斯（T. R. Malthus）出版了他的划时代著作——《人口原理》第一版。从诞生至今，《人口原理》产生了巨大的影响，甚至马克思和恩格斯也从中汲取过养分，马尔萨斯至今仍有大批信徒。但是，马尔萨斯的《人口原理》大概也是有史以来产生争议最大的一部学术著作，而且围绕《人口原理》的争议早已超出了学术争鸣的范围，具有十分浓厚的政治色彩。争论双方基本上是按照所在阶级形成了立场完全向左的两大阵营，这种现象在学术界如果不能说绝无仅有，也是十分罕见的。

200多年过去了，人类社会发展的事实已经证明了《人口原理》的主要观点是错误的。但是对于马尔萨斯到底错在了哪里，人们的意见并不统一。例如，葛德文（W. Godwin）是从人类不可能一直维持强烈的情欲来驳斥马尔萨斯的①，马克思和恩格斯认为马尔萨斯没有看到科学对生产资料产生的积极影响②，西蒙（J. L. Simon）则强调人口增长本身对农业产量增加的作用③。我们认为，无论是马尔萨斯人口论的理论前提——"两个公理"，还是主要论据——"两个级数"和"土地肥力递减规律"，都是基本的事实或者已经在不同学科领域得到了验证的共识，如果单独来看都不应该被置疑。但是，从"两个公理"并不能推出马尔萨斯认为的必然导致人口增殖的趋势超过生活资料增长的趋势。这才是马尔萨斯人口论产生错误的关键。

《人口原理》开篇就把人类固有的食欲和性欲这两种生理现象作为分析人口现象和问题的"两个公理"提了出来。在《人口原理》的第一章，马尔萨斯指出"我认为，我可以正当地提出两条公理。第一，食物为人类生存所必需；第二，两性间的情欲是必然的，且几乎会保持现状。"④ 然后，马尔萨斯提出"两个级数"作为论据，即"人口若不受抑制，便会以

---

① W 葛德文．政治正义论：第1卷．何慕李，译．北京：商务印书馆，1980：49.

② 王声多．马尔萨斯人口论述评．北京：中国财政经济出版社，1986：108 – 109.

③ J L 西蒙．人口增长经济学．彭松建，译．北京：北京大学出版社，1984.

④ T R 马尔萨斯．人口原理．朱泱，胡企林，朱和中，译．北京：商务印书馆，1992：6.

几何比率增加，而生活资料却仅仅以算数比率增加。"① 在《人口原理》第二版，马尔萨斯又提出"在相同面积的土地上连续增加投入同量劳动其所得收益递减"，即"土地肥力递减规律"来论证生活资料是按算术级数增长的。这样，马尔萨斯就认为"一旦接受了上述两项公理，我便可以说，人口的增殖力无限大于土地为人类生产生活资料的能力。"② 实际上，在这里马尔萨斯隐含的逻辑是，具有情欲的人类在获得充足的食物供应后必然导致人们保持较高的生育率，从而使人口按照几何级数增长。这样，马尔萨斯在"两个公理"与人口增殖之间建立了"勿庸置疑"的因果链条，并把人口增殖看成是"两个公理"的必然结果。如果"两个公理"不发生变化，人口增殖的趋势也不会发生变化。因此，我们在他的书中经常会见到从男女情爱直接过渡到人口增殖的逻辑思维。例如，"在所有社会，甚至在最放纵邪恶的社会，合乎道德的爱慕一个女子的倾向总是十分强烈，以致人口会不断增加。"③ "对一切时代、一切国家人类生活的历史进行过细心考察的人都必须承认：……当生活资料增加的时候，人口总是增加。"④

那么，马尔萨斯努力建立的这种"两个公理"与人口增殖之间的必然联系是否正确呢？近代西方国家发生的人口转变现象已经证明了"两个公理"与人口增殖之间并不存在马尔萨斯所认为的那种必然的联系，或者说并不是在人类发展的所

① T R 马尔萨斯．人口原理．朱泱，胡企林，朱和中，译．北京：商务印书馆，1992：7.

② T R 马尔萨斯．人口原理．朱泱，胡企林，朱和中，译．北京：商务印书馆，1992：7.

③ T R 马尔萨斯．人口原理．朱泱，胡企林，朱和中，译．北京：商务印书馆，1992：14.

④ T R 马尔萨斯．人口原理．朱泱，胡企林，朱和中，译．北京：商务印书馆，1992：55.

有阶段都存在马尔萨斯所认为的那种必然的联系。近现代以来，人类的生育率随着人类社会的发展是不断下降的。这种下降了的生育率并不足以保证能够产生比生活资料增长更大的"人口增殖力"，从而使马尔萨斯人口论陷入失败的深潭。

根据经典的人口转变理论，人们是从经济、社会、文化、医疗卫生、生育控制技术等方面来解释人类生育率的下降的。但是，根据最新的系统学研究成果，人类生育率下降现象背后还有更深层次的原因，人类能量摄入的变化在其中起到了重要的作用。

5.3.2　生育率与人类能量摄入的关系

长久以来，人们就发现在同一社会的不同阶层间存在着不同的生育率。一般说来，社会阶层越高，收入越高，生育率越低；相反，社会阶层越低，收入越低，生育率越高。20 世纪中叶，美国人口学家卡斯特罗（J. de‐Castro）从生物学的观点出发对这种现象作出了解释。在他的《食欲与分配》一书中，卡斯特罗提出了人类生殖率随食物的日益丰富而下降的观点。他断言，蛋白质的缺乏，使营养低劣的人口存在高生育率；相反，营养丰富的人口，蛋白质过剩，存在着低生育率。[①]

近年来，随着系统学理论开始在社会科学研究中的广泛应用，人们发现人类生育率的下降并不是仅仅伴随着食物摄入数量和质量的提高，而且也伴随着人们非食物能量摄入量的增加。2003 年，美国学者莫斯（M. E. Moses）和布朗（J. H. Brown）通过对 100 多个国家 1970—1997 年的生育率和能源消耗情况进行整理分析，发现生育率随着人均能量消费量（Per

---

① 李竞能. 人口理论新编. 北京：中国人口出版社，2001：439.

Capita Power Consumption）的增加而不断下降，而且生育率下降的速度大体上与人均能量消耗量的 -1/3 次方成正比[①]（如图 5.8 所示）。

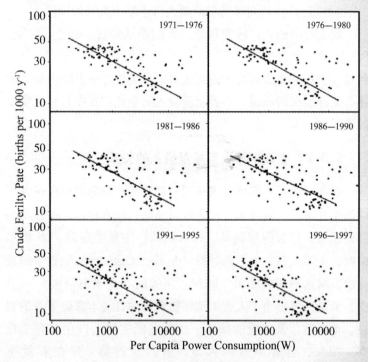

图 5.8　1971—1997 年间 98 ~ 116 个国家
粗出生率与人均能量消费量的散点图[②③]

----

① 六幅图中的回归直线的斜率在 -0.33 至 -0.37 之间。

② M E Moses, J H Brown. Allometry of Human Fertility and Energy Use. Ecology Letters, 2003（6）: 295 - 300.

③ 图中数据均为经过对数化处理后的数值。其中，实心圆点为回归分析所包括的国家；空心圆点为十个产油国（Oil - producing nations），未包括在回归分析中。回归分析使用的是最小二乘法。

　　在这里需要说明的是，莫斯和布朗的能量范畴是广义的能量，既包括末端消费者消费（End Consumer Uses）的能量，如驾驶汽车、房屋供暖、电器耗费的电能等，也包括平均每人分摊的用于维持社会公共设施（Infrastructure）的能量，如建筑和道路的形式能、通信网络耗费的能量等。但是，莫斯和布朗的人均能量消费量是不包括从食物中获取的能量摄入的，而只是非新陈代谢能量消费（Extra - metabolic Energy Uses）。也就是说，莫斯和布朗所说的人均能量消费量大体相当于扣除掉从食物链能流获得的那部分有效能量之外的人均有效能量。从他们的研究结论上看，不发达国家基本上处于坐标图的左上方，在这些国家，人们仅能维持基本的温饱，从末端消费和公共设施那里获得的能量很少，因此人均能量消费量也很少，相应的人们的生育水平较高；而发达国家基本上处于坐标图的右下方，这些国家的人们生活相对富裕，社会公共设施发达、末端消费丰富多样，因此人均能量消费量很高，相应的人们的生育水平则很低。图 5.8 中使用的是粗出生率（Crude Fertility Rate），莫斯和布朗在使用总和生育率（Total Fertility Rate）做以上研究时，也得出了同样的结论。

　　人均能量消费量与生育率的这种关系不但体现在不同发展水平的国家之间，而且表现在一个国家的不同发展阶段上。在对美国的研究中，莫斯和布朗发现了同样的现象。图 5.9 是 1850—2000 年的 150 年间，美国粗出生率、总和生育率与人均能量消费量的散点图①。从图 5.9 可知，不论是粗出生率还是总和生育率，都随着人均能量消费量的增加而不断下降，并且两条回归直线近似于平行，其斜率分别为 − 0.31 和 − 0.27。可见，人们的能量摄入状况对生育率的影响是普遍发生作

---

　　①　数据为经过对数化处理后的数值。

用的。

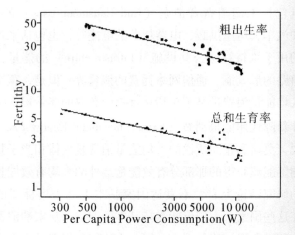

图 5.9　1850—2000 年美国的生育率与人均能量消费量的散点图①

　　卡斯特罗发现生育率随食物能量的摄入不同而发生变化，而莫斯和布朗则发现生育率受非新陈代谢能量消费量的影响。其实，卡斯特罗所说的人们通过食物摄入的能量可被看做食物链能流为人们带来的有效能量，而莫斯和布朗所说的非新陈代谢能量消费则是人们从信息链和技术链能流获取的有效能量。如果我们将二者结合起来就会发现，影响人类生育率高低的其实就是人均有效能量。由于人体耗散结构系统对能量的摄入是有层次性的，人们只有在确保维持基本生理需要的能量摄入的情况下，才会寻求更多的非新陈代谢能量消费。因此，生育率随着通过食物摄入的能量增加而降低的趋势远不如随人均能量消费量的增加而降低来得那样明显。但是，在某种情况下，生育率存在随人均有效能量增加而下降的趋势是确定无疑的。

　　如果说卡斯特罗只是描述了人口生育率和人们使用食物的

　　①　M E Moses, J H Brown. Allometry of Human Fertility and Energy Use. Ecology Letters, 2003 (6): 295 - 300.

丰富程度之间的表面联系的话，那么莫斯和布朗则对生育率随人均能量消费量的增加而降低现象作出了系统学上的解释。之所以会出现这种情况，莫斯和布朗认为，是因为异速生长尺度规律（Allometry Scaling Laws）在人类社会系统中发生的作用。所谓异速生长尺度规律是指在生物学中，生物体的各种生命频率，例如心跳、发育时间、怀孕时间、寿命等，都与新陈代谢率（相当于能量利用效率）存在固定的幂律关系。或者说，生物体的各种生命频率正比于新陈代谢率的 $-1/3$ 次方。亦有研究表明，异速生长尺度规律不但在生物体这一层次的生命组织中起作用，而且要在各种层次的生命组织中起作用，小到单个细胞，大到生物群体概莫例外。[①] 因此，由生命体构成的耗散结构系统——人类社会系统同样也要遵守异速生长尺度规律。对于人类社会来说，人们对能量的消耗速度（可以用内能流的规模表示）就相当于生物体的新陈代谢率，而人口生育率就是整个人类社会系统的一种规律。当人类社会系统能量通量不断增加（表现为内能流规模的扩张和人均有效能量的增长），整个人类社会系统的"运动"频率也相应的降低了。可见，表面上看，人口转变是人类社会的经济、文化、医疗卫生等条件发生变化所导致的一种社会现象。而实际上，人口转变现象背后有着深刻的系统学规律在起作用。

5.3.3　人口自然变动导致的人口再分布

通过前面的分析，我们知道，一方面人口数量的增加取决于内能流的扩张，另一方面人口的生育水平并不会随着人均有效能量的增长而提高或保持高水平，而是不断下降的。因此，当人类社会的内能流吸纳率和热效率不断提高而导致有效能量

---

① 　M E Moses, J H Brown. Allometry of Human Fertility and Energy Use. Ecology Letters, 2003（6）：295-300.

增长的时候，人口数量会根据人均有效能量的不同而产生两种不同的演化轨迹。第一种情况是人类社会有效能量增长的速度比较平缓，在一代或两代人的时间内，不能使人均有效能量获得较大幅度的提高。在这种情况下，人口仍会维持较高的生育水平，人口数量会随着内能流的扩张而不断增长，但由于新增人口分摊掉了增加的有效能量，从而使人均有效能量并不会随着内能流的扩张而增长，人口生育率维持在较高水平。第二种情况是人类社会有效能量在较短时间（一代或两代人的时间）内获得了大幅度的提高，人口自然增长的速度远比不上内能流扩张的速度，新增人口无法分摊掉迅速增长的有效能量，从而导致人均有效能量也能够快速增长，相应的人口生育水平也开始下降（如图 5.10 所示）。在这种情况下，虽然在过渡时期人口数量增长迅速，但随着生育水平的不断下降，人口数量增长趋于平缓或者停滞。

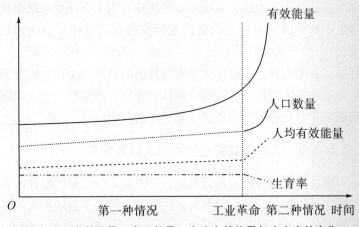

图 5.10　有效能量、人口数量、人均有效能量与生育率的变化

人类社会绝大部分时间处于第一种情况下，这也是马尔萨

斯所观察到的人类历史①。在这一漫长的历史时期内，人类在生产过程中取得了不计其数的发明创造以改进其转化能量的能力和效率。所有这些技术进步都提高了人类社会内能流的吸纳率和热效率，使人类社会有效能量不断增加。但是，由于这些导致有效能量增长的技术进步是在相当长的历史时期一点点积累起来的，人类社会新增加的有效能量基本上被增加的人口所分摊了，人均有效能量没有增长多少。这就像逻辑斯蒂增长试验中试验生物投喂的食物是不断增加的（对于人类来说则是通过不断改进能量转化器自己创造的），即食物所能供养的生物数量的上限也是不断上升的。而试验生物则通过更高的生育率使生物数量沿着逻辑斯蒂增长曲线不断达到新的上限。在这第一种情况下，我们说马尔萨斯的理论是完全正确的。人口的增殖力远大于人类生产生活资料的能力，整个社会的有效能量在缓慢增长，人口也随之缓慢增长，而人均有效能量则基本停滞（表现为人们的生活水平没有显著提高）。当人口总量接近上限（人口容量）的时候，马尔萨斯所说的"积极的抑制"就要发生作用，使人口数量不能突破内能流为它提供的上限。

当人类历史进入 19 世纪以后，以机器的使用为标志的工业革命开始在西方资本主义发达国家兴起。工业革命对人类社会的深远影响就表现在机器彻底、迅速地改变了内能流的规模和结构。在工业革命以前，人类主要依靠生物能量转化器（农作物和家畜）进行能量转化，内能流的主体是食物链能流。由于生物能量转化器的效率要受生物规律的限制，并且生物能量转化器所转化利用的能量归根结底还是来自于太阳，而地球每天获得的太阳能是不可能根据人们的喜好而增减的。这些都决定了人们利用生物能量转化器所形成的内能流不可能在相对较短的时间内快速增长。工业革命之后，机器的广泛使用

① 马尔萨斯生活在英国工业革命开始的年代。

彻底改变了这一点。这是由于机器这种能量转化器使人类彻底摆脱了生物规律和太阳能对内能流的限制。首先，机器的制造速度全部取决于人们对生产的组织和技术水平，而不是由生物的自然生长规律决定，人们可以"任意"地提高机器的制造速度；其次，机器的功能和使用条件也全部却决于人类自己，而不受由"上帝"预先设计好的生物能量转化器的限制，从而使机器的使用范围比一般的生物能量转化器更大；再次，机器的能量转化效率完全取决于人类的技术水平，只要科技水平足够高，机器的能量转化效率是没有极限的；最后，也是最重要的是，机器这种能量转化器并不依赖数量有限的太阳能[①]，而是以金属矿石、煤炭和石油等地球上储藏的能量为基础的，这就为人们在相对较短的时间内"取用"大量的能量提供了可能。可以说，机器就像是一把钥匙，打开了一座能量宝库的大门，使地下沉睡了亿万年的巨大能量如井喷般进入内能流，从而使技术链能流和信息链能流开始成为内能流的主体，有效能量在短时间内获得迅速增长（参见表4.1）。

在这些资本主义发达国家，由于在较短时间内有效能量的迅速增加，人均有效能量得以迅速增长。因此，人口生育率开始显著下降。表5.2是英、法、德、荷、瑞、美等国家完成工业革命和出生率开始下降的时间。可见，除了法国的人口出生率下降的时间早于工业革命的完成，其他国家的出生率基本上是在工业革命完成之后不久开始下降，这也间接说明了人体能量摄入与生育率之间的联系。马尔萨斯正生活于这一人口发展史上最伟大变革的酝酿时期。就像是人类历史跟这位伟大的人口学家开了一个玩笑，马尔萨斯根本不会想到，在他死后不久，西方发达国家的人口会驶向一个前所未有的发展轨道。加

---

① 对于人类来说，太阳能总量是相对无限的，但每天供给地球的数量则是有限的。

之，马尔萨斯也不可能了解人口现象背后的系统学规律，因此，他的理论在第二种情况下是不适用的。

表5.2　西方国家完成工业革命和出生率下降开始的时间

国别	工业革命完成的年代	出生率开始下降的年代	出生率下降开始于工业革命之后的时间
英国	19世纪40年代	19世纪70年代	30年
法国	19世纪60年代	19世纪30年代	-30年
德国	19世纪80年代	19世纪90年代	10年
荷兰	19世纪60年代	19世纪80年代	20年
瑞典	19世纪80年代	19世纪80年代	0年
美国	19世纪50年代	19世纪90年代	40年

通过前面的分析，我们知道当内能流发生变化的时候，人口数量会根据人均有效能量的不同而产生两种不同的演变轨迹。在第一种情况下，人口数量就像是一根被手指压缩了的具有超强弹力的弹簧，内能流就相当于手指。任何时候弹簧都不能超过手指给它的空间，但当手指缓慢地放松的时候，弹簧会立即填充手指放开的空间。而在第二种情况下，人口生育率随人体能量摄入增长而降低的规律就像是一个能够消减弹簧弹力的机制，当手指突然放开一个很大的空间诱发这一机制发生作用的时候，弹簧会由于弹力的丧失而不会填充手指留下的空间。

同样，对于区域有效能量和该区域的人口数量来说，也存在这样两种不同的互动情况。也就是说，当区域有效能量的分布状态发生变化的时候，人口分布状况也会以两种不同的方式对区域有效能量的变化作出反应。

在第一种情况下，由于区域有效能量增长较为缓慢，不能诱发人口产生生育率下降的机制。因此，人口数量会随区域有效能量的增长而增长，从而通过人口自然变动就能实现人口按照区域有效能量在地域空间的分布状况进行再分布。或者说，在这种情况下，由于人口存在马尔萨斯所说的那种比生活资料生产更快的增殖力，当人们努力改进能量转化技术，使区域有效能量获得增长之后，人口数量在高生育率的作用下也随之增长，从而填补区域有效能量所创造出来的容纳人口的新空间。在这一过程中，人口就实现了按照区域有效能量在地域空间的分布状况进行的再分布。

在第二种情况下，由于区域有效能量高速增长，使人口产生了诱发生育率下降的机制。因此，区域有效能量和人口数量的增长速度不成比例，人口数量的增长速度要远小于区域有效能量的增长速度。这样，该区域就会与周边未产生这种变化或者变化速度较慢的区域之间产生人口迁移的动力，从而使人口通过迁移的方式实现按照区域有效能量在地域空间的分布状况进行的再分布。与这种情况相类似，在工业革命以前，由于某种原因导致一个地区的有效能量增长较快（虽然不足以引起生育率下降），例如引进某种高产作物等，或者由于某种原因导致一个地区的内能流发生萎缩甚至完全消失的情况下（例如环境恶化等），也会产生导致人口迁移的动力。关于人口通过迁移方式实现再分布的情况，我们将在第六章再作详细介绍。

5.4　本章小结

在生态系统中，能量流对生物数量的影响主要表现在生态金字塔和逻辑斯蒂增长曲线上。在生物学和社会学上，人与其他生物从组织结构到行为方式都差异明显。但在系统学上，人与其他生物并没有根本区别，二者都同属于一种特殊的耗散结构系统——生命系统。与其他生物一样，人们为了维持自身的生存与发展，就必须不断从外界获得能量，并不断耗费这些能量用于做功以对抗自身的熵增。因此，人口数量的多少就取决于人类从外能流引入到内能流能量的规模及其转化的效率。人类与其他生物的区别仅体现在能量的获得方式上。

从人类消费和生产的本质出发，根据人类社会内部能量流动的平衡关系，我们得到了人口容量与适度人口的热力学含义。从中我们不难发现，无论是从环境所承载人口的极限情况——人口容量，还是从最优情况——适度人口来看，人口数量都受内能流中有效能量的重要影响。对于这一点，德国学者库恩特通过研究城市的能量供给系统与人口的关系，间接给出了旁证。由于人口数量的增长受内能流状况的限制，而内能流的吸纳率和热效率又主要由人类所具有的科技水平决定，因此，世界人口增长轨迹被深深地打上了科技革命的烙印，具体表现为世界人口增长轨迹被农业革命和工业革命划分为三个明显的增长周期。

人口数量与内能流的关系在整个地球生态系统范围内表现为地球的人口容量和适度人口问题。而在地球表面某一区域内，则表现为人口分布问题。由于受人类科技水平和地理环境两个因素的影响，内能流在地域空间的分布是不均衡的，整个人类社会内能流被分成了很多强度不一、相对独立的区域内能流子系统。这些区域内能流所转化形成的有效能量是该地区全部居民的能量来源，决定了该地区所能承载的人口数量。因此，区域有效能量的分布状况就决定了人口在地域空间的分布状况，人口在地域空间的分布状况实际上是对区域有效能量分布状况的反映而已。

不但人口静态分布状况由区域有效能量的分布状况决定，而且由于人口内部存在某种机制能够自动调节人口数量以适应区域内能流的变化，因此人口也要按照区域有效能量的变化而进行动态再分布，其方式为人口自然变动和迁移变动。当区域有效能量增长较为缓慢，不能诱发人口产生生育率下降的机制，人口主要通过自然变动实现再分布；当区域有效能量高速增长，使人口产生了诱发生育率下降的机制，或者区域内能流萎缩消失的情况下，人口主要通过迁移变动实现再分布。人口自然变动实现人口再分布的机制是，区域有效能量的增长提高了该地区所能承载的人口数量上限，在高生育水平下，人口数量也随之增长，即人口通过自然变动实现了按照区域有效能量在地域空间的分布状况进行的再分布。

6

人口迁移原理

本书所论述的人口迁移是指：由于人口从一个地区到另一个地区改变居住地而使人口的空间分布状态发生变化的迁移流动，即宏观的人口迁移，而不包括考察个人或家庭的迁移动机、决策和行为的微观人口迁移。相对于人口自然变动，人口迁移变动是更加高效的人口再分布方式。然而，与人口自然变动一样，人口通过迁移的方式进行再分布也是对区域有效能量在地域空间分布的变化状况作出的反应，其主要表现为，区域有效能量的变化会导致产生相应的人口迁移动力，并规定了人口迁移的方向和迁移量。

6.1 人口迁移变动导致的人口再分布

6.1.1 人口能量密度

一般来说，人们习惯把人口分布看成是人口在地域空间的存在状态，用单位面积上的人口数量，即人口密度指标来衡量一定地区的人口稠密程度。但是，根据前文的分析，我们知道在人口数量的决定因素中并没有土地面积。一个地区的人口数量与该地区的面积大小之间并没有必然联系，而是受该地区的区域内能流等因素的制约和影响。这就决定了由两个彼此互不相干的因素组合而成的人口密度范畴，并不能反应一个地区真正的人口稠密程度。人口密度充其量只能反映单位土地面积上生活的人口数量有多少。但由于你不可能从这个指标中得到该地区的资源禀赋、环境特点以及经济发展等信息，所以这样一个人口规模对这一地区意味着什么完全不得而知。例如，如果单纯从人口密度指标来看，上海的人口密度要比南极洲高得多。但这仅代表你在上海会看到比南极洲更多的人和住宅，你并不能说上海的人口比南极洲更加稠密。这是因为，上海的区域内能流的规模要比南极洲大得多，可能南极洲的区域内能流应付目前已有人口对能量的需求就已经捉襟见肘了，而上海的区域内能流则可能还能承担更多的人口。再比如，同样是 10平方千米的土地，在采集狩猎时代，有 1 个人在其上面生活可能密度就很高了；而在生物能量转化器时代（农业文明时代），有 10 个人在这片土地上生活可能密度也不太高；到了非生物能量转化器时代（工业文明时代），1000 个人在这同一片土地上生活也不会觉得拥挤。可见，同样一片土地的人口密度在不同时代具有完全不同的意义。也正因为如此，马克思才说"人口密度是一种相对的东西。"①

由此可见，用人口数量与土地面积相比较得到的人口密度指标来反映人口分布状况具有很大的局限性，它仅是一般的反映了一个地区人口数量和土地面积的数量关系。由于人口数量主要受区域有效能量的影响，因此，一定人口数量只有相对于区域有效能量来说才有意义，才能真正反映一个地区人口稠密程度。我们把人口相对于区域有效能量的分布强度称为人口能量密度，即单位区域有效能量所承载的人口数量。人口能量密

---

① 马克思，恩格斯．马克思恩格斯全集：第 23 卷．北京：人民出版社，1972：391.

度的数学表达式如下：

$$S = \frac{P_0}{G_0 \cdot N_0 \cdot n_0} = \frac{1}{E_0} \qquad (6.1)$$

式中，S 为某地区的人口能量密度；P_0 为该地区的人口数量；$G_0 \cdot N_0 \cdot n_0$ 为该地区的区域有效能量；E_0 为该地区的人均有效能量。

从人口能量密度的数学表达式可知，由于人口能量密度反映的是人口数量和"供养"这些人口的区域内能流之间的关系，因此人口能量密度是一个比人口密度具有更广泛含义的概念。

首先，由于人口能量密度是某地区人口数量与该地区全部人口的"能量之源"的比值，因此，人口能量密度反映了人口分布相对于区域有效能量的稠密程度。人口能量密度高意味着在这一地区，单位有效能量需要为更多的人提供负熵。相对于人口能量密度低的地区，人口能量密度高的地区内能流的人口"负担"更重，或者说人口更稠密。

其次，由于人口能量密度是人均有效能量的倒数，而人均有效能量又可称为幸福指数，这就要意味着人口能量密度能够衡量不同地区间人们生活水平的高低。只不过，人口能量密度是从相反的方面来衡量人们的生活水平，即获得一定量的可用于消费的有效能量的难度。人口能量密度高意味着一定的有效能量要与更多的人分享，人们获得有效能量摄入的难度则必然较高，人们的生活水平必然较低。相反，人口能量密度低则意味着人们获得有效能量摄入的难度较低，人们的生活水平较高。

最后，理论上讲，只要土地空间能够容纳得下，人口密度可以任意高。而人口能量密度则是一个有最高限值的量。这是由于人体从内能流获得能量摄入是其生存的基本前提，而每个人每天最低的能量摄入是一定的，因此人口能量密度不可能任意高，其必然有一个最高限度。在人口能量密度达到极限值的地区，人们获得的能量仅够维持基本生存。

人口能量密度与人口密度的区别还在于，对于后者，由于土地面积是不会变化的，因此，人口密度的变化仅反映了人们居住空间的变化；而对于人口能量密度，人口数量和内能流的变化都会对其造成影响。一个地区人口能量密度下降，既有可能是人口数量减少造成的，也有可能是由区域有效能量增长所造成的，或者是二者共同作用的结果。自从人类诞生以来，地球上的陆地面积变化很小，而在这些陆地上生活的人则越来越多。也就是说，人类发展史伴随着人口密度的不断增加。而人口能量密度则不然，如果我们用人类社会有效能量去除世界人口总数来计算整个地球的人口能量密度的话，其数值是不断减小的。这是因为，在世界人口总数增长的同时，人类社会有效能量则以更快的速度增长着。

由于人类社会系统进化的时间之矢与人类社会有效能量增长的方向是相同的，因此我们也可以这样说，人口能量密度下降具有内在的必然性。当然，这种内在必然性并不一定在所有历史阶段都表现出人口能量密度的下降。例如，在农业社会的某些特殊时期，由于人口生育水平普遍维持在较高水平，人类社会有效能量的增长会引起人口数量的相应增长，因此人口能量密度就会保持不变或只有微小的下降。

6.1.2 人口迁移动力的产生

6.1.2.1 区域内能流分布的变化

对于整个人类社会来说，内能流吸纳率和热效率主要受人类科技水平的影响，而对于地球表面的不同区域来说，区域有效能量的分布状况不但要受人类科技水平的影响，也要受到地理环境的影响。这种对区域有效能量的双重影响主要表现为，在一定技术水平条件下，区域内能流主要受地理环境的影响，其分布状况主要取决于各地地理环境对人类所使用的能量转化器的适应程度。当人类所具有的科技水平发生变化以后，由于不同的自然环境类型对变化之后的能量转化器具有不同的意义，从而导致不同自然环境条件地区之间的区域有效能量也会发生此消彼长的变化。例如，在农业革命以前，人们通过采集狩猎的方式直接将外能流的能量引入内能流用于消费。因此，适宜野生动植物种群生存地区的区域内能流规模更大。而在农业革命以后，人们开始使用生物能量转化器进行能量转化，平原、近水、土质肥沃地区的区域内能流开始占优势。工业革命以后，在非生物能量转化器的作用下，矿产资源的储存地具有形成更大规模区域内能流的潜力。

人类不断进化的能量转化器会对地理环境作出不同的反应，这决定了区域内能流在地域空间的分布强度要随着人类社会的进化而不断变化。这里需要说明的是，这种变化并不一定是正向的（区域有效能量的增长），也有可能使某些区域内能流出现萎缩，最典型的例子就是污染等环境破坏。

我们知道，人体通过呼吸、排泄、散热等方式，无时无刻不在与外界环境进行着能量交流。人体以这些方式从外界环境获得的能量与内能流一样，也被用来维持与发展人体耗散结构系统，但这些能量是人体直接从外界环境获得的，并没有经过人们有意识地能量转化。因此，理论上讲，人类从外界环境获得的这一部分能量并不属于内能流。事实上，这种能量的存在是人类和其他生物能够存在的基本前提，因此我们可以称这种能量为基本能。正是由于地球能够为生物提供这种基本能，才形成了现在的生态系统。也正因为如此，人类在曾经很长一段时间没有意识到这种能量的存在，而是把基本能视为地球理所应当的"馈赠"。当人类以有效能量为目标进行能量转化时，就可能伤害到我们对基本能的获得，即环境污染。一旦一个地区发生了环境污染，人类只能通过耗费内能流能量来对污染进行无害化处理，从而消除对基本能获取的妨碍和威胁。而这一方面是对人们能量转化的成果——有效能量的一种直接消耗，另一方面也增加了能量转化的环节，降低了内能流热效率。因此，如果这种无害化处理所使用的能量全部来自于本地区的区域内能流的话，必然会导致污染地区的区域有效能量降低。

除了科技水平和地理环境两个因素，政治、战争、自然灾害等其他一些因素也可能会对区域内能流造成较为显著的影响。因此，这些因素发生变化也会导致区域内能流的重新分布。

政治因素主要是通过运用行政力量使某些地区的内能流更快增长，从而对区域内能流的分布造成影响。一般来说，国家的都城、区府所在地都是整个国家和某一区域行政力量的中心，政治的力量能够通过税收、供品、徭役、战利品等形式，使辖区内其他地区的一部分内能流在这些地方形成汇聚，从而形成区域有效能量的高地。当发生朝代变迁、国家更替以后，这些地区的区域内能流也会随着行政力量的消失而萎缩。

战争也会对区域内能流的分布造成影响。首先，交战双方可能是代表着不同文明形式的政治力量，也就是说双方进行能量转化的方式，以及所使用的能量转化器是不同的。因此，交战的结果会导致所争夺地区的区域内能流的结构和规模发生变化。最典型的例子是中国古代与北方游牧民族的战争。中国中原地区是典型的农业文明，以农作物为主要的能量转化器，而北方游牧民族则主要以牲畜为能量转化器，因此中原农业文明的能量转化效率要高得多。经过战争争夺，当阴山南麓、河西走廊、河套、冀北等北方边境在中原农业文明的控制下时，区域有效能量就相对较高。而这些地区在北方游牧文明的控制下时，区域有效能量就相对较低。其次，战争是对交战地区的能量转化器和已有辅助消费能量的巨大破坏，使区域有效能量在短期内迅速下降。

自然灾害也主要是对灾区能量转化器和已有辅助消费能量造成破坏，使区域有效能量迅速下降的。

虽然政治、战争、自然灾害等因素也会在一定程度上影响内能流在地域空间的分布，但这些影响都是局部的、次要的，其发生作用也要具备一定条件，因此不如科技水平和地理环境两个因素的影响力大。可以说，人类科技水平和地理环境两因素很大程度上决定了地球表面内能流的分布面貌，其他因素只是在个别地区对区域有效能量的局部调整。

6.1.2.2 人口迁移的动力——能量势差力

科技水平等因素的变动会导致内能流在地域空间的分布发生变化，显然，人口能量密度也必然会发生相应变化。在区域有效能量上升的地区，人口能量密度下降；在区域有效能量下降的地区，人口能量密度上升。也就是说，由于不同区域间存在自然地理条件的差异，科技进步、政治变化、战争影响、自然灾害破坏等因素会引起区域内能流在地域空间分布的变化，从而导致不同区域间人口能量密度的相应变化。如果我们假定在科技水平等因素发生变化之前不同区域间人口能量密度是相同的，那么以上因素的变化会导致区域间产生人口能量密度的差异。

根据公式6.1可知，人口能量密度是人均有效能量的倒数，能够从反面反映不同区域间人们生活水平的高低和获得能量摄入的难易程度。因此，以人类科技水平等因素为起始的变化，会通过区域有效能量、人口能量密度等一系列连锁反应，最终体现在区域间人们获得的能量摄入的数量和难易程度的相对变化上。同时，人体的耗散结构本质决定了人类对能量和负熵"天生"的偏好，人们对能量追逐是无限的（参见第三章）。而这种对人体更大能量通量的追求必然会推动人们从能量摄入较少、追逐能量较难的地区向能量摄入较多、追逐能量较容易的地区迁移。也就是说，人口能量密度的不均衡会在不同地区间产生一种类似于水流势差的能量势差，进而对人们产生一种由高人口能量密度地区向低人口能量密度地区迁移的趋动力——能量势差力。在图 6.1 中，两个大圆圈分别表示甲、乙两个内能流子系统的区域有效能量，大圆圈内的小圆点表示两地区的居民。显然，甲地区的人口能量密度比乙地区高，能量势差力是从甲地区指向乙地区的。

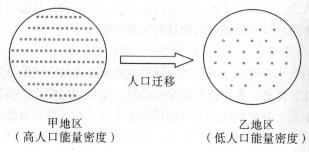

甲地区　　　　　　　　乙地区
（高人口能量密度）　　（低人口能量密度）

图 6.1　由能量势差产生的人口迁移动力

这里需要说明的是，两个地区之间人口能量密度的差异是导致能量势差力产生的必要条件，但仍不构成其产生的充分条件。能量势差力的产生必须要具备以下两个条件：

首先，两个地区的区域内能流之间必须要有能量交流。所谓能量势差是指人体能量摄入的差异，而能量势差力是一种基于人体对更大能量通量的趋向性所产生的驱动力，其产生要基于更大能量通量对人们的"吸引"。因此完全隔绝的两个内能流子系统之间，即便存在人口能量密度的差异也不会产生能量势差力。例如，地理大发现之前的欧洲和美洲，其各自的区域内能流彼此完全隔绝、自成系统，无论是人口密度还是人口能量密度，欧洲都要比美洲高，但二者之间并不能产生能量势差力。

其次，两个地区之间的人口能量密度差要在较短时期内产生。在工业革命以前，诱发人口产生生育率降低的机制尚未产生，人们维持着很高的生育水平。如果这时由于某种原因导致某地区的区域有效能量缓慢增长，其人口的自然增长会使该地区的人口数量也随之增加，其与周边地区产生的人口能量密度差会逐渐被自然增长的人口所填补，不会产生明显的能量势差力。

从以上分析我们能够看出，本书从热力学和耗散结构理论出发提出的能量势差力，无论从动力的产生，还是作用方式来看，是一种与以往任何人口迁移的动力机制都不同的理论。那么，本书提出这种能量势差理论的意义何在？概括来说，在对人口迁移现象的分析和研究中，能量势差理论具有以下三点其他理论不可比拟的优势：

首先，能量势差理论对人们迁移的目的比其他动力机制理论具有更强的解释力。本书开篇就对当前人口迁移研究现状作了剖析，并指出现有理论对人口迁移动力的解释名目繁多，但都只具有部分解释力。而能量势差理论把人口迁移的动力归为人们对更大能量通量的追逐。结合前文对消费本质的分析，我们不难发现，能量势差力中的一部分能够被经济因素所解释，但还有一部分则需要社会、生态、环境等因素来解释。可见，能量势差力比经济、社会、生态、环境等单一因素具有更广的适用范围，对人口迁移目的的解释力也更强。

其次，能量势差理论比其他动力机制理论更加客观。从前文对能量势差力的推导我们能够看出，能量势差力产生的基础是人体耗散结构系统对更大能量通量的趋向性。我们已经在第四章作过分析，获得更大能量通量和更高的复杂性是所有耗散结构系统的"本能"，因此这种趋向性完全是客观的，不带有任何主观臆测的成分。也就是说，能量势差力是存在于两个人口能量密度不等的区间的客观实在。而其他动力机制理论大多不具备这一点，而是或多或少地加入了人类的价值判断。例如，经济动力理论就是直接或间接以经济人假设为前提作出的，并且把经济保障和收入最大化视为人口迁移的根本动力。在这些理论中，迁移行为的作出要依靠人们对薪酬、经济收入的主观判断。显然，能量势差力要比经济动力等更加基础、客观。

最后，能量势差力看似抽象，但比其他因素更加直接、基础，不受其他间接因素的影响。我们仍以应用最广泛、影响力最大的经济动力理论为例。由于人口迁移的动力是以货币为度量的经济利益，也就是说，对所有人口迁移的经济动力的分析都是基于货币作出的。这实际上是在人口迁移的经济因素中加入了一个间接因素——货币因素。显然，能量势差力要比货币化了的经济利益更加接近于人们迁移的目的。这是因为人们迁移的目的不是为了获得货币，而是为了获得货币所代表的对消费品的购买力，用本书的观点就是可直接用于人类消费的能量。

虽然一般情况下货币能够在很大程度上反映人们获得的能量的多少，但理论上讲，货币具有脱离能量的内在倾向性，因此货币化了的经济利益是不能准确反映人们迁移的目的的。这种内在倾向性就是，货币所表示的消费品中所含有的能量要符合热力学第一和第二定律，即随时间的推移而减少，或者至少是不增加的；而货币本身则具有时间价值，随着时间的推移要以复利的形式增值。货币这种脱离能量的内在倾向性发生作用的结果是，随着时间的流逝，货币所代表的能量会越来越少。纸币和虚拟货币的出现则使这种趋势更加明显了。当货币对能量的偏离积累到一定程度，货币化的经济利益对人口迁移行为的解释力也就相应变弱了。而能量势差力是直接以更大的能量摄入为迁移动力的，不受任何其他间接因素的影响，因此能够获得对人类迁移行为更好的解释。

综上，能量势差理论为人口迁移的动力机制提供了一个更加全面、客观、基础、直接的解释。但不能否认，由于存在对广义能量计量的困难，相比其他理论，能量势差理论在定量研究方面存在较大的劣势。事实上，人们很早就发现单纯比较货币性指标（如人均 GDP）并不能准确衡量两个国家的富裕程度，即货币对能量的度量发生了偏离，并且试图用一些大宗货物（如钢铁、石油、电、谷物等①）的人均消费量来代替这些货币性的指标②。但人们一直无法找到一种科学的方法来衡量不同物质性原料和产成品中含有的能量或者负熵的量，从而为能量势差理论的定量化带来了困难。虽然一些科学家也提出过不同形式能量的计量与换算方法，例如霍华德·T. 奥德姆教授就提出了"能值"概念③，但其准确性仍值得怀疑。因此，能量势差理论的定量化仍有待于来自自然科学领域的突破。

6.1.2.3 人口迁移行为的发生

在两个人口能量密度不均衡的地区之间存在的能量势差力是引起人口迁移的动力，但仅有能量势差力，并不一定会导致现实的人口迁移。也就是说，地区间存在能量势差力是导致人口迁移的必要条件，而非充分条件。人口迁移行为的发生仍需要具备以下三个条件：

首先，能量势差力要足够大。一般来说，不同地区的自然条件不同，其内能流的构成和规模也不尽相同，绝对均衡的人口能量密度并不会出现。不同地区之间或多或少会存在一些人口能量密度的差额，并由此产生能量势差力。能量势差力能够驱动人们在不同地区之间迁移的原因，归根结底还是在于人们对更大能量通量的追逐。但如果不同地区之间的能量势差力太过微小，使人们无法感受到能量摄入上的差别的话，就无法驱

---

① 代表实际的能量流。
② 这种方法是以一组指标代替了一个指标，从而降低了使用效果。
③ 霍华德·T 奥德姆. 繁荣地走向衰退——人类在能源危机笼罩下的行为选择. 严茂超，等，译. 北京：中信出版社，2002：90.

动人口做出迁移行为。在这种情况下，地区之间的人口能量密度差要么会被人口自然变动所逐渐抹平，要么由于某种原因导致人口能量密度差增大而形成人们能够明显感受到的能量势差力，从而推动人们迁移行为的发生。

其次，迁移行为所带来的能量耗费是人们所能够承受的。热力学第二定律规定，能量转化的方向只能是向熵值增加的方向进行，迁移行为本身也不例外。人们的迁移行为本身也是一种对有效能量的耗费。因此，迁移行为所带来的能量耗费必须是人们所能够承受的，人们才会做出并完成迁移行为。尤其是在工业革命以前，交通条件十分落后，人口迁移耗费的有效能量十分可观，从而构成了人口迁移的主要障碍。

最后，没有阻碍迁移行为完成的其他障碍。在有些情况下，由能量势差力所驱动的迁移人口会由于某些不可克服的原因而无法完成迁移行为。概括来说，这些阻碍人们迁移行为完成的障碍主要是一些政治因素和自然环境因素。例如，清代对东北封禁时期，关内人口多年高速增长，人口能量密度已比关外高很多，但由于清政府的封禁令，成功迁移到关外的人口很少。再比如，在当代，美墨边境两侧、地中海南北两岸之间也存在很大的人口能量密度差，但美国和欧洲的移民政策以及美墨边境的戈壁、欧洲和北非之间的地中海则分别构成了阻止迁移行为的政治因素和自然环境因素。因此，虽然有小股的人口迁移流，但由于迁移障碍的存在，上述地区之间不可能形成大规模的人口迁移流。如果由于这些阻碍人口迁移的因素存在而使人口迁移不能发生，那么地区间就会维持高能量势差状态，低人口能量密度的地区会始终处于人口迁入的压力之中，例如美国与墨西哥、欧洲与北非之间就是如此。一旦这些人口迁移的阻碍消失，人口就会在能量势差力的驱动下形成巨大的迁移流。例如，清朝末年，清政府取消东北封禁令后就是如此。

6.1.3 人口迁移的类型

虽然存在能量势差力不一定带来人口迁移，但人口迁移行为的背后必定有能量势差力的推动。根据能量势差力产生的方式不同，人口迁移大致可以分为以下三种类型：

（1）拉力型人口迁移

在人口能量密度大致相等的地区之间，某些地区的区域有效能量扩张或者人口数量下降导致人口能量密度降低，从而与其他地区形成人口能量密度的差额，进而产生了驱动人口向这些人口能量密度相对较低的地区迁移的能量势差力。我们把在这种能量势差力的推动下形成的人口迁移称为拉力型人口迁移。

典型的拉力型人口迁移往往都伴随着迁入地区域有效能量的快速扩张。而这种区域有效能量的快速扩张可以由多种因素引发。

首先，科技水平是内能流吸纳率和热效率的主要影响因素，因此科技进步能够引起区域有效能量的快速扩张。这一点在欧洲工业化进程中表现得尤为明显。18世纪初，荷兰较之欧洲大陆的其他国家首先开始了工业革命，在欧洲大陆形成了一个人口能量密度的低地，从而吸引其周边国家的人口，尤其是与之接壤的德国和北欧国家的人口向荷兰迁移。此后，法国和德国也相继开始了工业革命进程，并先后成为其他欧洲国家人口的迁移目的地。[①] 这种人口迁移的目的地随工业革命开始的先后顺序而相继转移的现象，正是由于技术进步导致区域内能流迅速扩张，从而带动人口能量密度降低的结果。

其次，外能流能量的持续大量引入也能够使一些地区形成较强大的区域内能流子系统，从而使这些地区的人口能量密度

---

① 宋全成. 欧洲移民研究. 济南：山东大学出版社，2007：37.

下降。由于将外能流能量引入内能流需要一定的技术条件，因此，通过外能流能量的大量引入而使区域有效能量快速扩张，往往要以技术进步为前提。例如，由于内燃机和石油提炼技术的发明与广泛应用，人们开始将石油这种深埋在地下的能量大规模的引入内能流，从而使这种形式能量的储藏地的区域内能流急速扩张，成为低人口能量密度区。以客籍工人形式迁入波斯湾产油国的人口就属于这种情况（表6.1所示）。此外，19世纪，美国旧金山和澳大利亚墨尔本发现金矿后引起的人口迁移潮也属于这种情况。

表 6.1　1975 年若干阿拉伯石油国迁入的外籍人口状况①

国家	总人口 （万人）	外籍人口 （万人）	外籍人口 占总人口 的比重 （%）
巴林	25.6	5.6	21.9
科威特	99.5	50.3	50.6
利比亚	243.0	53.2	21.9
阿曼	76.6	13.2	17.2
沙特阿拉伯	718.0	156.5	21.8
阿拉伯联合酋长国	65.8	45.6	69.3

再次，政治力量也能够使某些地区的区域有效能量快速增长。国家的行政力量能够通过税收、供品、徭役、战利品等形式把其他地区一部分内能流在政治中心形成汇聚，从而在政治中心所在地形成区域有效能量的富集区。尤其是在工业革命之前，世界各地的区域内能流普遍规模很小，这些从其他地区加入的能量能够使政治中心的区域有效能量迅速扩张，从而成为

---

① 邬沧萍，侯文若．世界人口．北京：中国人民大学出版社，1983：349.

吸引人口迁入的低人口能量密度区。古代东方的长安、洛阳、开封和西方的罗马等城市成长为百万人口级的城市，就有在这种能量势差力驱动下的迁移人口的贡献。

最后，其他一些因素也可能导致区域有效能量快速增长。例如，不同区域内能流之间进行能量交流的通道也比较容易成为区域有效能量的富集区。这是由于除了本地形成的区域内能流，还有其他地区的一部分能量会在这些地方汇聚。我国的京杭大运河两岸、丝绸之路沿线等著名的能量交流的通道地带，自古以来就是人口迁移的传统迁入地区。

由于人口能量密度下降是人口数量增长速度落后于区域有效能量的增长速度造成的，因此除了区域有效能量的扩张以外，人口数量的下降也能够导致人口能量密度下降，从而形成拉力型能量势差力。根据前文对生育率与能量摄入关系的分析，我们知道人口生育率要随着人类能量摄入的上升而下降。工业革命以后，在一些西方先进国家，由于人类能量摄入的大幅度上升而导致生育率下降，人口数量与区域有效能量的变动趋势开始发生分离。在这些国家，随着区域有效能量的增长，人口数量保持不变甚至下降，也构成了促使人口能量密度降低的因素。

生育率的下降需要区域有效能量的迅速增长作为前提条件，因此，一般来说，人口数量因素并不单独发挥作用，而是与区域有效能量共同起作用，加剧了人口能量密度的下降趋势。例如，20世纪以来，法国等西欧国家人口长期负增长就加剧了外来人口迁入的压力。[1]

（2）推力型人口迁移

导致人口迁移的能量势差力是地区间区域内能流发展不均

---

[1] 田方，陈一筠. 中国移民史略. 北京：知识出版社，1986：250-251.

衡而形成人口能量密度差造成的，这既可能由某些地区的区域内能流扩张引起，也可能由某些地区的区域内能流萎缩所导致。对于前者，区域有效能量扩张会导致人口能量密度降低，成为人口迁移的目的地，从而吸引周边人口能量密度相对较高地区的人口迁入，即拉力型人口迁移。对于后者，区域有效能量萎缩会导致人口能量密度上升，成为人口的迁出地，能量势差力会推动本地人口向周边人口能量密度较低的地区迁移，即推力型人口迁移。

与拉力型人口迁移一样，导致迁出地区域内能流萎缩的因素也有多种。

首先，依靠对某种单一形式的外能流能量的大量引入而形成较大规模内能流子系统的地区，这种形式的能量资源一旦枯竭而又没有其他形式的能量补充，区域有效能量就会迅速萎缩，从而形成人口能量密度的高地。甘肃省玉门市就是典型的例子。20世纪30年代，玉门市发现石油以后，通过石油开采在玉门市形成了较大规模的内能流子系统。但从90年代初开始，玉门的石油资源趋于枯竭，通过石油开采从外能流引入的能量逐年减少，区域有效能量不断萎缩，大量人口在能量势差力的驱动下不断向外迁移。曾经辉煌一时的石油城，如今则人走城空。① 事实上，所有依靠单一形式的外能流能量引入而形成的区域内能流，即资源型城市或国家，都存在这个问题。

其次，依靠其他地区的内能流能量输入而形成较大规模内能流子系统的地区，当这种能量输入消失的时候，区域有效能量就会迅速萎缩，从而形成人口能量密度的高地。例如，罗马帝国的都城——罗马，主要靠罗马帝国强大的武力掠夺殖民地发展起来的。在罗马帝国的鼎盛时期，罗马城一度发展到100万人口，是世界首个拥有百万级人口的城市。但是，当罗马帝

---

① 关中. 玉门：被废弃的"石油城". 中国城市经济，2007 (6).

国开始衰落，其军队不再能保证把殖民地的区域内能流能量输入罗马城时，罗马城也就不可避免地开始衰落了。正如美国著名社会生态学家默利·布克钦（Murray Bookchin）所说的："罗马的衰落可以从罗马的上升中得到解释。拉丁城市一跃变成帝国不是因为它的周围农村拥有丰富资源，而是因为它有计划地掠夺了近东、埃及和北非的财富。维护罗马中心城市的同时，摧毁了其他中心城市。"①

其他一些地区不是靠行政力量，而是由于处于区域内能流的能量交流通道而形成能量汇聚，能量交流通道的改变也可能导致区域有效能量的萎缩。例如，西晋时期，丝绸之路东段的河西走廊地区陷入战火之中，来往于东西方的商人只得取道青海。在战争破坏和外来能量输入消失的双重打击下，区域有效能量迅速萎缩，致使人口大批迁出。② 再例如，南宋时期，京杭大运河年久失修，水运逐渐中断，导致扬州等运河两岸繁华都市的人口不断流失。③

再次，战争、自然灾害等对能量转化器和辅助消费能量造成的破坏，也能够导致区域内能流骤然萎缩，从而形成相对周边地区的高人口能量密度地区。自古以来，无论中外，随着人类赖以生存的城市和生产设施毁于战火和自然灾害，都伴随着人口从战区和灾区的大量迁出，这就说明了这一点。例如，第二次世界大战以后，战争破坏最为严重的德国、意大利都出现了海外迁移潮；④ 美国新奥尔良遭受飓风灾害后也出现了人口

① J 里夫金，T 霍华德. 熵：一种新的世界观. 吕明，袁舟，译. 上海：上海译文出版社，1987：137.

② 田方，陈一筼. 中国移民史略. 北京：知识出版社，1986：35.

③ 胡焕庸，张善余. 中国人口地理（下册）. 上海：华东师范大学出版社，1986：119.

④ 宋全成. 欧洲移民研究. 济南：山东大学出版社，2007：112－115.

迁出的浪潮。①

最后，自然环境条件的变化也是导致区域内能流萎缩的一个影响因素。一般来说，地球的自然气候和地质环境条件变化的周期很长，相对于人类的历史，我们可以近似认为它是相对于人口和内能流分布的静态影响因素。但在局部地区，自然地理条件会发生较为明显的变化，从而破坏区域内能流子系统。与战争和自然灾害对区域内能流的破坏比起来，自然地理条件的变化会使能量转化器失效，从而影响整个区域内能流子系统的能量流转。因此，自然环境条件的变化对区域内能流的破坏往往要比战争和自然灾害更持久、更严重。例如，生物转化器时代的楼兰，就是由于气候变化导致生物能量转化器利用太阳能的条件消失了，由于当时的人们既不具有用其他方式转化利用能量的技术条件，也不具有从其他地区获得能量供应的政治和区位条件，因此区域内能流迅速萎缩，导致人口大量迁出，文明消失。

（3）混合型人口迁移

人口能量密度差的形成是迁出地人口能量密度升高和迁入地人口能量密度降低共同作用的结果，我们把在这种能量势差力的推动下形成的人口迁移称为混合型人口迁移。典型的混合型人口迁移是19世纪中后期爱尔兰人迁入美国。当时，爱尔兰人对能的摄入仍主要依靠生物能量转化器，而1846年和1847年连续两年的马铃薯歉收导致爱尔兰的区域内能流濒于崩溃，人口能量密度迅速升高。与此同时，美国则随着工业革命的进行人口能量密度迅速下降。在这两种因素的共同作用下，美国和爱尔兰之间的人口能量密度差迅速拉大，从而推动

---

① 顾列铭. 新奥尔良：美国的"飓风中心"，生态经济，2005（11）.

大量人口从爱尔兰迁入美国。①

6.1.4 人口能量密度均衡律

从前文的分析我们可以看出，当区域有效能量在地域空间的分布发生变化的时候，人口的分布状况也会以自然变动和迁移变动两种方式对区域有效能量的变化作出反应，而且，人口分布的变化方向与区域有效能量的变化方向是一致的，而与人口能量密度的变化方向是相反的。也就是说，人口在地域空间上具有一种弥合地区间人口能量密度差的机制。我们把这种机制称为人口能量密度均衡律。

图6.2标示出了人口能量密度均衡律的作用机制。当人类科技水平等因素发生变化而导致区域有效能量在地域空间的分布状态发生变化的时候，就会在地区之间产生人口能量密度差。如果地区之间的人口能量密度差较小，或者由于是在一个较长时间内产生的而没有产生生育率下降机制。那么，低人口能量密度地区的人口会随着区域有效能量的增长而增长，从而使地区间的人口能量密度重新达到均衡；如果地区之间的人口能量密度差较大，或者是在较短时间内产生而使人口无法通过自然增殖弥合人口能量密度差，甚至导致人口产生生育率下降的机制使人口能量密度差迅速拉大，那么，能量势差力会驱动人口从高人口能量密度的地区向低人口能量密度的地区迁移，从而也会使人口能量密度重新达到均衡。理论上，在两个具有能量交流的内能流子系统之间，如果不考虑迁移行为本身的能量消耗和迁移障碍，那么，人口能量密度均衡律会使两地区间的人口能量密度达到完全均衡。

这里需要说明的是，图6.2中导致人口能量密度重新达到

---

① 马西姆·利维巴茨. 繁衍——世界人口简史. 郭峰，庄瑾，译. 北京：北京大学出版社，2005：64.

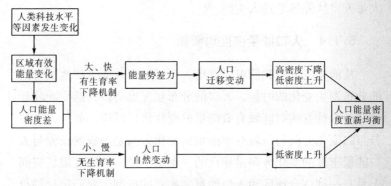

图6.2　人口能量密度均衡律的作用机制

均衡的人口自然变动和迁移变动并不是互相排斥、非此即彼的关系。一般来说，人口能量密度均衡律是人口自然变动和迁移变动共同作用的结果。前文只是为了行文的方便才对人口自然变动和迁移变动予以分别介绍的。在实际情况中，尤其是在工业革命之前，低人口能量密度地区的人口增长，往往既有来自其人口自身的增殖，也有来自于高人口能量密度地区的人口迁入。

　　人口能量密度均衡律是人口在地域空间按照区域有效能量的分布状态进行分布的必然结果，也是人口分布与再分布所依据的根本原则。打一个比方，在人口能量密度均衡律作用下的人口分布过程，很像是溶质在溶液中的扩散过程。在这里，溶质就相当于人口，溶剂就相当于区域有效能量，而人口能量密度就相当于浓度。在溶液中，如果某处溶液浓度高，溶质会自动向浓度低的地区扩散，直到全部溶液各处浓度相同为止。人口在地域空间也是如此。如果某处人口能量密度高，人口会在能量势差力的驱动下向人口能量密度低的地区迁移，同时，人口能量密度低的地区可能也会通过自身繁衍使"溶质"增加，直到各地区的人口能量密度达到均衡。

　　当然，与溶液扩散不同的是，溶液的密度在达到均衡之后就不会再自动向非均衡方向变化，这是由热力学第二定律决定的。而在人类社会，由于受人类科技水平等因素影响的缘故，区域有效能量是不断变化的，从而各地区的人口能量密度也是不断变化的。这就决定了人口在人口能量密度均衡律的作用下始终处于不断调整自身分布状态的动态过程之中，即各地人口能量密度均衡是永远也不会达到的，但却是人口进行再分布的方向。

此外，由于溶剂在溶液中是均衡分布的，因此溶质在溶液中也是均衡分布的。而在内能流系统中，由于不同自然地理条件对人类能量转化器所具有的意义不同，因此区域内能流在地域空间只能是不均衡分布的。这也决定了人口在地域空间的不均衡分布。正因为如此，我们往往只看到了人口在地域空间是不均衡分布的，而没有看到，由于人口能量密度均衡律的缘故，人口在"能量空间"中是均衡分布的。正如月球在三维空间中看来是在做圆周运动，而在因地球重力弯曲的空间中则是在沿测地线运动一样。可见，人口能量密度均衡律既是人口在地域空间按照区域有效能量的分布状态进行分布的必然结果，也决定了人口在地域空间的分布状况实际上是区域有效能量分布状况的外在表现而已。因此，人口能量密度均衡律的作用机制也就是人口分布的生成机制。

6.2　城市的起源与城乡人口分布的演化

作为一种特殊的人口迁移变动，人口从农村向城市的迁移（人口城市化）成为了 19 世纪以来世界人口迁移的主旋律，并深深地改变了人口在地球空间分布的面貌。今天，中国和众多发展中国家仍处于这一历史巨变之中。与一般的人口迁移现象一样，人口城市化也是人口按照区域有效能量的分布状况进行再分布的结果。

6.2.1 城市的内涵与起源

6.2.1.2 对城市内涵的争论

法国启蒙主义哲学家狄德罗（D. Diderot）曾对"什么是美"这个问题作过这样的解说："人们谈论得最多的东西，每每注定是人们知道得很少的东西，而美的性质就是其中之一。"① 城市同样如此。城市既是一个历史概念，也是一个空间概念，同时又是一个涉及政治、经济、文化等社会方方面面的综合概念。因此，对于城市及其历史发展的研究就涉及多个学科，成为多个学科的研究对象，各个学科也从各自学科的角度对城市作了定义。据统计，目前已有的城市定义涉及经济、社会、地理、历史、生态、政治、军事等学科，总数不下 30 种。以至于美国著名城市学家芒福德（L. Munford）在其编纂的《国际社会科学百科全书》中，干脆说城市的定义尚在争论中。②

正是由于人们对城市的内涵尚没有形成共识，导致人们在对城市的界定上也存在分歧。我们首先来看对古代城市的界定。英国著名考古学家柴尔德（V. G. Childe）在其《城市革命》一书中，从考古学的角度提出了城市的十项标准：①限定空间内的大量人口；②专业手工业；③再分配经济体制；④大型公共建筑；⑤丰富的社会阶层；⑥使用文字；⑦占卜学；⑧自然主义艺术；⑨长途贸易；⑩按居住区而不是按血亲划分的市民集团。③ 苏联学者古梁耶夫根据古代东方和中美洲的相

---

① 沈福煦. 建筑概论. 上海：同济大学出版社，1994：1.
② 冯云延. 城市经济学. 大连：东北财经大学出版社，2007：11.
③ V G Childe. The Urban Revolution, The Town Planning Review. Vol. XXI, No. 1：3－17.

关材料概括出城市形成的八项标准：①出现了统治者及其王室居住的宫殿群；②出现了宏大的寺庙和宗教区域；③最重要的宫殿、寺庙建筑群与平民的房舍相隔离；④宗教区域与住宅区明显不同；⑤具有奢华的王陵和墓葬；⑥产生了大型的艺术品；⑦形成了文字（碑铭石刻）；⑧人口数量上的标志，即大型广场、大量住宅和公用房屋，较密集的居民等。[①] 日本学者狩野千秋将古代城市形成的标准归纳为七个方面：①原始的国家组织和王权的确立；②稠密的人口；③社会阶级的分化与职业的专门化；④大型纪念性建筑物的出现；⑤文字、金属器物的发明和科学技术的发达；⑥由于剩余产品的生产而出现了有余暇从事的知识性的活动；⑦商业的出现和贸易组织的发达。[②] 此外，国内学者根据中国古代城市形成的特点也提出过一些城市形成的界定标准。

我们再看对现代城市的界定。由于城市与农村的最大区别就体现在人口聚集度上，达不到一定的人口规模与人口密集度的区域就不能称之为城市。因此，当今大多数国家选择人口规模或人口规模与其他指标一起作为界定城市的标准。但是，这些人口规模标准由于各个国家国情的不同而差异十分悬殊。从界定城市的标准中规定了人口规模下限的 80 个国家和地区来看，标准最低的乌干达只有 100 人，丹麦、瑞典、挪威、冰岛、格陵兰、法罗群岛也只有 200 人，而最高的日本则为50 000人。[③]

6.2.1.2 城市的热力学本质

城市的定义与内涵是研究一切城市问题的基础，这些问题

[①] 毛曦. 试论城市的起源和形成. 天津师范大学学报（社会科学版），2004：5.

[②] 毛曦. 试论城市的起源和形成. 天津师范大学学报（社会科学版），2004：5.

[③] 周一星. 城市地理学. 北京：商务印书馆，2003：33－36.

如果不能获得较圆满的解答，将会对城市的产生与人口城市化问题研究带来难以想象的困难。因此，我们有必要从能量和系统的角度对城市的本质作一番探究。

毋庸置疑，城市是一个相对于农村的概念。如果我们抛开一般城市所具有的经济功能、社会功能、建筑形态、文化成熟度等外部特征的话，城市与农村的本质区别就在于人口分布的形态。本质上讲，城市就是在一个较小的地域空间上聚集了大规模的人口所形成的人工生态系统，它具有农村所不具备的高度密集的人口分布形态。这一点从柴尔德等考古学家所提出的城市形成的标准都有人口标准也能够看出。至于说建筑设施、生产设施、基础设施、文教卫生设施等城市设施，则是人们创造的能量转化器和辅助消费能量的存在形式，其目的是保障生活于城市的大量人口获得必要的能量供应。可见，人对能量的需求是城市形态的依据，而城市则是以密集分布形式存在的城市人口的能量保障。城市与城市中的人口共同构成了一种复杂的、特殊的耗散结构系统。在对城市内能流的能量不断耗散的过程中，人体和城市耗散结构系统都获得了维持和发展。这就是城市的热力学本质。

从城市的热力学本质可知，城市这种特殊的耗散结构系统能够在较小区域内形成较大规模的内能流，或者说城市内的能量转化器能够在较小区域内制造较大规模的区域内能流，从而满足其庞大人口对能量摄入的需求，这是城市之所以不同于农村的关键。相应的，我们研究城市的起源和城乡人口分布演化的关键就是要考察城市内能流的产生以及相对于农村内能流的发展和演变的规律。

6.2.1.3 城市的产生

既然城市的本质是在一个较小的地域空间上聚集了大规模的人口所形成的人工生态系统，其基本特征是人口在地域空间的高度聚集，而且本书也是从人口分布的角度来研究城市形成及其演化规律的。因此，笔者并不打算提出一个通用的城市定义和城市形成的标准，而是将城市视为一种与农村相对应的特殊的人口聚集形态。这里需要提醒读者的是，如无特别说明，本书所称的城市仅是占据一定地域空间的人口与所有城市设施的统一体，或称耗散结构系统，而不具有经济、社会、文化、建筑等任何人口分布形态之外的意义。

由于对城市形成的标准没有形成共识，人们对城市产生的年代也存在分歧，从距今 9000 年前到距今四五千年前都有人主张。我们知道，人类最早的农业产生于 15 000 年以前，大约距今 10 000～12 000 年以前人们就已经开始有意识、系统地采集并播种某些植物的种子，同时开始驯化一些牲畜。[①] 因此，我们可以有把握地说，人类历史上首次出现城市这种人口聚集形态是在农业文明时代。

在农业产生以前，原始人主要依靠狩猎、捕鱼、采集野果为生，即人们把外能流中已经存在的能够直接用于人类消费的那些形式的能量直接纳入内能流，而没有进行任何能量转化。这就决定了依靠这种方式形成的内能流具有如下几个特点：

首先，规模很小、构成单一。外能流中存在和流动的能量形式不计其数，相比之下，天然存在的、可以被人类直接用于消费的能量形式则十分有限。例如，能够食用的野果只占全部野果种类中很小的一部分。在这种生活方式下，人类近似于自然食物链中的普通一环，依靠从下层食物链中获得的能量过活。因此，除了规模有限的食物链能流，技术链和信息链能流几乎没有，内能流规模很小。

其次，脆弱、不稳定。这种完全依靠自然馈赠获取能量的方式导致的直接后果就是内能流很脆弱、不够稳定，一些偶然

---

① L 芒福德. 城市发展史——起源、演变和前景. 北京：中国建筑工业出版社，2005：10.

因素就会导致内能流萎缩甚至完全消失。例如，人们赖以为生的某种野生植物发生病虫害导致减产，或某种野生动物灭绝就会使内能流萎缩，直接威胁到人们的生存。

最后，地域上的分散性和流动性。由于以这种方式获取能量是完全靠自然的馈赠，人类并没有对这些能量形式的形成施加任何影响，因此内能流在地域空间的分布状况完全取决于这些形式的能量在外能流中的存在形式。而生物种群之间的生存竞争和捕食关系决定了在生态群落中不可能有一种或少数几种生物占绝对优势，因此也就决定了生物种群在地域上必然是分散的、流动的。这也就决定了靠采集狩猎形成的内能流在地域空间上也是分散的、流动的，不能在某一固定区域内形成稳定的区域内能流子系统。

有什么样的内能流就会有什么样的人口与之相对应。内能流的这三个特点就决定了在采集狩猎阶段人口规模很小，人口在地域空间分布很分散、流动性强。据法国学者瓦列塞尔估计，在采集狩猎阶段，人口密度仅为每平方千米 0. 02 ~ 0. 03人，[①] 数量很少的人口分散在大片土地上。人们要经常随着季节的变化和兽群的迁徙而改变居住地。在这种情况下，在小块土地上积聚大量人口并形成城市是不可想象的。英国考古学家柴尔德在其《远古文化史》一书中，对狩猎采集时期人类居留地的人口规模有过这样的描述，"拿北欧那些森林平原来说，冰河时代以后，我们在那些地方，发现散布着许多猎人和渔人的居留地，或沿着海岸，或在浅湖的岸上，或在森林里的沙地上。从这些遗址上搜集得来的遗物，其流传或者须经过两千年，故也仅与一个极小的人口相符合。"[②]

当农业产生以后，情况发生了变化，在一些地区开始形成

---

① 李仲生. 人口经济学. 清华大学出版社，2006：170.
② V G 柴尔德. 远古文化史. 周进楷，译. 北京：群联出版社，1954：66.

稳定的内能流子系统——区域内能流。究其原因，主要是农业的产生使人类第一次获得了一种有效的能量转化器——农作物，并通过使用这种能量转化器（耕作和收获过程）使人类获取能量的方式由直接吸纳外能流现成的能量变为进行有目的的能量转化，从而使人类摆脱了对天然能量的依附性，也使内能流摆脱了不稳定性和流动性，在固定地区形成稳定的区域内能流子系统成为可能。当然，由于受农业知识和技术的限制，人类在农业产生伊始采用的是游耕制和轮耕制，严格地说，在此基础上形成的是半固定的区域内能流。随着农业知识和技术的进步以及农具的改进，人们逐渐由游耕过渡到定耕以后，真正稳定的区域内能流才告形成。当然，这种半固定的区域内能流也有相应的人口分布状况与之相适应，即半定居。例如，我国夏代的都邑在四百余年中迁移了十次，人们平均在一个都邑只定居四十余年。据考证，其频繁迁移的原因除了政治斗争和自然灾害外，重要的是，由于人们受当时农业技术限制被迫采用轮耕这种"迁徙农业"，无法在一个地区形成持久、稳定的区域内能流子系统。[1]

农业的兴起不但导致了区域内能流的产生，而且通过农作物的集中种植来进行能量转化要比采集狩猎带来更多的有效能量（参见第四章），从而使区域有效能量的规模迅速扩张。根据人口能量密度均衡律，这些区域的人口也会随之相应增长。但这仍不足以产生考古学意义上的城市，而是聚落，即比城市所具有的人口规模要小的人口集聚。城市的产生还需要更大规模的区域有效能量。在生物能量转化器时代，这种规模的区域有效能量是在以下四种因素的共同作用下达到的：

首先，在使用生物能量转化器的情况下，由于自然地理条

───────

① 胡焕庸，张善余. 中国人口地理（上册）. 上海：华东师范大学出版社，1986：7.

件的不同，一些地区具有比其他地区更好的能量转换条件，比如温带的河流两岸、冲积平原、三角洲等地区。这些地区的自然气候条件既有利于农作物的生长，也便于人们利用这些能量转化器进行能量转化，例如，方便的水源使人们不必为了给农作物浇水而额外耗费太多的能量，从而有利于获得较高的能量转化效率。因此，这些地区很容易形成区域有效能量的富集区，从而成为较大的聚落，甚至聚落群。例如，距今 6000 年前的仰韶文化时期，西安附近沣河中游一段长约 20 千米的河岸旁就形成了多达十几处的聚落群，其中规模最大的甚至达到十几万平方米。① 据已知的考古资料，最早的城市全部出现在两河流域、尼罗河流域、印度河流域和黄河流域四大文明发源地。从中可见，适宜生物能量转化器工作的自然地理条件对形成城市级的区域内能流和人口规模的重要性。

其次，利用生物能量转化器进行能量转化虽然促进了区域内能流的形成和扩大，但归根结底生物能量转化器转化利用的是太阳能。太阳能虽然丰富，但在地域空间上却是均匀洒布在地球表面的，加之生物能量转化器对土地的依赖，就决定了利用生物能量转化器进行能量转化活动在地域上的分散性，从而通过这种方式形成的区域内能流也是相对分散的。第二次社会大分工导致手工业从农业中分离出来以后，情况发生了改变。手工业转化利用各种形式的能量，要么是农业生产形成的化学能，例如用粮食酿酒或做其他深加工；要么是农业生产形成的形式能，例如用棉花纺织；要么是其他来源的化学能，例如用木材烧炭；要么是其他来源的形式能，例如用木材、金属制作生产工具；或者是其他一些形式的能量。与通过生物能量转化器转化利用太阳能相比，对这些能量的转化利用活动都具有一

① 胡焕庸，张善余. 中国人口地理（上册）. 上海：华东师范大学出版社，1986：2.

个共同特点，就是这些形式的能量都是以存量形式存在的，而不是像太阳能那样以流量形式存在的。因此，对这些能量的转化利用，地域上的限制就相对小一些，可以在更多的地方进行。为了便于进行分工以减少能量转化过程中的能量损耗和通过交换获得其他形式的能量，人们一般选择在较大的聚落进行这些能量转化活动。这样，手工业的产生使这些地区的区域有效能量获得了进一步扩张。

再次，人类消费的特点决定了人们为了获得更大的能量摄入就必须摄入尽量多种形式的能量，并实现能量消费的升级。而人们获得多种形式能量的途径就是进行交换。人们对不同形式的能量进行交换，一方面使人们获得了更多形式的能量，另一方面也进一步促进了能量流向交易场所的汇聚。

在第三次社会大分工以前，交易场所仅限于为周边地区的交易双方提供一个交易的平台，人们会把交换所得的能量带回各自的居留地，这些能量基本上不会在交易场所所在地释放（消费过程）。因此，交易活动并不会对交易场所所在地的区域内能流造成很大影响。第三次社会大分工以后，出现了专门从事商品交换的产业和职业——商业和商人。商人利用供求双方在时间和空间上的不对称性，采用低买高卖的方法使周边地区流入的一部分能量留在了交易场所所在地，并在交易场所所在地释放，从而促进了交易场所所在地的区域有效能量的扩张。此外，在手工业产品和农牧业产品的交换过程中，能量交换"天生"就是不等价的，以手工业产品的形式存在的能量能够换来更多以农牧业产品的形式存在的能量（我们将在后文作详细介绍）。通过这种不等价交换，手工业集中的地区（通常是较大的聚落）就"掠夺"了一部分周边地区的能量，从而也增加了这些地区的区域有效能量，进而促进了城市的形成。马克思对商品交换在城市产生中的作用评价很高，他在阐述首批城市的形成时所指出的，"真正的城市只是在特别适宜于对外贸易的地方才形成起来，或者只是在国家首脑及其地方总督把自己的收入（剩余产品）用劳动相交换，把收入作为劳动基金来花费的地方才形成起来。"①

最后，在原始社会后期开始出现阶级和国家，这种社会组织程度的提高也在一定程度上促进了能量流的汇聚。部落首领处于社会的顶层，在与其他部落之间的战争中获得的战利品总是优先供应部落首领，从而使部落首领所在的聚落获得了外部的能量流入。此外，部落首领往往是以原始宗教中神的"代理人"的面目出现的，出于对神的崇敬，其治下各处的居民源源不断地以供品、祭祀品、徭役的形式向部落首领所在的聚落输送能量，从而使这些地区的区域有效能量不断扩张。② 部落首领所在地以神的名义聚敛的能量是如此巨大，以至于芒福德对宗教的这种推动作用给予了很高的评价，他甚至认为非永久性聚落的三个起源形式中至少有两个是宗教的产物。③

综上，在这四种因素的共同作用下，在一些条件相对优越的地区，区域有效能量实现了规模的不断扩张。相应的，在人口能量密度均衡律的作用下，其人口数量也随之增长。这些地区也就从临时的人类居留地逐渐发展到初具规模的聚落，进而发展成了人口规模更大的城市。可见，农业的产生是稳定的区域内能流子系统产生的基础，同时也是城市产生的基础，而人类对非生物能量转化器的使用、交换的扩大和阶级与国家的产生则是城市产生的催化器。不过，从城市的热力学本质上看，城市的产生归根结底还是人类科技水平进步导致自然地理条件对人类能量转化器的意义发生变化，进而改变了内能流在地域

① 马克思，恩格斯．马克思恩格斯全集：第 46 卷（上册）．北京：人民出版社，1979：474.

② V G 柴尔德．远古文化史．周进楷，译．北京：群联出版社，1954：142－145.

③ 刘涛，王光宇．城市的起源及本质．湖南城市学院学报，2006（6）.

空间分布状态的结果。

6.2.2 城市内能流、农村内能流与外能流的关系

当城市产生以后，在城市及其周边农村就会出现至少三个能量流子系统——城市内能流、农村内能流和外能流。城市内能流和农村内能流同属于内能流的一部分。前者是人们利用城市范围内的能量转化器进行能量转化而形成的区域内能流子系统，是全部城市居民的负熵来源；后者是人们利用城市周边农村范围内的能量转化器进行能量转化而形成的区域内能流子系统，是全部农村居民的负熵来源。

前文已有所论及，城市及其全部人口构成了一个典型的耗散结构系统。因此城市需要不断地从外界吸收负熵才能在为城市居民创造出一个稳定的能量流子系统的同时，使自身也得到维持和发展。正如普利高津曾说的："一个城市只有不断与外界进行物质、能量交换才能维持下去，使自己具有活力。这种交换一旦停止，城市就会出现危机。"[①] 我们也可以设想，如果一座城市断绝与周边农村的联系，也不能再从自然界获得任何资源，这座城市必将走向破败、衰亡，一直到最后，在热力学第二定律的作用下，随着自然力的腐蚀风化而完全消失。

从城市内能流、农村内能流与外能流的关系来看，农村内能流与外能流构成了城市内能流的负熵来源。图 6.3 标示了城市内能流、农村内能流和外能流三者之间的能量交流关系。城市内能流和农村内能流都属于区域内能流子系统，其负熵来源都是外能流，并向外能流排出正熵。这里需要说明的一点是，正熵与污染的含义并不相同。污染物仅是人类能量转化活动产生的高熵废弃物中的一种。这种高熵废弃物会对人类生存环境

---

① 许激. 组织的性质. 管理学理论研究网［2005－11－21］. http：// www. manage9. com/type. asp? news ＿ id＝64.

和能量转化活动造成影响，需要外能流的自然调节或者人类耗费内能流的能量做功才能消除这种影响。人类能量转化活动产生的更多的高熵废弃物并不会对人类生存环境和能量转化活动造成任何影响，仅是任何能量转变过程都必然要产生的不再具有扩散能力的能量而已。在城市内能流和农村内能流向外能流排出的正熵中，这两种形式的高熵废弃物都存在。

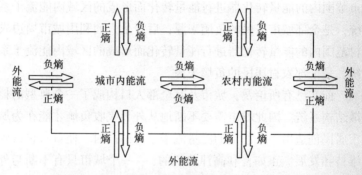

图6.3　城市内能流、农村内能流与外能流的关系

　　除了外能流，城市内能流和农村内能流也互为对方负熵的来源。通过交换，城市以工业制成品和服务的形式向农村输出负熵，而以原材料、生活用品的形式接收农村输入的负熵。据里夫金和霍华德的测算，一座百万人口的城市每天至少需要从外界（包括农村内能流和外能流）输入2000吨粮食、9500吨燃料和652 000吨的淡水，① 以及大量的电力和建筑材料。这些能量除了少量以工业制成品、服务等形式输出到农村内能流以外，大部分在城市内能流的转化和城市居民的消费过程中被消耗掉了。

　　根据人口密度均衡律，我们知道，城乡人口分布状况的变

---

① J里夫金，T霍华德. 熵：一种新的世界观. 吕明，袁舟，译. 上海：上海译文出版社，1987：138.

化是对城乡区域内能流相对变化的反应。因此，人口向城市集中的过程实际上就是城市内能流相对于农村内能流发展扩张的过程。由于城市内能流负熵的来源只有两个，即农村内能流和外能流，因此我们通过分析城市内能流与农村内能流和外能流之间能量交流的变化，就能发现城市内能流扩张的原因，进而找到人口城市化的内因。

6.2.3　城乡人口分布的演化

6.2.3.1　人口城市化的本质与起始时间

自从城市这种人口聚居形态产生以后，城市人口在全部人口中的比例不断提高，就成为了城乡人口分布演化的主旋律。截至20世纪90年代，世界上已经有24亿人口生活在城市，占世界全部人口的近一半（45%）。[①] 但是，目前学术界对人口城市化的定义和起始时间还有分歧。有的学者认为，人口城市化就是一个农村人口逐渐减少，城市人口逐渐增多的过程。因此，"随着第一批城镇和城市的出现，亦称为城市化的社会过程就开始了。"[②] 而有的学者则认为，人口城市化是一个现代概念，仅特指18世纪产业革命以来，首先从英国兴起，进而席卷全球的以人口乡村—城市迁移为主要特征的城市人口比例上升的过程。

我们认为，无论是古代城市还是现代城市，其本质都是由区域内能流支撑的耗散结构系统。城市的规模（包括城市范围大小和人口规模）是由城市内能流及其形成的城市有效能量决定的。人口城市化的进程就是城市内能流相对于农村内能

[①]　United Nations Expert Group. Population Distribution and Migration. New York：United Nations Publication，1998：49.

[②]　K·J 巴顿. 城市经济学. 上海社会科学院城市经济研究室，译. 北京：商务印书馆，1984：14.

流快速扩张的结果。在这一点上，工业革命之前的城市化与工业革命之后的城市化并没有本质的区别。之所以后者带来了人口从乡村向城市迁移的洪流，并深刻地改变了人类社会的面貌，只不过是工业革命之后的城市化进程在现代科技革命的带动下，城市内能流以比以往更迅猛的势头发展而已。因此，笔者认为人口城市化进程从城市产生的那一天就已经开始了，并且是以一个完整、统一的面目呈现给世人的。工业革命以后的人口城市化仅是在特殊历史阶段具有特殊的外部表现形式而已，以此为依据而将一个统一的过程分割成两个部分显然不利于获得对人口城市化的本质认识，也是不妥当的。

6.2.3.2 人口城市化的动力

自从城市产生以后，在自然增殖和迁移的作用下，越来越多的人"选择"在城市居住，那么城市为什么会有这么大的"吸引力"呢？我们知道，由于人口在地域空间是按照区域内能流的分布状况进行分布的，因此这个问题实际上也可以这样问，为什么城市内能流具有比农村内能流更快的增长趋势？前者相对于后者具有哪些优势？找到了这个问题的答案，我们也就揭开了人口城市化的动力之谜。

概括来说，主要依靠非生物能量转化器转化形成的城市内能流具有比主要依靠生物能量转化器转化形成的农村内能流更快的增长趋势，城市内能流相对于农村内能流具有以下三点优势：

首先，从转化利用的能量上来看，生物能量转化器转化利用的太阳能是一种相对分散、以流量形式存在的能量，而非生物能量转化器转化利用的其他能量形式在地球上的存在更加集中，并且有很多是以存量形式存在的，对人类大规模开发利用的限制相对较小。

前文已有论及，人们使用生物能量转化器是为了将不能直接利用的太阳能转化为以粮食的形式存在的化学能。人类从农业生产中获得的有效能量归根结底还是来自于太阳能。我们知道，太阳每秒钟要向外辐射 3.6×10^{23} 千瓦的能量，经过 8 分多钟的飞行，其中会有二十亿分之一到达地球，[①] 相当于 1.8×10^{16} 千瓦。在这些到达地球的太阳能中，绝大部分在驱动大气流动、水分循环和地表物质迁移中被消耗掉了，只有一少部分会通过绿色植物的光合作用转化为有机物的化学能，进而进入整个地球生态系统的食物网中，其中也包括通过农作物进入农村内能流的那一部分。可见，一定时期内（比如说一年），生物能量转化器转化利用的能量是有限的，虽然目前人类使用的生物能量转化器具有的热效率还远没有达到这一极限，但毕竟是有限度的。这就决定了生物能量转化器的能量来源是受限制的，一定时期内人们利用生物能量转化器获得的有效能量也绝不是无限多的。

更重要的是，虽然自赤道向两极逐渐减少，但是太阳能在地球表面的分布总体上是相对均匀的，不同地区，尤其是同纬度地区，接受的来自太阳的能量几乎没有差别。再加上太阳每天为地球各个地区"供应"的太阳能还是有一定限度的，这些都决定了太阳能是一种被"稀释"了的、相对分散的能量。太阳能的这种特性决定了通过生物能量转化器转化太阳能获得的区域内能流也必然是相对分散的。

相对于人们在农村使用生物能量转化器进行能量转化，在城市相对有限的空间中，人们主要使用非生物能量转化器进行能量转化，手工业、工业、服务业是其主要形式。这些非生物能量转化器也可以转化利用太阳能，但并不仅限于此，而且其转化利用的能量绝大部分并不是太阳能，而是水能、风能、化石能源、金属与非金属矿藏、核能、潮汐能、地热能等。这些

---

① 刘国城，等. 生物圈与人类社会. 北京：人民出版社，1992：244.

能量形式可能来自于太阳，例如水能、风能、化石能源；也可能来自于地球；例如金属与非金属矿藏、地热能；也可能来自于月球，例如潮汐能；甚至来自于物质内部，例如核能。但无论是哪种能量形式，都不是均匀分布在地球表面的，而是存在某些能量相对富集的地区，[①] 而且这些能量也只有在相对集中的状态下才能被人类的能量转化器所利用。例如，任何一块石头或土壤中都存在金属元素，但只有那些达到一定富集程度才能被称做金属矿藏，并被人类开采利用，化石能源和非金属矿藏也是这样；水流、风、潮汐广泛分布于地球表面，但只有那些相对富集的风口、水流势差大的地区才能开发这些能源；地热也要达到一定的温度才能用于工业开发。因此，只要具备了利用这些能量的技术条件，这些能量相对富集的地区很容易形成区域内能流的富集区，进而形成城市。

除此之外，在非生物能量转化器利用的太阳能以外的能量形式中，有很多是以存量形式存在的，而不是像太阳能那样是以流量形式存在的。例如化石能源、金属能源和核能。像太阳能那样以流量形式存在的能量，包括水能、风能、地热能和潮汐能都存在一个流量极限，从而对人类大规模开发利用造成了障碍，进而对区域内能流的扩张也形成了障碍。但以存量形式存在的能量就不同了，一旦人们发现了这些能量，就可以通过集中开发而获得任意大的能量流，在一段时间以内人们转化利用的能量是不受限制的。例如，煤炭等化石能源是地球对远古时代太阳能的积储，人们发现煤矿以后，可以通过增加能量转化器（比如说机械设备等）而任意增加转化利用的能量。这就像有大量储蓄的人在一定时间内（储蓄花光前）可以大把花钱一样。但对太阳能、风能、水能、地热能等以流量形式存

---

① 虽然有些形式的能量来自太阳，但经过外能流的能量转化已经不同于太阳能的分布形态了。

在的能量，超过其流量限度以后，增加能量转化器的数量并不
会相应增加转化的能量。这就像没有任何储蓄、靠工资过活的
人，每月的花销就是有限度的。在农村，人们利用农作物只能
转化利用以流量形式存在的太阳能，这就决定了农村内能流的
相对分散型，并且不具备城市内能流那样迅速扩张的条件。

其次，从能量转化器本身来看，使用非生物能量转化器比
生物能量转化器具有更大的提升内能流吸纳率和热效率的空
间，也更便于人们通过技术革新提升内能流的吸纳率和热
效率。

对于这一点，生物能量转化器相对于非生物能量转化器的
劣势就像是"体内工具"相对于"体外工具"的劣势。生物
能量转化器和"体内工具"一样，其能量转化效能要受生物
规律的严格限制，因此十分不利于内能流吸纳率和热效率的提
升。在农业生产中，农作物发芽、生长、结实都是与一定季节
时令相匹配的；在畜牧业生产中，畜禽发情、交配、繁殖、增
肥也有一定的自然周期。生物能量转化器具有的这些"工作
节奏"是生物在长期进化过程中形成的，并已深入到其基因
内部，很难由人力改变。人类在利用生物能量转化器进行能量
转化过程中，只能严格按照这些生物能量转化器的"工作节
奏"进行工作。在农业生产中就是要严格按照农时进行翻土、
播种、施肥、浇水、除虫、收获等；在畜牧业生产中就是在畜
禽的发情期让它们交配繁殖，在生长期进行育肥等。显然，非
生物能量转化器则没有这些限制。对于一个木匠或者一个泥瓦
匠来说，他既可以在白天也可以在晚上、既可以在夏季也可以
在冬季完成他的工作。这完全取决于他自己的偏好或顾客的要
求，而不是取决于他所使用的能量转化器。

生物能量转化器具有的这种限制所导致的后果并不仅限于
农民不能任意地安排自己的工作，更重要的是，它同时也严重
限制了人们对内能流吸纳率和热效率的提升，从而使利用生物

能量转化器所形成的内能流和有效能量无法获得更大的增长空间。举例说明：如果一个木匠一天可以做两张桌子，那么工期紧的时候，他可以连夜加班从而多生产两张桌子，或者增加人手以增加产出。而农民则不能做到这一点，晚上加班或者在一亩地中多洒一倍的种子，并不能像木匠那样获得相应的回报。牧民也不能通过让牛多吃一倍的草来使牛长得快一倍或者大一倍。可见，生物规律就像是一个不能突破的瓶颈，使生物能量转化器的效能不可能像非生物能量转化器那样任意提升，从而由生物能量转化器形成的内能流和有效能量就不可能像非生物能量转化器形成的内能流和有效能量那样迅速扩张。

此外，由于生物能量转化器须要严格按照生物规律进行工作，因此还限制了在能量转化过程中的分工。前文已有论及，人体输出的机械能也是内能流的一部分，而且，在工业革命以前，这部分能量在内能流中占有重要的地位。在能量转化过程中进行分工，则能有效地降低人体输出机械能的能量损失。英国著名经济学家亚当·斯密（A. Smith）在其不朽巨著《国民财富的性质和原因的研究》中，开篇就对分工的作用进行了研究。据他观察，一个劳动者既便竭力工作，一天也不可能制造出 20 枚扣针，但进行有效分工以后，在不怎么费力的情况下，平均一人一日可以制造出 4800 枚；一个铁匠一天最多能制造出 200～300 枚铁钉，而且质量还拙劣不堪，但进行有效分工以后，每人每日则能制造出 2300 枚铁钉。[①] 同样是一个努力工作的人，我们可以认为其在一定时间内的工作中输出的能量是大致相等的。分工之所以会导致生产效率的大幅提升，主要是因为通过分工将一个复杂的动作分解成若干简单的动作，有利于提高劳动者的工作技巧和工作衔接，能够有效减少

① 亚当·斯密. 国民财富的性质和原因的研究. 郭大力，王亚南，译. 北京：商务印书馆，2005：5－12.

能量转化过程中不必要的能量支出，即提高了内能流的热效率。亚当·斯密也给出了分工导致生产效率提高的三点原因：第一，劳动者的技巧因业专而日进；第二，由一种工作转到另一种工作，通常会损失不少时间，有了分工，就可以免除这种损失；第三，许多简化劳动和缩减劳动的机械的发明，使一个人能够做许多人的工作。① 其中，第一和第二点原因实际上就是指对不必要能量输出的节省，而第三点则是后边我们将要讲到的生产工具专业化所带来的内能流吸纳率的提升。正是由于生物能量转化器受生物规律的限制，整个能量转化过程的热效率主要受生物能量转化器的影响，人们无法进行有效分工来减少不必要的能量输出。例如，无论人们怎么分工，也无法提高庄稼对太阳能的转化效率，进而无法提高内能流的热效率。因此由生物能量转化器形成的内能流热效率就要比非生物能量转化器形成的内能流要低。

正如亚当·斯密分析的那样，分工还带来了生产工具的专业化。② 这一方面使劳动者由于使用这些更称手的工具而减少了不必要的能量支出，从而提高内能流的热效率；另一方面，工具本身也是一种能量载体，更大量和更广泛的使用也会带来更大的能量流，从而提高了内能流的吸纳率。柴尔德在其《工具发展小史》一书中就对生产工具的专业化所带来的社会进步进行了分析。③

可见，由于生物能量转化器本身的限制，无论是从内能流的吸纳率还是从热效率来看，主要由生物能量转化器形成的农

---

① 亚当·斯密. 国民财富的性质和原因的研究. 郭大力，王亚南，译. 北京：商务印书馆，2005：8.
② 亚当·斯密. 国民财富的性质和原因的研究. 郭大力，王亚南，译. 北京：商务印书馆，2005：10-12.
③ V G 柴尔德. 工具发展小史. 周进楷，译. 北京：中国科学图书仪器公司，1953：18-19.

村内能流都要低于由非生物能量转化器形成的城市内能流，并且不具备城市内能流那样迅速扩张的条件。

最后，从城乡之间的能量交流来看，城乡之间能量交换的规则也不利于农村内能流的聚集与扩张，能量交换不等律将城市内能流的优势放大了。

早在耗散结构理论和系统理论产生以前，一些经济学家和人口学家就发现，一个国家或地区的人口数量及其生活水平与该国在国际贸易中的地位密切相关。例如，法国人口学家索维就认为"在工业化阶段，用二级产品去换回初级产品，大大促进了欧洲适度人口提高。"① 但是，已有理论大多是从交换价格和经济产出的角度对这一现象进行解释的，而没有看到，这一现象背后的真正原因是"二级产品"和"初级产品"在能量上的不等价交换。

根据前文对人类生产的能量转化轨迹的分析，我们知道，一件产品中的能量分别来自于生产对象、生产工具和劳动者。这其中，生产工具本身也是一种人类生产的产出品，其能量来源也是以上三个。因此，如果我们将人类的能量转化过程追朔到极致就会发现，事实上，一件产品所含有的能量只有两个来源，即生产对象本身所含有的各种形式的能量和劳动者输出的机械能。为了便于作者的行文和读者的理解，我们将产品中包含的生产对象所固有的能量称为第一类能量，将劳动者输出的机械能称为第二类能量。在生产对象由原材料到产成品的能量转化过程中，这两类来源不同的能量具有不同的能量转化轨迹。

根据热力学第二定律，能量的转化是有方向性的，总是从熵值较低的状态向熵值较高的状态发展。因此，在能量转化过

---

① 阿尔弗雷德·索维. 人口通论（上册）. 查瑞传，邬沧萍，戴世光，侯文若，译. 北京：商务印书馆，1983：247.

程中，产品中的第一类能量总是不断减少的。根据图4.1，我们知道，生产对象的能量转化轨迹是随着生产程序的增加而不断向熵轴下方移动的，即生产对象所含有的能量是不断增加的。这是由于，随着对生产对象的深加工，会有更多的劳动者输出的机械能凝结在生产对象中，从而使整个生产对象的熵值降低。当然，这部分劳动者输出的机械能也要遵守热力学第二定律，也会有一部分能量完全转化为不可做功的废能，但凝结在生产对象中的第二类能量已足以使生产对象的熵值降低了。我们还是举例予以说明。例如木匠制作桌子，在未被加工过的原木中含有一定量的形式能，这部分能量会随着生产加工的进行不断地以刨花、木屑等形式离开生产对象。最后，当原木变成桌子后，产品中的第一类能量达到最低。同时，在能量转化过程中，木匠输出的机械能不断转变成生产对象的形式能，从而使原木具有了结构更加复杂、有序的形态——桌子。可见，与生产对象自身含有的能量不同，随着生产加工的进行，凝结在生产对象中的机械能是不断增加的。

根据劳动价值理论，商品的价值量是由凝结在商品中的无差别的人类劳动（抽象劳动）决定的。而人类劳动的过程就是能量输出的过程，因此，商品的价值量也可以说，是由凝结在商品中的第二类能量决定的。在市场经济条件下，商品交换是按照以价值量为基础的交换价格进行的，或者说是以商品中第二类能量为基础进行的。这实际上直接导致了人们所理解的"等价交换"原则在能量层面上只能是片面实现的。通过商品媒介，人们交换的第二类能量是等价的，但商品所含有的全部能量则不一定等价。

在城乡之间的能量交换中，城市为农村提供的能量基本上都是以二级产品的形式出现的，而农村为城市提供的能量则基本上是以初级产品的形式出现的。例如，农村为城市提供棉花，城市将棉花制成棉布和衣服等再输送到农村；农村为城市提供粮食，城市将粮食制成食品和酒再输送到农村；农村为城市提供牲畜，城市将牛皮制成食品、衣服和鞋子再输送到农村；等等。由于二级产品相对于初级产品需要更多的能量转化过程，或者说需要人类输出更多的机械能凝结其中，因此在二级产品中第一类能量就必然比初级产品少。当城市用代表等量价值的二级产品与农村的等量价值的初级产品交换的时候，城市和农村只在第二类能量上实现了"等价交换"，而在整个能量层面，双方之间的交换是"不等价"的。城市内能流仅用较少的能量输出就换取了农村内能流较多的能量输入。这就是能量交换不等律。我们仍用木匠制作桌子的例子予以说明。假定原木中含有的 10 个单位的能量，其中包含 9 个单位的第一类能量和 1 个单位的第二类能量。经过木匠的加工之后，原木损失掉了 1 个单位的第一类能量，同时获得了 2 个单位的第二类能量，从而形成了包含有 8 个单位的第一类能量和 3 个单位的第二类能量的桌子。当农村内能流用原木交换城市内能流的桌子时，根据价值定律，要用 3 根原木与 1 张桌子进行交换。交换的结果是，在第二类能量上，农村内能流失去了含有 3 个单位能量的原木，获得了同样含有 3 个单位能量的桌子。但在整个能量层面上，则是农村内能流用 30 个单位的能量交换获得了 11 个单位的能量。城市在"等价交换"的掩盖下"掠夺"了 19 个单位的农村内能流的能量（如图 6.4 所示）。

　　概括来讲，能量交换不等律产生的根源是，在热力学第二定律的作用下，产品中的两类来源不同的能量具有完全相反的能量转化轨迹造成的。第一类能量来自于生产对象（产品的载体），随着能量转化进程的不断加深是单向减少的；第二类能量来自于劳动者的输出，随着能量转化进程的不断加深是单向增加的。当不同形式的能量之间以第二类能量为依据进行交换的时候，交换双方获得的总能量是不相等的，其中能量转化程序复杂的一方在交换中获得能量多，能量转化程序简单的一

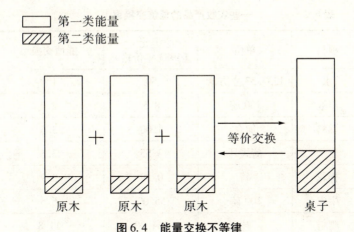

图 6.4 能量交换不等律

方在交换中失去的能量多。在城乡能量交流中，农村利用生物能量转化器形成的能量形式基本上都是原材料，能量转化程序较简单、劳动者输出的机械能较少；城市利用农村提供的原材料进行深加工，能量转化程序较复杂，劳动者输出的机械能也较多。这就决定了农村在城乡交换中总是处于能量"亏损"的不利地位。美国生态学家奥德姆曾估算了一些主要农牧产品的能值交换率①。他发现所有这些产品的能值交换率都大于 1，即这些产品的购买者从交易中获得的能量比卖出者多（如表 6.2 所示）。

---

① 所谓能值交换率是奥德姆提出的一个衡量交易双方能量（狭义能量）收支比的指标。一件商品的能值交换率就是用这件商品换来的商品所含有的能量与这件商品所含有的能量之比。能值交换率大于 1 意味着购买者从交易中获得的能量多，其值小于 1 意味着卖出者从交易中获得的能量多。

表6.2　　　　　一些农牧产品的能值交换率①

项目	单位	美元 (1983 年价格)	能值交换率
水	1233.53 立方米	50	1.9
土豆	100 磅	8.5	2.0
燃料	加仑	1.00	3.3
麦子	蒲式耳	3.55	3.5
棉花	磅	0.59	3.9
牛肉	100 磅	55.00	6.5
肥料	吨	164.00	11.8
羊毛	磅	0.83	16.7

由于能量交换不等律的缘故，城市在与农村的能量交换中可以多获得一部分能量，从而有利于城市内能流的扩张以及城市所能容纳人口的增长。同理，能量交换不等律也可以解释富裕的工业国与贫穷的农业国之间的国际贸易。这就是为什么用二级产品交换初级产品会导致适度人口增加的内在原因。

综上，无论是从能量转化器本身，还是从能量转化器所转化利用的能量上来看，非生物能量转化器都具有生物能量转化器无法比拟的优势，再加上城乡之间的能量交换不等律就使这种优势显得更加突出了。因此，主要由非生物能量转化器形成的城市内能流就比主要由生物能量转化器形成的农村内能流具有更快的增长趋势。这就是人口城市化的根本动力。

6.2.3.3　工业革命以后的人口城市化

工业革命以后，世界人口城乡分布状态发生了令人瞩目的

① 霍华德·T 奥德姆，伊丽莎白·C 奥德姆. 繁荣的走向衰退——人类在能源危机笼罩下的行为选择，严茂超，等，译. 北京：中信出版社，2002：128.

变化。伴随着大规模的农村人口迁移到城市，城市人口以比总
人口快得多的速度增长，世界人口城市化的步伐明显加快了
（如表6.2所示）。在这一现象背后，同样是区域内能流在地
域空间的分布状况发生变化所导致的。确切地说应该是工业革
命以后，由于城市内能流相对于农村内能流以高得多的速度扩
张，导致城市的人口能量密度急速下降，城乡之间出现了巨大
的人口能量密度差，并由此产生了由农村指向城市的能量势差
力，推动农村人口源源不断地迁移到城市。

表6.3　1800—2000年世界总人口与城市人口增长比较①

时期 （年）	总人口增长			城市人口增长		
	数量 （百万）	增长率 （%）	年平均 增长率 （%）	数量 （百万）	增长率 （%）	年平均 增长率 （%）
1800—1850	295	31	0.54	51.5	176	2.05
1850—1900	409	33	0.57	143.6	178	2.06
1900—1950	845	51	0.83	482	215	2.32
1950—2000	3626	145	1.81	2246.8	318	2.90

　　那么，城市内能流为什么能够在工业革命以后以前所未有
的速度急速扩张呢？这是因为在工业革命以后，由于人类科学
技术取得重大进步，以蒸汽机的发明和使用为开端，人类开始
大规模使用结构更复杂化、功能更多样化的非生物能量转化器
进行能量转化活动。为了减少能量转化过程中能量的技术损
失，提高内能流的热效率，人们总是将这些非生物能量转化器
安置在人口密集的城市以便于进行分工。一方面，这些非生物
能量转化器本身就是一种能量载体，会增加城市内能流的规

---

　　①　盛朗.人口与城市化.沈阳：辽宁人民出版社，1987：18.

模；另一方面，由于不像生物能量转化器那样受生物规模的限制，人们利用非生物能量转化器能够迅速地把煤炭、石油、天然气、金属矿石、非金属矿藏等原来在外能流中流动的能量纳入城市内能流。此外，非生物能量转化器的广泛使用导致所谓"机器工业"产生以后，对生产对象的加工程度越来越深化、精细化，劳动者凝结在商品中的能量已非手工业可以同日而语。因此，根据能量交换不等律，在城乡能量交换中，能量交换的天平更加倒向了城市内能流，城市内能流从农村获得的能量输入要远多于向农村的输出。以上这些因素都是导致城市内能流迅速扩张的重要原因。当然，有的时候，人们同样是出于提高内能流热效率的考虑，而将非生物能量转化器安置在人口较稀少的矿区。即便如此，这些非生物能量转化器所带来的巨大内能流仍会迅速降低这一区域的人口能量密度，从而吸引周边人口的迁入，进而形成城市。在科技水平突飞猛进的推动下，一方面是原有城市的内能流不断扩张；另一方面一些自然地理条件优越的地区也形成了规模较大的区域内能流，进而形成了新的城市，城市内能流在整个人类社会内能流中所占的比重大幅增长。与此同时，世界人口城市化进程也在人口迁移的推动下大大加快了。

由于使用非生物能量转化器进行能量转化所形成的内能流主要是技术链能流和信息链能流，因此，人口城市化现象背后还伴随着内能流结构的变化，即技术链能流和信息链能流所占比重相对上升，食物链能流所占比重相对下降。这里需要提醒读者的是，从绝对量来看，无论是技术链能流、信息链能流还是食物链能流都是不断增长的（参见第四章）。只不过由于技术链能流和信息链能流主要使用非生物能量转化器，因此，其增长的速度相对于食物链能流更快，从而使其在整个人类社会内能流中的比重加大、地位更加突出。正是由于技术链能流和信息链能流的突飞猛进，人们摄入的能量才能够在形式上越来越多样、在数量上越来越丰富，即人体耗散结构系统的能量通量扩大了，或者说人们的生活水平提高了。这也是为什么城市化总是伴随着现代化，一个国家的城市化水平在一定程度上能够代表其现代化水平的原因。

6.3 本章小结

在静态上，人口分布状况是对区域内能流在地域空间分布状况的反映。在动态上，人口再分布（通过自身增殖和迁移两种方式）则是对区域内能流在地域空间分布变化的反映。其作用机制是，当人类科技水平等因素发生变化而导致区域有效能量在地域空间的分布状态发生变化的时候，就会在地区之间产生人口能量密度差。如果地区之间的人口能量密度差较小，或者由于是在一个较长时间内产生的而没有产生生育率下降机制，那么，低人口能量密度地区的人口会随着区域有效能量的增长而增长，从而使地区间的人口能量密度重新达到均衡。如果地区之间的人口能量密度差较大，或者是在较短时间内产生而使人口无法通过自然增殖弥合人口能量密度差，甚至导致人口产生生育率下降的机制使人口能量密度差迅速拉大，那么，能量势差力会驱动人口从高人口能量密度的地区向低人口能量密度的地区迁移。根据能量势差力产生的方式不同，人口迁移大致可以分为拉力型、推力型和混合型人口迁移。

由于人口再分布的方向是向着抵消地区间的人口能量密度差的，理论上讲，在两个具有能量交流的内能流子系统之间，如果不考虑迁移行为本身的能量消耗和迁移障碍，人口的自身增殖和在地区间的迁移会使各地的人口能量密度达到完全均衡，即人口能量密度均衡律。人口能量密度均衡律既是人口在地域空间按照区域有效能量的分布状态进行分布的必然结果，也决定了人口在地域空间的分布状况实际上是区域有效能量分布状况的外在表现而已。因此，人口能量密度均衡律的作用机制也就是人口分布的生成机制。

与一般的人口迁移活动一样，人口城乡迁移也是人口按照区域有效能量的分布状况进行再分布的结果。城市本质上是一种复杂的、特殊的耗散结构系统，其特点是在较小地域空间上能够获得较大的能量通量，从而能够聚集大量的人口。城市产生于生物能量转化器时代，其形成的直接推动力是人类获得生物能量转化器而导致稳定的区域内能流形成。此外，手工业、商业和政治组织的产生对城市的产生也发挥了积极作用。

自从城市产生以后，城市人口占全部人口的比重之所以会不断增长，是由于城市在能量转化器、转化利用的能量来源和城乡之间的能量交换上具有农村所不具备三点优势，从而使城市内能流具有比农村内能流更快的增长趋势。工业革命以后，这三点优势显得更加突出。工业革命以前，城市内能流只是缓慢扩张，城乡之间人口能量密度差主要通过城市人口的自然增殖进行弥合。工业革命以后，城市内能流相对于农村内能流以更快的速度扩张，城乡之间人口能量密度迅速拉大，从而引发了人口从农村向城市前所未有的迁移浪潮。

7

世界人口分布演化简史

人类迁移的历史绵长悠久、波澜壮阔，是不可能在短短一章的篇幅内完整地呈现出来的。好在本章的目的也并不在此，而是要对前文论述的人口分布生成机制理论提供佐证。因此，在本章，作者并不追求对人类历史上人口分布与迁移变化事无巨细的完整描绘，而是要在大尺度时间跨度中勾勒出人口按照区域内能流进行分布的大致轮廓。

7.1 采集狩猎时代（人类产生 —农业、畜牧业的产生）

人类的产生经历了一个漫长的历史阶段，从距今几百万年到几万年前的漫长岁月都是从古猿向人的进化时期。在这里，我们并不打算对人类产生的详细年代和特征进行具体探讨。我们关注的是在这一时期，这些介于动物和人之间的生物的生产和空间分布状况。由于这一时期延绵几百万年，几乎占了全部人类历史的90%[①]，而且四个冰川期全部贯穿于这一时期，目

---

① 刘兴林. 中国史前农业发生原因试说. 中国农史，1991（3）.

前遗留下来的史前人类化石遗迹相对较少，而且是很不完整的。再加上几百万年来，地球的自然气候特征已经发生了很大的变化。因此，对于当时人们的生活状况和生存环境，人们知道的还十分有限，可以说带有很多猜测的成分。但是，人类诞生伊始，并不具备将不可直接食用的能量形式转化成可食用的能量形式的能力，人们依靠大自然提供的现成食物——野生植物的可食用部分和野生动物，度过了很长一段岁月是确定无疑的。相对于人们直接生产食物的时代，人们习惯把这一段人类的幼年时期称为采集狩猎时代。

在采集狩猎时代，由于生产技术十分匮乏，人类并不具备能量转化的知识和技术，为了维持人体耗散结构对能量的需求，人类只能将外能流中那些可直接用于人类消费的能量作为人体耗散结构的负熵来源。这就决定了以这种方式形成的内能流在规模、地域分布状态上有其独特的特征，从而也就决定了当时人类在地域空间的存在状态。

首先，不经过能量形式的转化，而是直接利用外能流中现成的可直接消费的能量，这就决定了以这种方式形成的内能流几乎全部由食物链能流构成，技术链能流和信息链能流近乎于零，内能流的规模不可能太大。这是因为大自然对任何物种都是一视同仁的，任何一个物种在食物网中都占据一个位置，其所能利用的能量形式都是有限的。人类也不例外。虽然人类经过复杂的进化过程拥有了发达的小肠和多颗臼齿，人类的食谱空前的扩大了，但与自然界存在的全部能量形式相比，人类能够通过"体内工具"直接加以利用的能量形式仍是沧海中之一粟而已。

对于人类来说，外能流中存在的可直接用于消费的能量形式主要是一些植物的果实、花、嫩叶、种子、根茎，一些昆虫、鱼类、鸟类、哺乳类动物等。这些形式的能量都是外能流在转化流动过程中"偶然"形成的，恰巧可以作为人类的食物，基本上相当于一般生物通过摄食从下层营养层吸收的能量。人类并不能按照自己的意愿任意增加这部分能量的供应量，也就是说，基于这些形式的能量形成的内能流完全取决于外能流的状况。而且，以这些形式存在的能量只有在人类通过采集、狩猎的方式将其纳入内能流，才会成为人类社会内部流动的能量中的一部分。在此之前，这些能量都在外能流中流动、耗散，并构成了整个地球生态系统的能量通量。这就决定了这些形式的能量处于不断产生、消失的动态变化之中，并不能供人类随时取用。这也限制了内能流的规模的扩张。例如，很多植物只有在秋天才会结实，鸟类产卵也有固定的季节，并且很多鸟类和哺乳动物要随季节迁移。因此，人们需要尽可能地增加食物种类和来源，并力求在时间上形成交替，以获得稳定的能量供应。我国的上古传说，神农氏尝百草之实以求可食之物，就反映了人类经历的这段历史。

　　由于通过采集狩猎方式形成的内能流规模很小，因此内能流能够支撑的人口规模也十分有限。有的学者推测，人类诞生之初只有 10 000～20 000 人。[①] 由于只有面积足够大的森林、草场才能为人们提供足够多的适于人类食用的植物果实、花、种子、嫩叶、根茎和野生动物，据此形成的内能流也必然是以强度极弱而范围极为分散的形式分布于陆地表面。这就决定了当时的人口分布极为稀疏、分散。法国学者瓦列塞尔估计，采集狩猎时代的人口密度仅为每平方千米 0.02～0.03 人。[②] 根据已有考古发现，绝大多数旧石器时代的人生活在一个成员十分有限的小群体内。美国人类学家斯特恩斯（P. N. Stearns）甚至认为，在采集狩猎时代，"一个特定的群体无论在狩猎采集

① 潘纪一，朱国宏．世界人口通论．北京：中国人口出版社，1991：30.
② 李仲生．人口经济学．北京：清华大学出版社，2006：170.

中怎样成功，很少有能供养超过 20 到 30 个男人、女人和儿童的"。①

我们知道，人口密度低并不意味着人口能量密度也低。恰恰相反，由于通过猎取天然能量的方式无法形成足够大规模的内能流，采集狩猎时代的人口能量密度是很高的。对当时的人类来说，相对于扩大内能流规模，控制人口数量要更直接和简单得多。因此，为了不威胁到整个人群的生存，在采集狩猎时代，人们通过控制人口数量来使人口能量密度不至于过高。这也就是为什么我们会发现各种性禁忌和杀婴、杀害病老现象广泛存在于游猎民族之中的原因。②

其次，这种靠自然馈赠形成内能流的另一个特点是，内能流在地域空间的分布状况完全取决于可作为人类食物的能量的存在形式，或者说取决于自然环境状况。由于不同种类植物的发芽、开花、结果时间不同，一些兽群和鸟群要在地域间迁徙，因此，依靠采集狩猎形成的内能流在地域空间上也是分散的、流动的，不可能在某一固定区域内形成稳定的区域内能流子系统。这就决定了当时的人们要随追逐的猎物和采集野生植物而不断迁移。美国著名历史学家斯塔夫里阿诺斯（L. S. Stavrianos）曾经对旧石器时代的采集狩猎生活有过这样的描述："对旧石器时代的食物采集者来说，他们的自然环境就像一个总是装得满满的、随时可取用的冰箱。一群食物采集者只要发现当地可作食物用的动植物快耗尽，便迁移到一个新的营地。因此，旧石器时代的一群群食物采集者总是处在迁移中，

---

① P N 斯特恩斯，等. 全球文明史（上册）. 赵轶峰，等，译. 北京：中华书局，2006：9.
② A M 卡尔—桑德斯. 人口问题——人类进化研究. 宁嘉风，译. 北京：商务印书馆，2009：125-160.

他们差不多是从一个营地一路吃到下一个营地。"①

　　当然，在一些自然条件异常优越的地区，可作为人类食物的动植物资源异乎寻常的丰富，通过采集狩猎方式，人们也能在这些地区创造一个较持久的区域内能流，因而能够在这些地方居住较长的时间。例如，叙利亚北部阿布胡赖拉地区和俄罗斯中部的一些地区就是这样。在叙利亚的阿布胡赖拉地区，野生的谷类植物和豆类植物在那里生长得非常茂盛，保证了人们的基本食物来源。再加上每年都有来自波斯的瞪羚迁移到那里，为人们提供了丰富、可靠的肉类供应，因此当地的人能够从公元前9500年一直到公元前8100年依靠采集狩猎方式过着定居生活。② 在大约20 000年前的俄罗斯中部，那里生活着大量身躯庞大而行动迟缓的周身覆盖着长毛的猛犸象。这些动物为当地人提供肉食，使当地的人们在采集野生植物补充食物来源的情况下，可以在同一地区度过一年中的大部分时间。③

　　在地球上，具备像叙利亚北部和俄罗斯中部那样优越自然环境的地区毕竟不是很多，总体上讲，依靠采集狩猎生活的原始人类处于不断的迁移中。这是依靠这种方式无法形成稳定的区域内能流所导致的必然结果。由于始终处于迁移状态，人们经常会将那些非必要的生产工具以及用兽皮、树叶和草修建起来的临时住所遗弃，使这些刚进入内能流的主旨消费能量和辅助消费能量重新回归了外能流。而人们搬迁到另一处临时住所以后，又要耗费内能流能量以便重新获得这些形式的能量。可见，迁移生活反过来又使规模本来就很小的内能流处于低效

　　① L S 斯塔夫里阿诺斯．远古以来的人类生命线——一部新的世界史．吴象婴，屠笛，马晓光，译．北京：中国社会科学出版社，1992：21.
　　② L S 斯塔夫里阿诺斯．远古以来的人类生命线——一部新的世界史．吴象婴，屠笛，马晓光，译．北京：中国社会科学出版社，1992：22.
　　③ P N 斯特恩斯，等．全球文明史（上册）．赵轶峰，等，译．北京：中华书局，2006：9.

率运转状态，从而使人均有效能量无法获得提升，加剧了人们生活的艰辛。

与流浪生活的艰辛相比更致命的是，由于通过采集狩猎方式是直接将外能流中存在的现成能量用于消费，人类并没有对这些能量的形成施加任何影响，内能流的形成完全靠上天的恩赐。如果由于某种原因，例如气候变化，导致外能流形成的这种特殊的能量形式消失或减少，内能流也会随之大幅缩减甚至消失，这时人们的生存就会出现危机。例如，曾经广泛分布于欧洲的尼安德特人在最后一个冰河时期突然消失了，虽然学术界对此有不同的观点，但人们普遍认为和冰河时期气候变化导致尼安德特人的食物大幅减少有关。

最后，虽然石器时代是人类发展史上进步十分缓慢的时期，但是仍有一些重要的发明属于这个时代，例如火、弓箭、鱼叉等。随着这些工具的发明和使用，内能流在一定程度上也会发生一些变化，从而带来了人口空间分布的变化。

在这些发明中，火的使用最为重要，影响也最为深远。通过使用火，人类第一次掌握了一种控制外能流能量的方法，从而为内能流带来了一股强大的能量流。自此以后，那些枯枝败叶中所蕴藏的化学能就不必在外能流中慢慢腐朽腐败，而是被人类转化为光与热加以利用了。火虽然不能带给人类一个稳定的区域内能流，但它却扩大了技术链能流初始量，从而拓展了人类的活动范围。目前所有的考古资料都显示，早期的人类起源于热带或亚热带地区。非洲中部、欧洲的大西洋和地中海沿岸、中国东南部等气候温暖的地区是出土古猿和猿人化石最集中的地区。这种现象的出现绝非偶然，其原因就在于，在人类尚未开始使用火的时候，热带地区温暖的阳光和较充足的天然食物是生成一个能满足人类基本生存需要的内能流的必要条件，而温带和寒带则不具备这一条件。人类学会使用火以后，由火带来的这股强大的能量使人类摆脱了气候的束缚，从而带领人类走出热带地区，进而深入到温带甚至北极地带。

除了技术链能流初始量，火的使用还扩大了食物链能流初始量。用火加工过的食物不但味道更加鲜美，而且可以消毒去腥，从而大大增加了人类的食物范围。这其中，鱼类体内蕴藏的能量进入食物链能流对人类的空间分布影响最大。在掌握使用火的技术以前，由于鱼类不宜生食，因此鱼类并不是人类的主要食物。人类开始使用火以后，鱼类开始成为一部分原始人的主要食物。由于鱼类分布广泛，而且不像其他陆地动物那样不断迁徙，可以保证较为稳定的供给，因此河道和湖泊沿岸很容易形成内能流的富集区，根据人口能量密度均衡律，这些地区也会形成人口分布的密集区。当人口不断增加导致一个地区的人口能量密度上升，人们也可以方便地在河流上游和下游创造出较大规模的内能流，进而吸引人们沿河岸、湖岸、河道向四周迁移来缓解人口增加对内能流的压力。摩尔根（L. H. Morgan）甚至认为，人类正是通过这种方式遍布于地球上大部分地区的。[①]

7.2 生物能量转化器时代（农业、畜牧业的产生—工业革命）

距今 12 000 年到 6 000 年前，人类由旧石器时代进入了新石器时代。最初，历史学家是以一种新形式的工具——磨制石器的出现来划分这两个时代的，并以此来命名人类历史的这一新时期。但是，在这一时期，人类经历的更具深远影响的变革则是农业和畜牧业的出现。早在一个世纪以前，摩尔根就对食

---

① 路易斯·亨利·摩尔根. 古代社会. 杨东莼，马雍，马巨，译. 南京：江苏教育出版社，2005：16.

物生产之于人类进步的意义有过这样的阐述："对于野蛮人的成就，我们应当就其与人类整个进步过程的关系来衡量；可能我们不得不承认，从相对重要性而言，他们的成就超过了后人的全部业绩。"[①] 除了对于人类进步的历史意义，以农作物和家畜作为能量转化器，将外能流中不能为人所用的能量形式转化为能够为人类所用的能量形式，还深深地改变了内能流的运行状态，进而改变了人口在地域空间分布的状态。

7.2.1 利用生物能量转化器进行能量转化以形成内能流

公元前 9000 年，亚洲西南部（今天的伊拉克、叙利亚和土耳其）的居民开始种植大麦，同时驯养了绵羊、山羊、猪和牛。在公元前 9000 年至前 7000 年之间，居住在非洲撒哈拉沙漠东南边缘地带（今天的苏丹）的人们蓄养了牛、绵羊、山羊，并开始种植甜高粱。公元前 8000 年至前 6000 年，撒哈拉以南的西非地区（今天的尼日利亚附近）的人们也独立种植了甘薯、秋葵和黑豆。在东亚，长江流域的居民早在公元前 6500 年就开始种植稻米，在北部的黄河流域，人们在公元前 5500 年种植了粟和大豆。东亚的早期居民也早在公元前 6000 年就饲养了猪和鸡，后来还把水牛驯养成家畜。[②] 就这样，农业和畜牧业在世界几个不同的地区分别独立的发展起来了。

与采集狩猎时代人们直接将外能流中适于人类消费的能量直接纳入内能流不同，不论是农业还是畜牧业都是以一种间接的方式利用外能流的能量，即通过生物能量转化器（农作物

---

① E L 史密斯. 农业起源与人类历史——食物生产及其对人类的影响. 农业考古. 玉美，云翔，译. 1990（2）.

② 杰里·本特利，赫伯特·齐格勒. 新全球史. 魏凤莲，张颖，白玉广，译. 北京：北京大学出版社，2007：20.

和牲畜）将外能流中人类不能直接消费的能量形式转化为能够直接消费的能量形式。具体来说，农业是通过种植农作物将太阳能转化为以粮食形势存在的化学能；畜牧业是通过饲养牲畜将植物体内以粗纤维形式存在的化学能转化为在家畜体内以蛋白质、脂肪等形式存在的化学能。虽然仅是食物形成过程中一个微小的改变，但它却是人类进化史上具有划时代意义的大事，人类由此完成了从采食者向生产者的转变。更重要的是，以这种能量转化的方式形成的内能流与通过采集狩猎方式形成的内能流在性质上完全不同。后者是基于生态食物链的能量流动形成的，自然环境是决定内能流的规模、区位的唯一因素，人类自身对内能流的形成完全没有影响；而前者则是人类超脱于食物链之外有意识创造出来的，除了自然环境因素，人类对内能流的形成有了主动影响力。正是借助生物能量转化器，人类极大地拓宽了利用外能流能量的范围，为内能流的扩张留下了广阔的空间，因而人类得以用一种更积极地方式应对环境所带来的生存挑战。

7.2.2 稳定的区域内能流的形成

利用生物能量转化器进行能量转化生产食物带来的第一个变化是稳定的区域内能流的产生，并导致了人们定居生活的开始。通过采集狩猎获取天然能量创造出来的是一个流动性很强的内能流，因此人们必须随着季节变化和兽群迁徙而迁居。而通过有意识地选取那些可作为食物的植物进行集中种植并加以培育，其转化利用太阳能形成的化学能要比这些植物在野生状态下自然形成的多得多。而且，由于人们的参与度更大，因此在同样一块土地上经过能量转化生产的食物要比在自然条件下天然形成的也要有保障得多。这样，人们在一个固定的区域内就能够创造出一个稳定的足够大的区域内能流子系统来保障人体耗散结构对能量的需求，即人们过上了定居生活。可以说，定居生活是通过能量转化进行食物生产的必然结果，正如流浪生活是采集天然食物的必然结果一样。

当然，人们由迁居走向定居并不是一夜之间完成的，而是经过了一个漫长的历史阶段。前面已有论述，在真正的定居开始以前，人类先经过了一个半定居的生活。这是由于农业知识的匮乏，人类最先采用的是一种刀耕火种的游耕农业，由此形成的内能流是一种半固定的区域内能流。这种耕作方法是人们在森林里砍伐树木，然后放火焚烧，再在焚烧过的土地上种植农作物。由于土地上的杂草和灌木经过焚烧都以营养成分回归了土地，这样的土壤异常肥沃，粮食产量很高。但经过一段时间以后，杂草重新侵蚀了土地，土壤的肥力也会逐渐降低。这时，人们就会在另一片土地上再次放火烧荒，准备出一块新的肥沃土地。当旧有土地的地力不能再支撑一个足够大的内能流，从而导致人口能量密度急剧升高时，在能量势差力的推动下，人们就被迫放弃这片土地，举家搬迁到新的居住区，重新开始耕种生活。在这种耕作方式下，人类通过狩猎获取的能量仍占食物链能流的相当比重，通过生物能量转化器进行能量转化获取能量只是对狩猎的一种补充。[①] 因此人们往往只能在一个地方居住一两年，流动性依然很强。

此后，由于土地私有制和国家的兴起，大范围的游耕已不可能了，人们发展出一种轮耕制或休耕制。轮耕制是人们在几块土地上轮流耕种。耕种过的土地会重新回归外能流一段时间（即休耕期），以便让土壤肥力得到恢复。在这种耕作方式下，人们轮番使用地力，在几个居住地间形成一个内能流子系统，人们也随之在几个居住地之间不断迁移。与游耕制相比，土地被摞荒的时间大大缩短了，这就意味着人们转化利用的太阳能大大增加了。人们依靠通过能量转化形成的内能流就能够满足

---

① 王建革. 人口、生态与我国刀耕火种区的演变. 农业考古，1997（1）.

基本的能量需求，狩猎获取的能量在食物链能流中的比例只占很小的比例。虽然人们还是要被迫改变居住地，但已经不必远距离、大规模地迁移了。[①]

采用游耕制和轮耕制都是农业生产技术不发达的表现，生物能量转化器转化固定太阳能的潜力并没有完全发挥出来，依此形成的内能流都是一种半固定的区域内能流，人们也过着半定居的生活。人们完全定居下来是依靠连作制农业生产方法而形成的真正的稳定的区域内能流。连作制农业是人类科技进步的结果。由于铁器和畜力的发明并应用于农业，人们以这些工具中蕴藏的能量为代价，通过把表层土壤翻至于下层来使土壤肥力得以快速恢复。再加上人们懂得了施肥、除草、浇灌的知识，生物能量转化器对太阳能的吸纳率和转化为化学能的热效率获得了大幅度的提升，即区域有效能量获得了大幅度的提升，稳定的区域内能流才真正形成。相应的，人们也就开始了完全定居的生活。

区域内能流的形成对人类的意义不仅限于安定的生活，它还意味着一种新式的、高效的能量流动方式的确立，从而带来了区域有效能量的增长。由于稳定的区域内能流使人们定居下来，不必四处迁徙，制陶、冶金、纺织、建筑技术也开始发展起来，从而极大地带动了内能流规模的扩张。热力学第二定律告诉我们，任何过程都伴随着能够做功的能量向熵的转变，迁移也是这样。迁移本身也是一种极为消耗能量的过程，尤其是在采集狩猎时代，更是对本来就十分弱小的内能流的极大负担。因此，人类为了降低迁移行为的能量消耗，就会尽量避免制造和携带大件物事。在这种状况下，根本不具备以上四项技术发明和发展的条件。只有当一块土地上形成的内能流能够持续满足人们对能量的需求，进而使人们定居下来，人们才会建

---

① 阎万英. 我国古代人口因素与耕作制的关系. 中国农史, 1994（2）.

造更加坚固、舒适的房屋，才会制造并使用大件的金属与非金属工具。而这些技术的发展反过来又将更多外能流的能量纳入了内能流，促进了区域内能流的进一步发展，尤其是技术链能流的极大发展，人们的生活水平（人均有效能量）也随之进一步提高。

7.2.3 生物能量转化器时代的人口分布

7.2.3.1 人口数量增长导致人口密度增加

生物能量转化器带来的第一个显著变化就是人口数量的显著增长。新石器时代的农业革命所带来的人口数量变化给考古学家留下了非常深刻的印象。英国考古学家柴尔德曾根据欧洲的考古发现对此有过这样的描述，"拿北欧那些森林平原来说，冰河时代以后，我们在那些地方，发现散布了许多猎人和渔人的居留地，或沿着海岸，或在浅湖的岸上，或在森林里的沙地上。从这些遗址上搜集得来的遗物，其流传或者需经过两千年，故也仅与一个极小的人口相符合。但到后来，在不过几百年的时间当中，首先是丹麦，然后是瑞典南部、德国北部和荷兰，都为用巨石建造的坟墓所密布了。……末了，仅欧洲一地，应归入新石器时代的人类骸骨，就比整个旧石器时代的要多上好几百倍。何况新石器时代在欧洲至多不超过两千年——较之旧石器时代所占据的时间，还不到百分之一。"① 考古学家和人口学家曾对新石器时代这次人口剧增有过估算，在旧石器时代末期（约1.5万~1.6万年以前），地球上的人口总数大约为300万人，当新石器时代结束时（约4000~5000年以前），地球上的人口快速上升为约5000万人。② 在大约10 000

① V G 柴尔德. 远古文化史. 周进楷，译. 北京：群联出版社，1954：66.
② 斯·伊·布鲁克. 世界人口——民族与人口手册. 周启元，曹文学，左常青，林全盛，译. 乌鲁木齐：新疆人民出版社，1985：2-3.

年的岁月中，地球上的人口增长了近20倍。这一增长速度在今天看来是十分缓慢的，但相对于农业出现以前人口增长近乎于静止的几百万年，这一增长速度就显得十分惊人了。

对于这种现象出现的原因，历史学家和考古学家给出了多种解释，其中包括谷物代替母乳使女性的哺乳期比以前缩短，进而缩短了生育间隔；食物的丰富导致女性初潮年龄比以前提前，妇女的生育期延长了；定居生活减少了男性离家外出的时间，增加了女性妊娠的可能性；老人和孩子不再是游动生活的累赘，经济价值有所提高，从而减少了杀婴和杀害病老现象，等等。[①] 但是，以上所有变化都只是人口对内能流扩张的自然反应，正如采集狩猎时期各种性禁忌、杀婴等现象是对规模有限的内能流的被动适应一样。在未触发人口生育率下降机制的情况下（农业革命所带来的内能流扩张还不足以诱发这一机制产生），生物能量转化器所带来的内能流的扩张会使性禁忌等控制人口数量的措施失去意义，进而带来人口数量的增长。

运用生物能量转化器进行能量转化所带来的人口增长反映到人口分布上就是人口密度的增加。据苏联学者布鲁克的估计，采集狩猎时代，地球上的平均人口密度不超过 0.08~0.1 人/平方千米，到新石器时代结束时，平均人口密度已经上升到了1人/平方千米以上。[②] 正如摩尔根所说的："只有到了这个时候（农业兴起）才可能在有限的地域内容下稠密的人口。在田野农业兴起以前，地球上任何地区都不可能发展到五十万人口而共同隶属于一个政府之下。"[③] 而且，此后随着农业技

---

① 卡罗·R恩伯，梅尔文·恩伯. 食物生产的起源及定居生活. 彭景元，译. 农业考古，1990（2）.

② 斯·伊·布鲁克. 世界人口——民族与人口手册. 周启元，曹文学，左常青，林全盛，译. 乌鲁木齐：新疆人民出版社，1985：2-3.

③ 路易斯·亨利·摩尔根. 古代社会. 杨东莼，马雍，马巨，译. 南京：江苏教育出版社，2005：21.

术的不断改进，生物能量转化器的热效率不断提高，人们在单位土地上创造的内能流不断增长，根据人口能量密度均衡律，其单位土地面积上的人口数量也要随之不断增加。美国经济学家博斯鲁普（E. Bosrup）曾总结了历史上依次出现过的五种农业耕作方式，并认为这五种农业耕作方式都有与之相对应的人口密度（如表7.1所示）。

表7.1　　　　农业耕作方式与对应的人口密度[①]

耕作方式	耕作特征	人口密度
森林耕作制	广泛存在于热带森林地区，恢复次生林植被所需要的休耕期一般为20~30年	8人/平方千米
灌木休耕制	火耕前的植被覆盖不再是森林，而是相对低矮的稀疏灌木和杂草；休耕期为10~20年	10~20人/平方千米
短期休耕制	休耕期内植被为杂草；休耕期一般不超过10年	30人/平方千米以上
连作制	一年种植一茬作物	100人/平方千米以上
复种制	一年内种植几茬作物	250人/平方千米以上

与人口密度增加相对应的是人类群体规模的扩大。一般来说，依靠采集狩猎天然食物所形成的内能流只能支撑20人左右的小群体，[②] 依靠生物能量转化器进行有意识的能量转化所形成的内能流则可轻松地为100人以上的人类群体供应能量。[③] 而在一些自然条件极为优越的地区，一个村落的人口规

① 王建革. 人口、生态与我国刀耕火种区的演变. 农业考古, 1997 (1).
② P N 斯特恩斯, 等. 全球文明史（上册）. 赵轶峰, 等, 译. 北京：中华书局, 2006：9.
③ 弗拉基米尔·卡博. 食物生产经济的起源. 黄其煦, 译. 农业考古, 1988 (1).

模甚至能超过 1000 人。例如，据历史学家估计，公元前 8000 年出现在今天以色列境内死海北边绿洲上的耶利哥，所拥有的居民数就已经达到了惊人的 2000 人。[①]

同样是利用生物能量转化器进行能量转化，单纯依靠游牧在单位面积土地上所形成的内能流则小于农业，其所能支撑的人口规模也要小于农业。据考证，游牧民族出现在公元前 4000 ~ 3000 年。[②] 此后几千年的历史表明，与同时代的农耕民相比，游牧民在地域上的分布更加分散，人口数量往往处于劣势。这是由于畜牧业是通过牲畜转化利用饲草中的化学能，相较于农业直接转化利用太阳能，畜牧业增加了一道能量转化的环节。根据林德曼的十分之一定律，这一转化过程损失的能量将增加 90%，即牲畜的热效率要比农作物约低 90%。相应的，依靠牲畜进行能量转化而形成的内能流也就比依靠农作物低 90%，其所能支撑的人口规模也就相应少 90%。如果将农民和牧民分别放入能量金字塔中，牧民所处的营养级要比农民高一级（这是由其各自使用的能量转化器在能量金字塔中的位置决定的），其人口数自然要比农民少。在人口分布上则表现为牧民要比农民分布得更加稀疏。

同样是由于能量转化环节多而导致能量转化器的热效率较低，形成同样规模的区域内能流和区域有效能量，畜牧业所需要的用于转化固定太阳能的土地面积要比农业大十倍。这就决定了依靠畜牧业不可能形成农业那样规模和强度的区域内能流，牧民只能过着逐水草而居的流浪生活。现代社会，一些国家的"牧民"也过上了定居生活，其原因确实有能量转化器

[①] 杰里·本特利，赫伯特·齐格勒. 新全球史. 魏凤莲，张颖，白玉广，译. 北京：北京大学出版社，2007：24.

[②] 郑君雷，曹小曙. 近东、中东和非洲大陆游牧业起源研究的若干背景资料译介. 农业考古，2005（3）.

的热效率提高的因素（参见表4.2），但更重要的是，牧民以种植牧草代替了天然牧草。这虽然并不能减少能量转化的环节，但却可以降低整个能量转化过程的能量损耗，有利于增加区域有效能量。此外，区域内能流的构成更加多元化，其他来源的能量流的汇入也促进了稳定的区域内能流的形成，进而使牧民能够定居下来。

7.2.3.2 人口空间分布特征

由采集狩猎天然能量过渡到利用生物能量转化器进行能量转化，不但导致内能流规模的扩张，进而导致人口数量的增长，而且能量利用方式的变化还带来了区域内能流在地域空间分布特征的变化，进而导致人口分布特征的变化。

第一，平原地区逐渐成为人口密集区。

根据现有考古发现，在采集狩猎时代，人们主要生活在山地和河谷地带。[①] 由于历史年代久远、考古资料不完整，现在的学者对当时人们的生活状况仍带有很大的猜测成分，但至少我们可以有把握地说，采集狩猎时代的原始居民对平原并没有特殊的偏好。具体到我国来说，就是当时人口主要分布在海拔500~3000米的第二地形阶梯上，第三地形阶梯的人口分布远较第二地形阶梯稀疏。[②] 这种状况出现的主要原因是：在自然状态下，外能流在平原和山区所形成天然食物的数量并没有太大区别，依靠采集狩猎形成的食物链内能流在两地也没有太大差别。然而山区能为原始人提供很多山洞作为藏身之所，这实际上是原始人用这种天然能量形式代替了一部分技术链能流。因此，对采集狩猎居民来说，在形成内能流的潜力上，平原和山区总体上并没有多大差别，甚至山区还更胜一筹。

---

① 郑若葵. 新编世界古代史（2）. 北京：中国国际广播出版社，1996：49.
② 张善余. 人口垂直分布规律和我国山区人口合理再分布研究. 上海：华东师范大学出版社，1996：31-32.

在生物能量转化器时代，情况发生了变化。由于通过集中种植农作物转化利用太阳能会带来一些必要的能量支出，譬如整理土地、播种、施肥、除草、浇水、收割等，与采集、狩猎活动的能量支出在山区和平原没有太大差别不同，为获得相同数量的区域有效能量，人们在利用生物能量转化器进行能量转化过程中所输出的能量，在平原地区要远少于在山区。也就是说，利用生物能量转化器形成的内能流在平原要比在山区具有更高的热效率，从而更易成为区域内能流富集区。这就是为什么进入新石器时代以后，平原地区的人口比重开始逐渐超越山区的根本原因。再加上定居生活使冶金、建筑等技术开始发展起来，内能流中的技术链能流有了快速发展，人类得以摆脱对天然庇护场所的依赖，山区对人们就更没有吸引力了。新石器时代以后，中国的人口分布重心逐渐从第二阶梯向第三阶梯转移，并最后形成平原人口分布密度远高于山区的局面，[①] 这也是对区域内能流在地域空间这一分布变化的反映。

第二，河流两岸、冲积平原、三角洲等地区逐渐成为人口密集区。

生物能量转化器时代，区域内能流分布的另一个变化是河流两岸、冲积平原、三角洲等地区逐渐成为了区域内能流的富集区。事实上，在采集狩猎时代，由于能提供鱼类食物，河流两岸就已经成为了人口相对密集的地区。但是，这只限于河流沿岸，而非整个流域。而到了生物能量转化器时代，如果处于相对适宜的气候带，不但是河流沿岸，而是整个流域都很容易形成区域内能流的富集区。究其原因，同平原地区成为区域内能流的富集区一样，也是由于以上这些地区更有利于人们利用生物能量转化器进行能量转化的缘故。首先，河流两岸的冲积

---

① 张善余. 人口垂直分布规律和我国山区人口合理再分布研究. 上海：华东师范大学出版社，1996：32 - 33.

平原便于人们获得农作物生长所必需的水分，而远离河流的地区则只能靠外能流带来的降水，如果要获得水源保证则要耗费多得多的内能流修建水利设施（这必然要降低内能流的热效率）；其次，河流不但能带来有保障的水源，有的时候还能为生物能量转化器提供更优越的工作条件，进而进一步提高内能流的能量转化效率。例如，尼罗河由于其所处的独特的自然地理条件，每年会很有规律的定期泛滥，这不但为两岸带来了水分的滋养，而且由河流带来的冲积物很有养分，十分有利于作物的生长。这实际上是当地居民利用外能流的能量为土地施了肥，人们只要在河流泛滥的间歇期播种、收获就能够轻易获得较大规模的区域有效能量。[①]

正是由于河流两岸等地区在生物能量转化器时代容易成为区域内能流的富集区，从而为这些地区带来更大的能量通量，进而引发社会系统内部的会聚作用，才把社会系统推向一个更高的组织层次。这在生物能量转化器时代就是阶级、国家的产生。这实际上就是为什么四大文明古国都依托于一条著名的大河而产生的原因。而其中，古代埃及之所以能够率先进入文明社会，并创造出最灿烂的文化，与尼罗河最适于生物能量转化器的能量转化是绝对分不开的。

第三，温带地区逐渐成为人口密集区。

目前所有的考古资料都显示，早期的人类起源于热带或亚热带地区。非洲中部、欧洲的大西洋和地中海沿岸、中国东南部等气候温暖的地区是出土古猿和猿人化石最集中的地区。这种现象的出现绝非偶然，其原因在于，在人类尚未开始使用火、不会用兽皮御寒和修建房屋的时候，热带地区所能提供的天然能量，例如温暖的阳光和一年四季能够方便获得的众多种

---

① 路易斯·亨利·摩尔根. 古代社会. 杨东莼，马雍，马巨，译. 南京：江苏教育出版社，2005：67.

类的野生食物，要比其他地区多。基于这些天然能量所形成的内能流也比其他地区规模大。虽然人类开始使用火以后，人们就开始深入温带生活了，但没有任何资料显示温带的人口数量和人口密度比热带具有明显的优势。当历史的车轮驶入生物能量转化器时代以后，情况发生了变化，世界人口重心开始北移，温带地区的人口明显超过了热带地区。这是由于生物能量转化器在四季分明的温带地区具有更高的热效率，而热带地区虽然太阳能更充沛，但却导致植物蒸腾作用旺盛，再加上水涝严重，土壤肥力容易流失，土地贫瘠和肥力消耗快（火山喷发岩浆地区形成的土壤或冲积平原除外），不利于通过生物能量转化器转化固定太阳能。因此，在生物能量转化器时代，温带地区很容易形成区域内能流的富集区，进而发展成为人口密集区。例如，在原始社会早期和中期的中国，温带地区和热带地区的人口分布并没有表现出明显的不平衡。而从原始社会晚期开始，处于温带的黄河流域的人口数量开始快速增长，迅速拉开了与其他地区的差距。[①]

第四，其他一些能为生物能量转化器提供优越的自然条件的地区也逐渐成为人口稠密区。

前文已有论述，区域内能流在地域空间的分布状况主要受人类科技水平和自然地理条件两个因素的影响。在生物能量转化器时代，虽然不同地区的农民在耕种水平上存在一定差异，但由于他们都主要是依靠生物能量转化器形成内能流，我们可近似认为其所具有的科技水平大致相同。这样，决定区域内能流分布状况，进而决定人口分布状况的因素就主要是作为地域纵轴因素的自然地理条件了。因此，生物能量转化器时代所有的人口分布稠密区都有一个共同的特点，那就是都具有适于生

---

① 胡焕庸，张善余. 中国人口地理（上册）. 上海：华东师范大学出版社，1984：3.

物能量转化器工作的自然条件。除了以上三类地区，地球上某些适于生物能量转化器工作的地区也可能成为区域内能流的富集区。例如，地处热带的爪哇岛，由于千万年来火山喷发留下的火山灰在山间盆地不断沉淀、堆积，由此生成的土壤特别肥沃，非常适合农作物生长。[①] 因此，在生物能量转化器的帮助下，爪哇岛也极容易成为区域内能流富集区。长期以来，爪哇岛能够以只占印度尼西亚 7% 的国土养育了 70% 以上的人口，也正是由于生物能量转化器在其极为优越的自然条件下，能够形成比其他地区大得多的区域内能流和区域有效能量的缘故。

第五，城市以一种高密度的人口聚集形态出现，并不断扩张。

正如前文所分析的，稳定的区域内能流无法在采集狩猎时代形成，因此人们也就无法定居下来。城市，这种高密度的人口聚集形态出现在生物能量转化器时代，此后城市数量和城市所容纳的人口不断增加，并成为那个时代独特的人口分布现象（相对于采集狩猎时代而言的）。

与过去所有地区的区域内能流不同，在城市内能流中，技术链能流从一开始就占有相当大的比重。单纯依靠生物能量转化器转化利用太阳能所形成的食物链能流只能支撑一个相对较小的人口聚集体——聚落，而不足以产生考古学意义上的城市，形成聚落的区域内能流只有在有其他能量流汇入的情况下才能进一步发展成为城市内能流。而由制陶、冶金、纺织、建筑等手工业的出现所带来的技术链能流则是构成城市内能流的重要补充。因此，在城市内能流中，技术链能流始终占有相当大的比重，不但为城市居民提供用于主旨消费的能量，而且提供用于辅助消费的能量。根据人口能量密度均衡律，人均有效能量的增长必然会通过人口自然变动和迁移变动反映在人口数

---

① 潘悦容. 爪哇古人类. 化石，1979（2）.

量上，这样，在有限的地域范围上就聚集了大量的人口，考古学意义上的城市就形成了。

　　城市形成伊始，其规模还很小。我国长江流域和黄河流域发现的最古老的城市遗址——湖南澧县城头山城址、河南郑州西山城址、山东滕州西康留城址的占地面积分别只有 7.6 万、3.4 万和 3.5 万平方米，仅与一些大型聚落的规模相仿。[①] 此后数千年间，随着科技水平的进步，城市内能流的初始量和能量转化的热效率都有较大发展，再加上在城乡能量交换不等率的推动下，城市内能流和有效能量一直处于不断扩张中。与此相适应，城市无论是在占地面积上还是所容纳的人口上都有较大增长。尤其是在行政力量的推动下，一些大帝国的都城，例如古罗马的罗马城，我国汉、唐时期的长安，形成了规模异常强大的城市内能流，以至达到了方圆数十平方千米、人口上百万人口的惊人规模。

　　除了城市规模的扩大，城市的发展还体现在社会系统的进化上。根据广义进化综合理论，由于区域内能流的扩张在城市系统内形成了较大的自由能通量，进而引发了系统内部的会聚，城市社会的组织结构跃上了一个新的层次，其表现就是新的阶级、阶层和职业的出现。在埃及、美索不达米亚和印度，与城市同时出现的是祭祀、王公、书记、官吏、工匠、士兵等新兴的社会阶层和职业。[②] 社会结构的复杂化一方面改变了城市耗散结构系统的能量耗散方式，另一方面也为城市系统结构的进一步发展提供了更大的结构和功能变异域。这些从事新职业的人们在文字、青铜器、铁器等新式能量转化器的帮助下，又促进了城市技术链和信息链能流的进一步扩张。随着城市系

---

　　①　吴春明. 史前城市的考古新发现与中国文明的起源. 厦门大学学报（哲学社会科学版），1999（3）.

　　②　Ｖ Ｇ 柴尔德. 远古文化史. 周进楷，译. 北京：群联出版社，1954：133.

统的自由能通量的增加,城市社会系统又开始在这一组织层次上会聚,进而向更高组织层次跃升。就这样,社会结构简单的原始城市一步步发展成为社会结构复杂的现代城市。

7.2.4 生物能量转化器时代的人口迁移

生物能量转化器的使用不但导致了人口静态分布发生变化,而且也引发了具有生物能量转化器特征的人口迁移流。概括地讲,生物能量转化器时代的人口迁移主要有如下几个特点:

第一,以集团分裂代替举族迁移。

在采集狩猎时代,由于稳定的区域内能流无法通过猎取天然食物形成,人们只能过着不断迁徙、流浪的生活,其特征是这个小群体的所有成员都从一个营地搬迁到另一个营地。进入生物能量转化器时代以后,随着稳定的区域内能流逐渐形成,人们的生活开始稳定下来,新的人口聚集形态——村庄开始出现。但是,在农业刚刚产生的时期,由于野生植物在刚刚被驯化以后,其固定和转化太阳能的效率是很低的(如图4.4所示),再加上人们耕作水平也很低,因此,单位面积土地上转化形成的内能流要远小于现代农业。人们不得不依靠一种包含天然能量和转化能量的混合内能流来维持生存。这不但决定了区域内能流稳定性很差,人们被迫处于半定居状态,而且也决定了区域内能流规模很小,所能负担的人口规模很有限。当定居生活带来人口增长速度加快时,人们很快就会通过人均有效能量的下降感受到能量势差力的压力。这时,与采集狩猎时代不同,由于通过能量转化方式能够在一个地区形成稳定的区域内能流,因此人们不必像过去那样举族全部搬离,而只要将相对于区域内能流过剩的人口迁出就行了。这样,人们迁移的方式就从举族搬迁转变为了集团分裂。柴尔德曾在《远古文化史》一书中对新石器时代的集团分裂式人口迁移有过这样的描述，"在现代耕种庭园的代表中间，人类学家看到那些村落有一种行将分裂的趋势。有些年轻的男子，带着他们的妻子，另去自建一个新村庄。……这种情形，当原来的村子人已很多、而其最邻近的土地又都已被用过了时，就有其必要了。"[①]

第二，政治力量驱动的人口迁移逐渐增加。

到了生物能量转化器时代的中后期，随着具有军事职能的部落联盟和阶级国家的建立，由政治力量所驱动的人口迁移现象逐渐增多。看看中世纪的欧洲，与对外征战和王朝兴替结合在一起的民族大迁移就会对这种人口迁移现象留下深刻的印象。与其他的人口迁移现象相比，由政治力量驱动的人口迁移具有严密的组织性，似乎是统治阶级意志的体现。但是，这种人口迁移并不像其看起来的那么简单，其背后还有比人们对财富和权力的贪欲更深层的原因。根据最新的研究成果，中世纪欧洲的民族大迁移是气候变化的结果。在希腊—罗马年代（公元前 700~60 年），欧洲处于一种被称为"小气候最适期"的时代，大部分地区气候温和，十分有利于农业生产。到了公元元年前后，欧洲气候开始恶化，北欧更冷湿的年份越来越多，耕种季节变得越来越短，收获越来越少。[②] 可见，当时欧洲气候的变化使生物能量转化器失效，进而引发了北欧地区区域内能流的大幅缩减。而区域内能流的大幅缩减必然导致推力型能量势差力的产生，从而推动人口向气候温暖的南方迁移，并引发了与罗马帝国的冲突。在我国历史上，中原农业文明与北方游牧部落的冲突也明显与气候的变化特征相吻合。[③]

---

① ＶＧ柴尔德. 远古文化史. 周进楷, 译. 北京: 群联出版社, 1954: 89-90.

② 许靖华. 太阳、气候、饥荒与民族大迁移. 中国科学（Ｄ辑），1998（4）.

③ 许靖华. 太阳、气候、饥荒与民族大迁移. 中国科学（Ｄ辑），1998（4）.

　　人口大规模的迁入必然会加大迁入地内能流的压力，从而引起人口能量密度的上升。尤其是在内能流规模相对弱小的生物能量转化器时代，由政治力量驱动的人口迁移流规模更大、势头更猛、方向更单一，对迁入地的内能流压力更大。因此，由迁入者形成的社会系统在初期往往很不稳定，甚至陷入战乱。例如，公元376年，日耳曼部落中的一支——西哥特人渡过多瑙河，进入了今天保加利亚的麦西亚地区。大量人口的迁入本来就使麦西亚的区域内能流捉襟见肘了，罗马帝国的压榨（通过税收、地租等形式产生向外的能量流）则更是直接威胁到了人们的生存，西哥特人被迫奋起反击罗马帝国的统治，从而拉开了日耳曼民族大迁移的序幕。①

　　与欧洲历史上这种先迁入再创造稳定的区域内能流不同，中国的统治者创造了一种先创造稳定的区域内能流再迁入的独特的人口迁移方式——屯田。这种人口迁移方式是，首先由戍边的军人、谪戍的犯人或政府招募的流民在无主的荒地开垦耕地，并建造必要的基础设施，然后再有步骤地招募民户大规模的迁入。② 由于在迁入地已经形成一定规模的区域内能流，而且人口又是逐渐迁入的，因此，屯田不会导致社会动荡，并能够使移民在迁入地扎下根来，从而有效改变人口分布状况。而屯田失败的情况则主要是由于选址错误等原因使稳定的区域内能流无法建立起来导致的。例如，历史上我国曾在新疆的沿河、湖边地区设置屯田，但由于沙害严重，风沙堆积会造成河流改道，依靠生物能量转化器无法创造稳定的区域内能流，因此很难在这些地区形成人口聚集区。③

---

　　① M M 波斯坦. 剑桥欧洲经济史（第一卷）. 朗丽华，黄云涛，常茂华，等，译. 北京：经济科学出版社，2002：24-25.

　　② 宋海斌. 西汉移民屯田与古罗马土地政策之比较. 中央民族大学学报（哲学社会科学版），2003（3）.

　　③ 田方，陈一筠. 中国移民史略. 北京：知识出版社，1986：28.

第三，与采集狩猎时代一样，人口迁移主要是推力型和混合型人口迁移。

虽然使用生物能量转化器进行能量转化带来了区域内能流和区域有效能量的迅速扩张是人类发展史上的一大进步，但通过生物能量转化器形成的能量流仍主要是食物链能流，内能流规模和结构仍比较原始，稳定性较差。如果由于某种原因导致区域内能流缩减，就会导致这一地区人口的外迁。因此，与采集狩猎时代一样，在生物能量转化器时代，人口迁移也主要表现为推力型和混合型人口迁移。这种由推力型或混合型能量势差力推动的人口迁移，在历史上一般是以两种面目出现的——征服者和乞食者。在一定程度上我们可以把政治力量驱动的人口迁移看成是征服者的人口迁移，而乞食者一般被历史学家称作"亡人"或"流民"。

在我国历史上，各个朝代都有"流民"现象出现，只不过发生的频率和程度不同而已。对于"流民"现象出现的原因，人们有不同的解释，概括起来主要有赋税繁重说、自然灾害说、政府救灾政策失误说、生态环境恶化说等。这些解释的背后都是区域内能流的缩减，只不过自然灾害和生态环境恶化通过生物能量转化器作用于区域内能流，而赋税则是直接作用于区域内能流而已。对于这种因推力型能量势差力而离开居住地的"流民"，通过户籍法、连坐法、保甲法等古法是无法达到"禁迁徙、止流民"的目的的，根治"流民"问题的方法只能是恢复"流民"迁出地的区域内能流。例如，汉武帝时期，针对当时"流民"大增的问题，汉武帝通过整治漕渠、兴修水利、减轻赋税等政策，使关中、渭河平原等流民严重地区的区域内能流得到了恢复，有效减少了"流民"的产生，使这些地区成为了人民口中"且溉且粪，长我禾黍；衣食京师，亿万之口"的丰饶宝地。①

在西方，英国都铎王朝（1485—1603 年）和斯图亚特王朝（1603—1714 年）早期也出现过严重的"流民"问题。与中国的"流民"由多种因素导致不同，英国的"流民"问题主要是由于圈地运动引起。② 当时英国正处于工业革命的前夜，通过生物能量转化器转化利用太阳能还是人们获取能量的主要方式。贵族和新兴的资产阶级为了发展纺织业，圈占了大量农民的土地用于牧羊。但从食物链能流来看，由于羊的能量转化环节要比农作物多一道，根据林德曼的十分之一定律，羊转化形成的能量大约只有农作物的十分之一。因此，圈地运动实际上增加了整个社会系统的能量转化环节，大大降低了区域内能流的热效率，进而增加了农村地区的人口能量密度，推动农民离开土地流入城市。可见，与中国历史上"流民"产生的原因一样，圈地运动导致的农村区域内能流大幅缩减才是英国"流民"产生的根本原因。

第四，由农业技术进步所带来的人口迁移。

人类社会的进步是由社会系统内部能量通量的扩张导致的。在生物能量转化器时代，内能流的扩张主要是通过农牧业生产技术的进步和生物能量转化器热效率的提高达到的，即人类社会系统和农业生态系统的协同进化。在生物能量转化器时代，由于社会系统内部的能量流增量尚不足以触发生育率下降的机制，由耕种技术和物种进化所引起的区域有效能量的扩张一般不会导致人口迁移的发生，人口的自然增长会抹平地区之间的人口能量密度差。但是，有的时候通过引种太阳能合成效

---

① 陈金凤. 汉武帝时期的流民问题及其解决方式论析. 咸阳师范学院学报，2007（5）.

② 尹虹. 近代中英流民问题产生原因之比较. 华南师范大学学报（社会科学版），2007（4）.

率高很多的作物新品种也会使人口能量密度骤然降低，从而吸引外部人口的迁入，改变人口分布状况。例如，宋朝真宗年间，我国从越南引入了生长期更短的占城稻，使长江以南地区实现了一年多次套种，① 极大地促进了这些地区的区域内能流扩张，从而吸引了中国北方的大批移民迁入，② 并由此导致中国的人口重心开始转向东南半壁。

　　高效率生物能量转化器的使用不但会导致人口水平分布的改变，还会带来人口垂直分布的变化。清朝中叶开启的"康乾盛世"使中国人口激增，康熙五十年（1711 年）前后达到了 1 亿，乾隆二十七年（1762 年）超过了 2 亿，乾隆五十五年（1790 年）又超过了 3 亿。③ 人口数量的快速增长使各地区人口能量密度迅速上升。一方面，人口能量密度高的地区通过自发向外迁移来释放人口对内能流的压力。这在北方主要是向"封禁"的东北迁移，在南方主要是向东南亚迁移。另一方面，人们也采取各种办法来提升区域有效能量，降低人口能量密度。例如，乾隆年间就严禁民间造酒，以减少能量转化环节，增加区域有效能量。④ 此外，就是大规模地引进、推广太阳能合成效率高的作物新品种，以增加区域有效能量。在当时，玉米已经从东南亚传入我国，但在清代以前，由于人口对内能流的压力不大，加之玉米毕竟是粗粮，人们没有吃玉米的

---

　　① 国际水稻研究所 . 水稻对人类文明和人口增长的影响 . 张德慈，虞文霞，译 . 农业考古，1988（1）.

　　② 注：虽然有北方战乱和自然灾害的推力，但南方能够容纳这些外来移民主要是依靠生物能量转化器热效率的提升所带来的区域内能流的扩张。

　　③ 何清涟 . 中国近代农村经济破产和人口压力的关系 . 中国农史，1987（4）.

　　④ 何清涟 . 中国近代农村经济破产和人口压力的关系 . 中国农史，1987（4）.

膳食习惯，因此种植的区域并不很广。[①] 清代由于人口增长过快，玉米的太阳能合成效率高、适应能力强（山地亦能生长）的优势逐渐凸现，人们开始在山区大量引种。19 世纪初纂修的《建始县志》中曾有记载，"邑境山多田少，居民倍增，稻不足以给，则于山上种包谷、洋芋、荞麦、燕麦或蕨蒿之类。深林剪伐殆尽，巨阜危峰，一望皆包谷也"。[②] 山区的区域内能流扩张必然会带来人口的流入。这些吃住在山上、以种植玉米为生的人被称为"棚民"。《安徽徽州府志》曾记载了当时人们垦山种植玉米的盛况，"查徽属山多田少，棚民租垦山场。……垦地成熟，布种苞芦，获利倍徒，是以趋之若鹜。"[③] 在玉米这种合成效率很高的生物能量转化器的帮助下，中国很多地区都实现了人口垂直分布的逆转，从而在一定程度上改变了自生物能量转化器时代以来人口分布的平均海拔高度不断降低的趋势。

7.3 非生物能量转化器时代
（工业革命至当代）

如果说生物能量转化器时代是食物链能流大爆发的时代，非生物能量转化器时代则是技术链能流和信息链能流大爆发的时代。在技术链能流和信息链能流扩张的带动下，人类社会内能流经历了一条不寻常的发展、扩张的道路，并引起了人口在

---

① 章楷，李根蟠．玉米在我国粮食作物中地位的变化——兼论我国于民玉米生产的发展和人口增长的关系．农业考古，1983（2）．
② 章楷，李根蟠．玉米在我国粮食作物中地位的变化——兼论我国于民玉米生产的发展和人口增长的关系．农业考古，1983（2）．
③ 章楷，李根蟠．玉米在我国粮食作物中地位的变化——兼论我国于民玉米生产的发展和人口增长的关系．农业考古，1983（2）．

地域空间分布状况的剧烈变化。

7.3.1　利用非生物能量转化器进行能量转化以形成内能流

在生物能量转化器时代，人类社会内能流的构成主要是食物链能流，技术链能流和信息链能流只占很小比例。这是由于在当时，整个社会的能量转化通道是围绕生物能量转化器形成的，而非生物能量转化器在能量转化过程中只是起到对生物能量转化器的辅助作用。我们举例说明这一点。公元前3000年左右人类就掌握了铁矿冶炼和铸造铁器的技术，但是，除了作为消费品直接被人类消费的铁制品（如铁制武器），其他作为能量转化器的铁制品中相当大一部分是斧头、锄头、犁、水车等铁制农具。这些铁制农具之所以会取代石器和青铜器，是因为在农业生产中使用这些能量转化器进行能量转化的效率要比使用石器和青铜器高，更加节省人体输出的机械能。这样，在农业生产中，凝结在这些铁制农具上的形式能就通过生物能量转化器的能量转化过程汇聚到了食物链能流中了。除了铁矿和铁制品以外，农业时代的其他非生物能量转化器也基本上是围绕生物能量转化器工作的，其转化的能量也都成为了食物链能流的一部分。因此，在生物能量转化器时代，人类社会内能流中的技术链能流和信息链能流相对于食物链能流都很弱小。

18世纪以来，由英国发起进而席卷全球的工业革命彻底改变了这种状况，人类社会由此迎来了技术链能流和信息链能流急速膨胀的非生物能量转化器时代。历史学家一般将蒸汽机的发明视为工业革命开始的标志。他们是从蒸汽机开启了机器广泛使用之门，以及对工业文明的巨大意义而赋予蒸汽机这一历史地位的。如果从能量的角度来看，蒸汽机更是当之无愧地开启非生物能量转化器时代的里程碑。

　　与其他形式的能量相比，热能是一种熵值较高的能量①。根据热力学第二定律，其他低熵值的能量（例如机械能）能够自发地转化为高熵值的热能，而高熵值的热能则不能自发地转化为其他低熵值的能量。在人类社会中，姑且不论其热效率，生物能量转化器由于其具有独特的生物本领，可以将熵值高的能量形式转化为熵值低的能量形式，例如小麦可以将熵值高的太阳能转化为熵值低的化学能，牛可以将熵值高的化学能转化为熵值低的机械能。但是，在蒸汽机发明以前，除了生物能量转化器以外，人类所掌握的非生物能量转化器要不然是用熵值低的能量形式转化为其他熵值低的能量形式加以利用，例如帆船将风能转化为动能；要不然是将熵值低的能量形式转化为熵值高的能量形式加以利用，例如燃烧煤炭将化学能转化为热能，人类是不具有将熵值高的能量形式转化为熵值低的能量形式的非生物能量转化器的。相应的，在人类社会内能流中，内部的技术链能流和信息链能流的能量转化也都是从低熵值的能量形式转化为熵值高的能量形式。这样，由于受能量转化手段的限制，一些在地球上以存量形式存在的能量形式就不能得到大规模利用。蒸汽机的发明和使用彻底改变了这种状况。作为人类掌握的第一个可以将热能转化为机械能的非生物能量转化器，蒸汽机就像是一把开启外能流能量宝库的钥匙，为内能流的扩张提供了无限广阔的空间。我们以煤炭为例，在蒸汽机发明以前，煤炭的用途十分单一，人类只能通过燃烧把煤炭中的化学能转化为热能加以利用。而蒸汽机发明以后，人类就能够通过蒸汽机把煤炭燃烧释放出来的热能转化为机械能，然后将机械能用于进一步的能量转化或者被直接消费。这样，煤炭的用途就无限扩大了。随着无数种像蒸汽机这样的能量转化器的发明和使用，人类能够加以利用的外能流能量形式越来

①　指狭义的能量。

多，技术链能流和信息链能流开始突飞猛进，人类也就进入了非生物能量转化器时代。

7.3.2 非生物能量转化器时代的人口分布

7.3.2.1 人口增长导致人口密度进一步增加

与生物能量转化器一样，蒸汽机等新型非生物能量转化器的使用也通过人类社会内能流的扩张促进了世界人口数量的增长，而且，其速度和势头比生物能量转化器时代来得更加猛烈（参见图 5.6）。根据人口学家的估计，1700 年，世界人口总数约为 6.41 亿。[①] 此后经过 300 年的增长，到 2000 年，世界人口总数已经达到 60.57 亿，[②] 比 1700 年增长了近 10 倍。与生物能量转化器时代世界人口用 10 000 年的时间增长近 20 倍的速度相比，非生物能量转化器时代是生物能量转化器时代的 16 倍。这一速度虽然很令人震惊，但还不能代表这一期间人类社会内能流扩张的速度。因为在生物能量转化器时代，世界上大部分人的生活水平只能在温饱线上下波动。而当今世界绝大部分人口已经摆脱了饥饿的困扰，人均有效能量已非生物能量转化器时代可同日而语。可见，在这 300 年间，人类社会内能流是以比人口增长更快的速度扩张的。需要说明的是，也正是由于在这一历史阶段一些国家的人口有效能量实现了爆发式增长，从而引发了生育率下降的机制，人口增长速度开始趋缓。

由于地球表面的陆地面积是一定的，而且早在生物能量转化器时代早期人类就已经遍布五大洲了，因此，世界人口数量的迅速攀升必然带来人口密度也相应大幅提高。1700 年，世界平均人口密度大约为 4.1 人/平方千米。到了 2000 年，世界

---

① 潘纪一，朱国宏. 世界人口通论. 北京：中国人口出版社，1991：68.
② 张善余. 世界人口地理. 上海：华东师范大学出版社，2002：1.

人口平均密度已经达到了 45.7 人/平方千米了。[①] 可以说，当今世界人口的稠密程度是前所未有的，而且这种趋势仍在继续。

由于人口分布的不均衡，世界人口平均密度并不能为我们提供太多的人口分布信息。而且，人类能量转化器的升级使自然环境对区域内能流的制约作用更弱，相应的，人类居住的自由度也就更大了。从人类的聚居形态来看，当今世界人们既可能生活在人口密度高达每平方千米千人以上的大都市，也可能生活在每平方千米不到一人的偏远农村。可以说，能量转化器的升级在带来人口增长的同时，也加剧了人口分布的不均衡。

7.3.2.2　人口空间分布特征

人类社会内能流的变化必然会带来人口空间分布的变化，非生物能量转化器时代的人口分布也有其独特的特征。

首先，矿产资源丰富的地区开始成为人口稠密区。

在工业革命以前，人类主要是通过生物能量转化器转化利用太阳能以形成区域内能流，因此，那些适于生物能量转化器工作的地方就很容易成为区域内能流的富集区，进而成为人口稠密的地区。例如，冲积平原、河流两岸等地区。虽然各种金属与非金属矿藏、煤炭、石油、天然气早在人类产生以前就已经在地球上形成了，但由于缺少有效利用这些形式能量的能量转化器，这些形式的能量要么只有很少一部分被人类纳入内能流，要么就干脆只能参与外能流的能量流动。相应的，那些矿产资源丰富的地区也就无法形成规模较大的区域内能流以容纳大量的人口。

工业革命以后，能够利用这些形式能量的能量转化器终于被人类找到了。这些过去在外能流流动的能量开始源源不断地被人类纳入技术链和信息链能流，极大地促进了矿产资源产地

---

① 根据有关数据推算。

的区域内能流的扩张。更重要的是，与以流量形式存在的太阳能不同，这些形式的能量都是以存量形式存在的。在一定时间内（资源耗竭以前），人类开发利用这些能量是不受能量供应限制的。只要能量转化器数量够多、能量转化效率够高，这些地区就很容易快速形成强大的区域内能流，进而吸引大量人口迁入而形成人口稠密区，这种情况在生物能量转化器时代是不可能出现的。例如：英国的伯明翰地区、德国的梅泽堡区和鲁尔区、法国的里尔区、美国宾西法尼亚等地区在生物能量转化器时代都是名不见经传的小地方。然而，工业革命以后，这些地区以煤炭的形式蕴藏的丰富的能量被人类吸纳入了区域内能流，从而迅速繁荣了起来。现在，以上地区仍是这些国家人口最稠密的地区之一。波斯湾产油国的情况更是如此。由于波斯湾地区属于热带沙漠气候，气候炎热、降雨稀少、蒸发旺盛，不适于人类通过生物能量转化器转化利用太阳能来形成区域内能流，历来都属于人口极度稀少的地区。第二次世界大战以后，随着大量石油资源的发现和开发，波斯湾地区的区域内能流急剧膨胀，吸引区外人口大量迁入，从而使该地区人口密度比以往大大提高了。

这里需要说明的是，即便在非生物能量转化器时代，一个地区的资源也并不意味着一定会融入本地区的区域内能流，即矿产资源丰富的地区并不一定成为区域内能流的富集区。这是由于内能流是在能量转化和耗散过程中形成的，也只有在内能流的能量转化和耗散过程中，才能形成人们赖以为生的区域有效能量。如果矿产资源中蕴藏的能量并不在资源产区释放，就不会融入这一地区的区域内能流，进而不会对本地区的人口聚集起到作用。

一般来说，矿产资源就近进行能量转化会有更高的热效率，这也是矿产资源丰富的地区在非生物能量转化器时代容易成为人口稠密区的原因。但在两种情况下也会发生资源异地转化的情况，即殖民掠夺和不等价的能量交换。前者是军事强势国家依靠军事后盾公开的从殖民地劫掠了一部分区域内能流能量；后者则是经济强势国家依靠能量交换不等律暗地从原料出口国"劫掠"了一部分区域内能流能量。表 7.2 是美国生态学家奥德姆估算的一些国家或地区的能值—货币比率。表 7.2 中总能值用量表示一个国家经济活动所耗费的所有能量①，用其除以国民生产总值得到的商就是能值—货币比率，表示单位货币所能购买到的真正财富（能量）的能力。② 从表 7.2 中可以看出，所有发达国家的能值—货币比率都小于 1，而发展中国家则都大于 1。发达国家和发展中国家进行国际贸易的结果就是，发达国家用较少的能量换取了发展中国家较多的能量，发展中国家资源产区的内能流被发达国家"掠夺"走了一部分，而没能形成本地区的区域有效能量。

由于原材料和制成品之间能量交换不等律的存在，原料出口国很难形成强大的区域内能流。我们看现实世界，以原材料为主要出口产品的国家或地区有可能很富裕，如科威特、沙特阿拉伯、澳大利亚等；也可能人口很多，如尼日利亚、巴西等。但这两种情况不可能在同一个国家同时出现。因为以能量转化的初级产品去交换其他形式的能量是不可能的，或者说很难使一个地区的区域内能流发展到足以支撑大量人口享受富裕生活的程度的。

---

① 狭义能量。
② 霍华德·T 奥德姆. 繁荣地走向衰退——人类在能源危机笼罩下的行为选择. 严茂超，等，译. 北京：中信出版社，2002：121.

表7.2　一些国家或地区的经济活动与能值—货币比率①

国家或地区	总能值用量 （×10²²太阳 能值卡/年）	国民生产总值 （×10⁹ 美元/年）	能值/货币 （×10¹²太阳 能值卡/美元）
利比亚	1.1	1.34	8.2
中国	171.8	376.0	4.6
多米尼加	0.017	0.075	2.3
厄瓜多尔	2.2	11.1	2.1
巴西	42.6	214.0	2.0
印度	16.1	106.0	1.52
澳大利亚	21.1	139.0	1.52
波兰	7.9	55.0	1.44
苏联	103.0	1300.0	0.79
美国	199.0	2600.0	0.76
新西兰	1.88	26.0	0.72
德国	41.8	15.0	0.58
荷兰	8.8	166.0	0.53
西班牙	5.0	139.0	0.36
瑞士	1.75	102.0	0.17
日本	36.6	3060.0	0.12

　　其次，城市逐渐代替农村，开始成为容纳人口最多的聚集形态。

　　在非生物能量转化器时代，人口空间分布的另一个显著变化就是在城市生活的人口越来越多，农村人口逐渐减少。人口

---

　　① 霍华德·T 奥德姆. 繁荣地走向衰退——人类在能源危机笼罩下的行为选择. 严茂超，等，译. 北京：中信出版社，2002：122.

空间分布的这一转变一般被称为人口城市化。在这里，我们暂时不考虑导致这一人口空间分布变化的人口迁移过程（将在后文作详细讨论），单从人口静态分布角度来看，城市逐渐取代农村成为容纳人口最多的聚集形态实际上是人类社会内能流内部构成发生变化的结果。

在人类社会内能流中各种形式的能量基本上沿着食物链、技术链和信息链这三条路径进行流动转化的，从而构成了食物链能流、技术链能流和信息链能流三条能量支流。在生物能量转化器时代，人们主要依靠生物能量转化器转化利用太阳能以形成内能流，这就决定了在构成内能流的三条重要支流中食物链能流占重要地位，而技术链能流和信息链能流规模相对较小。太阳能是一种以流量形式存在的能量，生物能量转化器的生物特征又决定其对土地有极强的依赖性。因此通过生物能量转化器转化利用太阳能形成的区域内能流在地域空间上必然是相对分散的，较难在有限的空间范围内形成规模较大的区域内能流。这就决定了在生物能量转化器时代，人口分布也必然是相对分散的，不但城市的数量较少，而且规模也很小，人们主要生活在农村。

工业革命以后，非生物能量转化器的大规模使用使人类摆脱了对太阳能的依赖，煤炭、石油、天然气等过去在外能流流动的能量大量进入内能流。这些能量虽然有一部分进入了食物链能流，促进了食物链能流的扩张。例如为农作物施用化肥、杀虫剂等。但是，这些能量的绝大部分进入了技术链和信息链能流，从而导致了技术链和信息链能流的迅速的、大幅度的扩张。更重要的是，非生物能量转化器转化利用的各种形式的能量不像太阳能那样均匀洒布在地球表面，而且非生物能量转化器也不像生物能量转化器那样严重依赖土地，可以集中在一起进行能量转化。再加上非生物能量转化器转化利用的能量大部分是以存量形式存在的，具备在短期内迅速扩张的条件，这些都决定了内能流结构的这种变化必然导致规模强大的区域内能流的大规模涌现，反映在人口空间分布上，就是城市和城市人口的增多。

技术链能流和信息链能流迅速扩张导致的内能流构成变化，不但使城市增多了，而且使城市变大了。在生物能量转化器时代也曾经出现过古罗马、长安这样的占地数十平方千米、人口上百万的巨型城市。但支撑这些巨型城市运转的区域内能流，并非是依靠本地区的能量转化器进行能量转化形成的，而是依靠行政手段将本区域之外的一部分内能流纳入了本区域而形成的。这就决定了这种巨型城市只能是极个别的，生物能量转化器时代的大部分城市一般只有几千人到几万人。而且一旦强大的帝国衰落了，这些城市也就随之萎缩了。非生物能量转化器时代就不同了。非生物能量转化器的特点（对土地没有依赖、转化的能量是以存量形式存在的）决定了依靠本区域内的非生物能量转化器形成的技术链和信息链能流就完全能够形成一个强大的区域内能流，从而形成一个人口百万级，甚至千万级的大城市。这也是为什么现代城市要普遍比古代城市大一个数量级的原因。

随着城市的扩大，西方经济发达国家不同程度地出现了逆城市化的趋势。所谓逆城市化并非是人们从城市重新回到农村居住，而是城市中心区人口向城市郊区（尤其是大城市郊区）和城市周边的小城镇迁移，其实质是人口分布的郊区化。[①] 从区域内能流的角度来看，逆城市化并不是农村内能流比城市内能流更具有优势的表现，而应被看成是城市区域能流规模扩张及其空间边界扩大的结果。我们知道，区域内能流规模的扩张不但表现在其结构的升级，而且表现在空间边界的扩大，尤其是信息链能流的扩张更是如此。这是由于与其他形式的能量相

---

① 郑卫，李京生. 论"逆城市化"实质是远郊化. 城市规划，2008（4）.

比，信息具有这样一个特点：传递信息所耗费的能量要比创造它少得多，即所谓"复制信息比生产它省时省力"①。这样，信息链能流在空间流动转化所损耗的能量就不像食物链能流和技术链能流那样敏感。当进入后工业化时代，服务业成为城市经济的支柱产业以后，随着信息链能流在城市内能流中所占比重的上升，城市区域内能流的空间边界就大大扩展了，从而带来了人口分布的相应变化。而与逆城市化相伴而生的社会阶层在居住空间上的分化，则是城市内能流子系统能量通量扩大所导致的系统结构复杂化的外部表现。

再次，在一些极端气候条件地区也开始有人口常住。

由于生物能量转化器的运转需要适宜的自然气候条件，因此在地球上一些极端气候条件地区，例如南北极、沙漠等地区，是不可能依靠生物能量转化器形成区域内能流的。因而这些地区也就不可能有大量人口分布，甚至根本就是地道的无人区②。相较于生物能量转化器，非生物能量转化器的工作条件就要宽泛得多。虽然恶劣的自然气候条件会增加非生物能量转化器运转的能量损耗，从而降低内能流的热效率，但毕竟能够形成稳定的区域内能流，进而带来一定的人口分布。因此，我们看到工业革命之后南北极、沙漠等过去鲜有人迹的极端气候地带也开始有人口常住，甚至出现了一些大型的城市。例如，北极圈内的摩尔曼斯克、美国内华达州莫哈韦沙漠里的拉斯维加斯等等③。可见，非生物能量转化器赋予了人类选择居住地更大的自由度。

除了利用本地区的能量转化器形成区域内能流，完全通过

---

① 霍华德·T奥德姆. 繁荣地走向衰退——人类在能源危机笼罩下的行为选择. 严茂超，等，译. 北京：中信出版社，2002：95.
② 爱斯基摩人依靠采集狩猎方式在北极圈内居住，但人口很少。
③ 拉斯维加斯位于内华达莫哈韦沙漠中的一个小绿洲中，但依靠生物能量转化器是无法形成人口百万级的区域内能流的。

区外的能量输送也能形成一定规模的区域内能流。但是这种方法会增加能量的转化环节，降低内能流的热效率。因此，这种方法不但以货币衡量是不经济的，在能量上也是不经济的。其结果就是以较大的能量耗费为代价却只能形成较小规模的区域有效能量。而且自然气候条件越恶劣，内能流的热效率就越低。在生物能量转化器时代，受技术水平的限制，远距离输送能量往往伴随着大量能量损耗。据《史记》记载，秦始皇时，"欲攻匈奴……使天下飞刍挽粟，起于黄腄、琅邪负海之郡，转输北河，率三十钟而至一石。"以每钟为 6 石 4 斗计算，就是从"黄腄、琅邪负海之郡"起运 192 石粮食到"北河"，只能到 1 石。[①]如此巨大的能量损耗使当时弱小的内能流根本无法承担远距离的能量输送，更遑论向自然气候恶劣地区输送能量的热效率了。这就决定了在生物能量转化器时代，在那些既无法依靠生物能量转化器形成区域内能流，又没有现成的外能流能量以供人类猎取的地方，例如南极，就只能成为无人区了。

到了非生物能量转化器时代，一方面是人类社会内能流获得了极大的提升；另一方面由于技术水平的进步，能量输送的损耗大大降低了。人类终于具备了完全通过区外的能量输送形成区域内能流的能力。即便如此，由于能量损耗仍然较大，通过区外的能量输送在气候极端恶劣地区形成的区域有效能量仍是很有限的。人们一般只能在南极、远离陆地的海面上创造一些小型的区域内能流，用于为少量在这些地区从事科学观测和研究的人员提供负熵。但不管怎样，到了非生物能量转化器时代，人类才真正遍布全球了。

最后，人口沿海岸线分布的趋势越发明显。

在生物能量转化器时代，除了一些岛屿，大陆的沿海地区

---

① 王瑞成. 运河和中国古代城市的发展. 西南交通大学学报（社会科学版），2003（1）.

向来不是传统的人口稠密地区。这是由于海水的长期侵袭使沿海地区的土壤肥力普遍较低（三角洲地区除外），不利于人们利用生物能量转化器转化太阳能以形成区域内能流。而且海水也不能用来浇灌农作物，沿海地区并不像沿河、沿江地区那样具有提高区域内能流转化效率的优势。再加上世界上很多沿海地区还是台风、飓风、海啸等自然灾害频发的地区，也不利于辅助消费能量的形成和积累。虽然人们能通过捕鱼获得了一部分食物链能流，但总体上讲，在生物能量转化器时代，沿海地区的区域内能流并不比内陆地区具有更大的优势，人口也并不比内陆地区稠密。

非生物能量转化器时代，情况发生了变化，人口沿海岸线分布的趋势越发明显。目前，世界上人口分布最稠密的四大地区——亚洲太平洋沿岸地区、南亚次大陆、欧洲大部、北美洲大西洋沿岸地区的人口占到了世界总人口的3/4。这四大区域无一不表现出人口沿海分布的特征。据统计，目前世界人口的一半以上居住在距海岸线200千米以内的地区，而且越向内陆地区延伸，人口密度就越小（如表7.2所示）。[①]

表7.3　　各大洲与海岸不同地带人口所占比重[②]

与海岸距离（千米）	世界	欧洲	亚洲	非洲	北美洲	南美洲	大洋洲
0～50	27.5	29.1	27.1	18.1	31.5	24.4	79.1
50～200	22.7	25.8	20.2	27.0	19.8	38.4	15.2
200～500	23.5	30.3	21.9	18.6	20.1	27.9	
500～1000	17.7	11.9	19.9	23.5	18.5	9.0	
1000以上	8.6	2.9	10.9	12.8	10.1	0.3	

① 祝卓. 人口地理学. 北京：中国人民大学出版社，1991：93.
② 祝卓. 人口地理学. 北京：中国人民大学出版社，1991：93.

之所以会发生这种变化，这是有一定的历史原因的。例如，北美洲、南美洲和大洋洲的人口主要由移民构成，土著居民已经很少。这些来自旧大陆的移民踏上新大陆的第一站往往是沿海地区，进而有利于这些地区形成人口集聚区。例如美国西海岸、澳洲西南海岸都是欧洲殖民者最先建立殖民地的地区。但是，这些地区的人口之所以能够在非生物能量转化器时代越来越多、所占比重越来越大，是与沿海地区在非生物能量转化器时代成为区域内能流重要的能量交流通道分不开的。

任何区域内能流都是一个开放系统，需要不断地与周边地区的区域内能流和外能流进行着能量交流。为了减少不同区域内能流之间能量交流的能量损耗，人们一般都会选择能量损耗最小的方式和路径进行能量交流，这样在地域空间就会形成一条或几条能量交流的通道。在这些能量交流通道上，两个以上区域内能流的能量会形成汇聚，进而使这些地区成为区域有效能量和人口的稠密区。无论是在生物能量转化器时代还是在非生物能量转化器时代，水运都是能量损耗最小的运输方式。只要具备水运的条件，区域内能流之间一般都会通过水路进行能量交流，而水路沿线区域就很容易成为区域内能流的富集区，进而成为人口稠密区。例如，在生物能量转化器时代，自隋伊始，我国历朝历代都耗费大量的内能流能量用于修建、疏通、维护京杭大运河，就是由于水运的能量转化效率要比陆运高出很多。在这条能量交流通道上，由于区域内能流的快速扩张也迅速崛起了通州、天津、德州、临清、济宁、淮安、扬州等一大批运河城市。①

但是在生物能量转化器时代，受科技水平的限制，人类的活动能力十分有限，海洋成为了洲际区域内能流之间能量交流不可逾越的天然障碍。不同大陆的居民甚至彼此不知道对方的

---

① 傅崇兰. 中国运河城市发展史. 成都：四川人民出版社，1985：70－102.

存在，更遑论彼此之间的能量交流了。自然，沿海地区也就不可能处于能量交流通道上。到了非生物能量转化器时代，人类凭借手中掌握的巨大能量，活动范围迅速扩大，海洋已经不再是区域内能流之间能量交流不可逾越的障碍了。此时，水运的能量转化优势就凸现出来，沿海地区就处于新的能量交流通道上了。而且，随着区域内能流之间能量交流的扩大，汇聚到沿海地区的能量越来越多，沿海地区的人口也就随之越来越多。

7.3.3 非生物能量转化器时代的人口迁移

同生物能量转化器一样，非生物能量转化器的使用在改变区域内能流的空间分布的同时，也引发了大规模的人口迁移浪潮。而且，由于非生物能量转化器改变区域内能流空间分布的能力比生物能量转化器更大、更强，因此，非生物能量转化器时代的人口迁移也更加频繁，规模也更大。除了人口迁移的规模，非生物能量转化器时代的人口迁移主要具有如下几个特点：

首先，人口乡村—城市迁移成为最典型的非生物能量转化器时代的人口迁移

在非生物能量转器时代，城市逐渐代替农村，开始成为容纳人口最多的聚集形态。在这一人口空间分布转变过程中，人口的迁移变动而非自然变动起到了至关重要的作用。无论是从人口乡村—城市迁移的规模，还是从其所带来的影响看，我们都可以毫不夸张地说，人口乡村—城市迁移构成了非生物能量转化器时代人口迁移流的主流，并使人口空间分布呈现出前所未有的状态。

在非生物能量转化器时代，人口乡村—城市迁移的动力依然是城市内能流以比农村内能流更快的速度扩张而产生的能量势差力，其根源仍是城市内能流比农村内能流所具有的那三点优势（参见第六章）。但是，之所以会在非生物能量转化器时

代出现人口乡村—城市迁移的洪流，则是由于非生物能量转化器使城市内能流的优势更加凸显了而已。

从转化利用的能量上来看，在生物能量转化器时代，由于人类不具有将熵值较高的热能转化为熵值低的机械能的能力，外能流中许多以存量形式存在的能量都无法获得大规模的利用。而生物能量转化器转化利用相对分散的、以流量形式存在的太阳能是无法使一个地区的区域内能流在短时期内获得大规模的扩张的。蒸汽机等新式非生物能量转化器的诞生则使区域内能流突破了这一限制。从能量转化器本身来看，蒸汽机等新式非生物能量转化器不但具备一般非生物能量转化器的优势，而且其能量转化效率已非老式非生物能量转化器所能比拟的了。从城乡之间的能量交流来看，蒸汽机等新式非生物能量转化器带来的能量通量的扩张，不但使城市社会结构复杂化了，而且使人们的能量消费更加细化了。这就意味着城市内能流的能量转化环节的增加和加工程序的深化。根据能量交换不等律，能量转化环节的增加意味着产品中含有的第一类能量减少，而第二类能量增加，从而加剧了城乡之间能量交流的不对等性，城市区域内能流的优势更加明显了。综上可见，在非生物能量转化器时代，城市内能流相对于农村内能流的优势更加明显了。其结果就是处于优势的城市内能流以比农村内能流快得多的速度扩张，城市成为人口能量密度的低地，大量的农村人口在能量势差力的驱动下进入城市。

其次，推力型和混合型人口迁移逐渐被引力型人口迁移所取代。

工业革命以前的人口迁移主要表现为推力型和混合型人口迁移，这是由于生物能量转化器本身及其所转化利用的太阳能的特点决定的。主要依靠生物能量转化器而形成的区域内能流基本不具备快速扩张的条件，反而容易受自然环境变化的影响，稳定性较差。前者决定了不同地区间人口能量密度的微小波动一般会通过人口的自然变动来使地区间人口能量密度重新达到均衡，无法形成人口能量密度的低地，吸引区域外人口的大量迁入；后者则决定了区域内能流容易发生萎缩，进而成为人口能量密度的高地，推动本地区人口迁出。

到了非生物能量转化器时代，情况发生了变化。生物能量转化器本身及其所转化利用的各种形式的能量的特点决定了主要依靠非生物能量转化器而形成的区域内能流不但具有更强的稳定性，而且其规模扩张的限制更小，能够在短期内实现高速扩张。相应的，非生物能量转化器时代的人口迁移也就更多地表现为引力型人口迁移。当今世界，除了一些政治性的国际人口迁移，无论是人口城市化过程中的人口乡村—城市迁移，还是欧洲和石油输出国的外籍工人，欧洲、美国的非法移民，无一不是被迁入地的较低人口能量密度所吸引而发生的。可见，引力型人口迁移已经取代推力型和混合型人口迁移成为非生物能量转化器时代主要的人口迁移类型。

7.4 本章小结

前面对世界人口分布演化简史的粗略描述，我们不难发现，无论是在采集狩猎、生物能量转化器时代，还是在非生物能量转化器时代，人口在地域空间分布的表现和变化都是对区域内能流在地域空间分布状况及其变化的反映。这三个时代的人口分布与再分布特点都是由这三个时代所特有的能量获取方式决定的。从人类发展史的角度来看，人们最开始聚居于那些能够方便获得可直接用于消费的外能流能量较多的地区。随着人类所掌握的能量转化器的进化，人们总是被吸引到那些适于能量转化器运转并能形成规模较大的区域内能流的地区。在这一过程中，无论是由于自然因素的变化，还是能量转化器的进化所导致的不同地区区域内能流的剧烈变化，都会在人口能量密度均衡律的作用下引发大规模的人口迁移。

具体来说，在采集狩猎时代，人口分布极为稀疏，人们过着居无定所的流浪生活。之所以人口在空间表现为这样一种存在状态，其根本原因是靠自然的馈赠形成的内能流十分弱小，而且无法形成稳定的区域内能流。在生物能量转化器时代，人口密度比采集狩猎时代有了较大提高，人们开始了定居生活，在河流两岸等地区人口分布尤其稠密。这也是与当时区域内能流的分布状况相一致的。在生物能量转化器时代，人们主要靠生物能量转化器转化利用太阳能以形成区域内能流，稳定的区域内能流使人类可以定居下来，甚至形成一种高度密集的人口聚集形态——城市。温带、河流两岸等地区的人口和城市相对密集，是由于这些地区的自然气候条件十分有利于生物能量转化器的能量转化，因而容易成为区域有效能量富集区。到了非生物能量转化器时代，蒸汽机等新式非生物能量转化器通过大幅度提高内能流吸纳率和热效率为人类社会带来了更大的能量通量，与此相对应的是人口密度的进一步提高。这在某一具体地区范围内则表现为区域内能流的大幅度扩张，其结果就是有限空间内聚集的人口数量大大增加了，即城市数量和规模的扩大。与非生物能量转化器的特点相适应，资源产地等地区逐渐成为了人口稠密区。

纵观整个人类发展史，除了在不同时代表现出不同的特点，人口在地域空间的分布演化还始终表现出两条明显的规律。首先，整个世界人口分布的密度不断增加。显然，这是与人类社会系统进化的时间之矢的单向性相一致的。其次，自然因素对人口分布的影响力下降，人类选择居住地的自由度上升，人口分布范围越来越广。这背后的原因就是，随着人类所使用的能量转化器的功能和效率不断改善，区域内能流规模越来越大、越来越稳定。

8

结论与启示

正如本书绪论所阐明的，与以往的人口分布与迁移理论不同，人口分布生成机制理论并不是从高级层次系统——社会系统中去寻求社会问题的答案，而是借助物理学定律，试图从低级层次系统——物理系统入手以期获得对人口分布与再分布问题的本质认识。这为我们审视不同时期、不同地区的人口分布现状及其运动变化现象提供了一个全新的理论视角，也为我国当代社会管理与实践带来了一定的启示。

8.1　主要结论

本书从人类消费和生产的本质入手，借鉴物理学中的热力学第二定律和耗散结构理论，对人口在地域空间分布形态及其变化机制进行了一番理论阐述，形成了人口分布生成机制理论。全书的主要观点和结论可以概括为如下七个方面：

第一，人类历史的发展进步就是人类社会内能流规模不断扩张及其热效率不断提升的过程，而人口数量变化则是对人类社会有效能量变化的反映。

人类社会本质上是一个各种关系和结构高度复杂的耗散结

构系统。这就决定了人类社会的发展方向必然是朝拥有更大能量通量，社会级层和结构更加复杂的方向前进的。或者说，人类社会系统进化的时间之矢是指向内能流规模不断扩张的方向的。同样，人类个体本质上也是一种耗散结构系统，其发展进化的方向也是指向人体耗散结构系统的能量通量增加的方向的，即人体耗散结构系统通过消费获得更多的有效能量摄入。这就决定了人类会千方百计地使进入了人类社会的能量流在能量转化过程中发生的能量损失减少。因此，人类社会系统的进化与发展就主要表现在两个方面：由内能流吸纳率提高所带动的内能流初始量的增长和由内能流热效率的提高所带动的有效能量的增长。在这一过程中，人类所具有的科技水平决定了人类社会内能流吸纳率和内能流热效率的高低，同时科技水平的进步也是人类社会系统进化的根本动力。

根据人口容量和适度人口的热力学解释，人类社会有效能量是人口数量和人均有效能量的函数。人类社会内能流的吸纳率和热效率的不断提高带来的人类社会有效能量的增长，必然导致人口数量的不断增长。尤其是在工业革命以前，导致生育率下降的条件尚未成熟，人类社会有效能量的增长几乎会带来同比例的人口数量的增长。工业革命以后，虽然人均有效能量的迅速增加导致一些国家的生育率下降了，但就目前情况来看，这也只是使人口数量的增长速度降下来了，并没有改变人口增长的总趋势。因此可以说，人类社会系统进化的时间之矢决定了人类社会是一个内能流规模不断扩张及其热效率不断提升的过程，而人口数量变化则是对人类社会有效能量变化的反映。

第二，人口在地域空间的分布状态及其运动变化，从根本上讲，是人口自身根据区域内能流的分布状况及其变化作出的反应。人口静态分布反映了区域内能流的分布状况，人口动态再分布过程则是人口自身根据区域内能流的变化作出的相应调整。

人口数量和人类社会内能流的关系，于整个地球生态系统来讲表现为地球人口容量和适度人口问题，于地球上某一区域而言，则表现为人口在地域空间如何进行分布的问题。由于受自然、人类科技水平以及历史因素的影响，人类社会系统的内能流在地域空间并不是一个整体，而是被分割为众多独立或相互联系的子系统和次子系统，而一个地区所居住的居民又只能从该地区的区域内能流获得能量供应。这样，一个地区的区域内能流的转化状况就决定了该地区所能抚养的人口数量。或者说，一个地区的区域有效能量决定了该地区的人口规模。依此推之，区域内能流在地域空间的分布状况就决定了人口的分布状况。由于区域内能流在地域空间的分布深受人类科技水平和地理环境因素的影响，前者既有弥合区域内能流分布不均衡的一面，也有加剧这种不均衡的一面；而后者在地区间巨大的差异性则只会加剧区域内能流在地域空间分布的不均衡。区域有效能量在地域空间的不均衡分布就决定了人口在地域空间也必然是不均衡分布的。

人口在地域空间按照区域内能流的分布状况进行分布，并能够根据区域内能流分布变化作出相应调整的机制就是人口能量密度均衡律。这种机制是通过人口自然变动和迁移变动两种方式实现的。无论是人口自然变动还是迁移变动，其引致人口分布变化的方向都与区域有效能量的变化方向是一致的，且与人口能量密度的变化方向相反。具体说来就是，当人类科技水平等因素发生变化而导致区域有效能量在地域空间的分布状态发生变化的时候，就会在地区之间产生人口能量密度差。如果地区之间的人口能量密度差较小，或者由于是在一个较长时间内产生的而没有导致生育率下降机制，那么，低人口能量密度地区的人口会随着区域有效能量的增长而增长，从而使地区间的人口能量密度重新达到均衡；如果地区之间的人口能量密度差较大，或者是在较短时间内产生而使人口无法通过自然增殖弥合人口能量密度差，甚至导致人口产生生育率下降的机制使人口能量密度差迅速拉大，那么，能量势差力会驱动人口从高人口能量密度的地区向低人口能量密度的地区迁移，从而也会使人口能量密度重新达到均衡。理论上，在两个具有能量交流的内能流子系统之间，如果不考虑迁移行为本身的能量消耗和迁移障碍，那么，人口能量密度均衡律会使两地区间的人口能量密度达到完全均衡。可见，人口分布与再分布现象的本质是人口在地域空间按照区域内能流的分布状况进行分布与再分布。这就是所谓的人口分布生成机制理论。

第三，理论上讲，不同国家或地区的人口分布状态只有与区域内能流匹配程度的差别，而没有好坏或合理与不合理之分。

由于人口在地域空间分布的本质是人口按照区域内能流的分布状况进行分布，决定人口分布状况的就是单一的区域内能流因素，而区域内能流是人类进行能量转化活动形成的，是一种客观存在。因此，理论上讲，如果不考虑迁移行为本身的能量消耗和迁移障碍，人口能量密度均衡律能够使地区间的人口能量密度达到完全均衡。不同地区的人们都能够从各自所在地区的区域内能流获得稳定的、数量相等的能量供应。那么，人口在地域空间的分布状况就是对区域内能流的分布状况这样一种客观实在的完美外在表现。因此，人口分布状况就没有好坏或合理与不合理之分，当然也就谈不上对人口分布状况的合理性评价了。

如果考虑到由于迁移行为本身的能量消耗和迁移障碍的存在而使人口分布状况与区域内能流的分布状况匹配程度存在偏差的话，那么对人口分布状况的合理性就应该是从人口分布状况对区域内能流的反映程度或匹配程度来进行评价。人口分布状况与区域内能流的匹配程度高、地区间人口能量密度差别小，那么人口分布的合理性相应就高；反之，人口分布状况与区域内能流的匹配程度低、地区间人口能量密度差别大，那么人口分布的合理性相应就低。这种合理性不但表现在人口分布现象的本质上，还表现在整个社会系统内不同地区的人们在能量摄取方面的均衡性上。如果从其他方面考虑人口分布的合理性问题，例如经济目标、政治目标、资源开发与利用目标、环境保护目标等，则是加入了人类某种价值判断后的合理性评价。这种从人类某种价值判断出发对人口分布状况作出的合理性评价，依据不同的价值目标可以有很多种，并且它只反映了人口分布状况与人类某种预期目标之间的差距，而没有反映人口分布现象的实质。

第四，在人类社会系统中，人口生育率是一种重要的系统规律，其不但受人类个体生育意愿的影响，而且也受人类社会系统和人体耗散结构系统的能量通量的重要影响。人口通过自身增殖方式改变在地域空间的分布状况是有条件的。

人口是通过自身增殖和迁移两种方式实现在地域空间按照区域内能流进行再分布的。对于前一种方式，我们并不能仅仅看成是一种完全由人类个体自由意志支配的行为，而应被视为是人类社会系统中一种重要的系统规律。在系统规律面前，人类的生育率并不是随心所欲的。这不但表现在人口总量要受内能流状况的限制，而且由于人类社会本质上是一种耗散结构系统，其内在系统规律（人口生育率）也要受人类社会系统和人体耗散结构系统的能量通量的重要影响。具体来说就是，内能流的扩张在带动人均有效能量迅速扩张的基础上，能够导致人口生育率的下降。

这样，人口通过自身增殖方式改变其在地域空间的分布状况就是有条件的。在人类社会内能流扩张的速度比较平缓的情况下，内能流的扩张并不能使人均有效能量在较短时期内获得较大幅度的提高，进而也就无法触发导致人口生育率下降的机制。这时，人口仍会维持较高的生育水平，人口数量会随着内能流的扩张而不断增长。在这种情况下，区域内能流在地域空间分布的变化都能够导致人口通过自身增殖的方式实现在地域空间的再分布。然而，在人类社会内能流在短期内（一代或两代人的时间内）获得大幅增长的情况下，人口自然增殖的速度远比不上内能流扩张的速度，新增人口无法分摊掉迅速增长的有效能量，从而导致人均有效能量也能够快速增长，进而触发导致人口生育率下降的机制。在这种情况下，区域内能流在地域空间分布的变化也就无法完全通过人口自身增殖方式实现人口在地域空间的再分布，人口能量密度均衡律是通过人口迁移的方式发挥作用的。

第五，与人类的生育行为一样，人类的迁移行为也不能简单地被看成是一种完全由人类个体自由意志支配的行为，其背后的根本推动力是能量势差力。

人口在地域空间是按照区域内能流进行分布的，因此，真正能够反映一个地区人口稠密程度的是人口数量与区域有效能量的比较值——人口能量密度，而非人口数量与土地面积的比较值——人口密度。由于人类所使用的能量转化器对于具有不同自然条件地区的区域内能流具有不同的意义，不同区域间存在自然地理条件的差异，科技进步、政治变化、战争影响、自然灾害破坏等因素会引起区域内能流在地域空间分布状况发生变化，因而导致不同地区间人口能量密度也会发生相应的变化，进而在不同地区间产生人口能量密度差。由于人口能量密度是人均有效能量的倒数，地区间的人口能量密度差产生就意味着人口能量密度较高的地区人均有效能量较少，而人口能量密度较低的地区人均有效能量较高。如果这两个地区之间存在能量交流，并且这种人口能量密度差又是在较短时间内产生的，不会被人口自然增长所弥合，那么，出于对能量和负熵"天生"的偏好（人体耗散结构本质所决定），人口能量密度较高地区的一部分人口会在能量势差力的推动下向人口能量密度较低的地区迁移。由于能量势差力总是从人口能量密度高的地区指向人口能量密度低的地区的，因此人口迁移总是起到弥合地区间人口能量密度差的作用。所以从根本上讲，在能量势差力的推动下发生的人口迁移也是人口能量密度均衡律发生作用的一种表现。

第六，人口城市化的动力来自于城市内能流具有农村内能流不可比拟的优势，能够以更快的速度扩张。

本质上讲，城市是一种以密集分布形式存在的人口为基本特征的耗散结构系统，在对城市内能流的能量不断耗散的过程中，人体和城市耗散结构系统都获得了维持和发展。自从城市产生以后，在自然增殖和人口迁移的作用下，城市人口数量一直处于不断增长过程中。尤其是在工业革命以后，世界城市人口数量更是以前所未有的高速增长。这种特殊的人口空间分布形态能够不断朝单一方向发展的根本原因是城市内能流相对于农村内能流具有不可比拟的优势，能够以更快的速度扩张。具体来说，这种优势主要体现在三个方面：首先，从转化利用的能量上来看，生物能量转化器（形成农村内能流所主要使用的能量转化器）转化利用的太阳能是一种相对分散、以流量形式存在的能量，而非生物能量转化器（形成城市内能流所主要使用的能量转化器）转化利用的其他能量形式在地球上的存在更加集中，并且有很多是以存量形式存在的，对人类大规模开发利用的限制相对较小；其次，从能量转化器本身来看，使用非生物能量转化器比生物能量转化器具有更大的提升内能流吸纳率和热效率的空间，也更便于人们通过技术革新方式提升内能流的吸纳率和热效率；最后，从城乡之间的能量交流来看，能量交换不等律的存在也有利于城市内能流的聚集与扩张。可以说，正是由于城市内能流所具有的这三方面优势才使城市相对于农村成为人口能量密度的低地。由此，在城乡之间产生的能量势差力是人口城市化的根本动力。

人口城市化本质上是城乡内能流相对变化的外在表现，其根本动力都来自于城乡内能流非对称变化所产生的能量势差力。无论是从人口城市化的动力还是从其本质来看，人类历史上任何时期的人口城乡分布与再分布过程都没有本质区别。导致城乡间能量势差力产生的根源——城市内能流相对于农村内能流所具有的三点扩张优势也从城市产生伊始就已经存在。因此，人口城市化进程从城市产生的那一天就已经开始了，并且是以一个完整、统一的面目呈现给世人的。之所以工业革命之后的城市化带来了人口从乡村向城市迁移的洪流，并深刻地改变了人类社会的面貌，只不过是因为工业革命之后的城市化进程在现代科技革命的带动下，城市内能流以比以往更迅猛的势头发展而已。或者说，这只是人口城市化进程在特殊历史阶段具有特殊的外部表现形式而已，并不足以成为证明人口城市化肇始的依据。

第七，世界人口分布演化史就是一部人口随区域内能流分布变化在地域空间进行再分布的历史。随着人类所使用的能量转化器的变化，不同时代的人口分布状况与再分布过程也展现出不同的历史画面。

从整个人类发展史的角度看，世界人口分布演化史就是一部人口随区域内能流分布变化在地域空间进行再分布的历史。在不同历史时期，由于人类所使用的能量转化器的不同，其在地域空间形成的区域内能流分布状况也就不同。因此，人口在地域空间也就展现出不同的分布特点。随着人类科技水平的进步和使用的能量转化器的进化，区域内能流的扩张和人均有效能量的增长也使不同时代的人口再分布过程具有了不同的时代特征。具体来说就是，根据所使用的能量转化器不同，人类历史大体上可以划分为三个历史时期，即采集狩猎时代、生物能量转化器时代和非生物能量转化器时代。这三个时代的人口分布与再分布特点都是由这三个时代所特有的能量获取方式决定的。人口在地域空间的分布变化是朝向人口分布密度增加、范围扩展、自由度上升的方向发展的。

8.2　对我国当代社会管理与实践的启示

在本书的最后，我们尝试运用本书的分析框架对中国当代一些人口分布与再分布现象与问题作一简略分析，其目的不在于这些问题的解决，而是提供一个全新的研究视角，为后继研究者和社会管理者的研究和实践工作开拓思路，此实为笔者的抛砖之论。

第一，我国当代人口分布态势是区域内能流长期发展的结果，有其历史必然性。

我国人口分布最典型的特点就是分布极不均衡。1935 年，胡焕庸教授曾提出过著名的"瑷珲—腾冲"人口密度分界线，并指出这条人口密度分界线的东南半壁国土面积约占全国总面积的 36%，而人口占全国总人口的 96%；西北半壁国土面积约占全国总面积的 64%，而人口则只占全国总人口的 4%。①近几十年来，伴随着社会政治经济形势的急剧变化，我国人口聚集形态发生了较大转变，但是这种东南众、西北寡的人口分布态势并没有得到根本改变。

我国这种人口分布形态是有其历史必然性的。我国是世界知名的文明古国，早在 5000 年前就跨入了使用生物能量转化器的农业文明时代。我国东部黄河平原由于其适耕性而成为了区域内能流的密集区，进而成为人口稠密区和中华文明的摇

① 胡焕庸. 论中国人口之分布. 上海：华东师范大学出版社，1982：52－66.

312

篮。江南地区是中原农业文明较早流入的地区，长江中下游平原在春秋时代就已开始大面积的开发。尤其是宋代以后，随着一些高效率的生物能量转化器（例如玉米、番薯等）的引进，江南丘陵地区也开始得到有效开发，进而成为了区域内能流的密集区。反观西北半壁，本来利用生物能量转化器进行能量转化的自然条件就不能和东部平原地区相比，再加之长期处于中原农业文明与游牧部落的结合部，受战争的影响较大，故极不利于辅助消费能量的形成和积累。而且一些地区由于气候和环境变化而不再适合农业生产，区域内能流反而出现萎缩，例如长安周边地区就由于历代大修土木、无休止地砍伐森林而导致水土流失，利用生物能量转化器而形成的区域内能流发生萎缩，以至唐朝被迫作出迁都的决定（伴随着人口大量流出）。①近代以来，清朝被迫开放的通商口岸也都位于东南半壁，与西方的能量交流也促进了这些地区区域内能流的扩张。例如，在岭南地区，在宋代仍属于苏东坡词中所云"试问岭南应不好"的蛮荒之地，到了清末已成为了繁华所在。这些情况都是导致我国在生物能量转化器时代区域内能流的分布极不均衡，进而导致人口分布极不均衡的原因。

　　新中国成立以来，国家的三线建设、"三北"（黑龙江、新疆、内蒙）垦殖带动了一部分人口向西部地区的迁移。前者主要是通过非生物能量转化器带动了西部一些城市内能流的扩张，例如包头、兰州、西安、成都等；后者主要是通过生物能量转化器在一些宜农荒地形成稳定的农村内能流，例如黑龙江、新疆、内蒙的生产建设兵团。但是，改革开放以后，我国最早设立的经济特区、经济开放城市和沿海经济开放区全部在东部，东部沿海地区的区位、人才优势也十分有利于通过非生

　　①　敖天顺．略论唐前期营建东都洛阳的经济价值．四川大学学报（哲学社会科学版），2004（增刊）．

物能量转化器进行能量转化。因此，东南沿海地区的区域内能流疾速扩张，人口能量密度迅速下降，并随之带来了人口迁入潮。这样，我国人口分布不均衡的态势进一步深化。

综上，我国东南众、西北寡的人口分布态势是区域内能流长期非均衡发展的结果，是有其历史必然性的。

第二，任何改变人口在地域空间分布现状的努力都应立足于区域内能流的建设，而非单纯的人口迁移本身。

人口在地域空间是按照区域内能流的分布状况进行分布的，人口分布是区域内能流分布状况的外在表现。任何改变我国人口在地域空间分布现状的努力都应立足于区域内能流的建设，坚持开发型移民，而非单纯的人口迁移本身。

过去的经验已经反复证明了这一点：在生物能量转化器时代，凡是垦殖得当，能够为生物能量转化器创造了一个较好的工作条件，进而形成稳定的区域内能流的，屯田移民的政策就能够获得成功；反之就不成功。新中国成立以后的几次移民经验同样也证明了这一点。三线建设移民、"三北"地区农业垦殖移民，由于有区域内能流的相应发展作基础，因此效果较好。不但人口移得去，而且留得住。而"文化大革命"期间发动的"知识青年上山下乡"运动，由于是完全没有区域内能流作基础的自上而下的移民运动，则以大部分移民的返乡而告终。前一段时间，据媒体报道，一些三峡移民安置区也出现了移民返乡潮。笔者对此并没有进行专门研究，但这一现象的出现应该与移民安置区没有形成与迁入人口相适应的区域内能流有关。

同样，如果要想在一定程度上改变我国人口东西分布不均的状况（相对于土地面积），就要致力于西部地区区域内能流的建设，努力降低西部地区的人口能量密度，而非单纯的向西部迁移人口。然而，当前的一些经济政策并没有考虑到这一点。例如西气东输、南水北调①、西电东送，都是将西部地区的资源输送到东部地区加以利用。以这些资源形式存在的能量本来是在外能流中流动的，西气东输、南水北调、西电东送将其纳入了内能流，显然有利于内能流的扩张和社会系统的发展。但是，将这些能量输送到千里之外的东部地区进行释放，一方面增加了能量转化的环节，不利于提高内能流的热效率；另一方面则客观上加剧了东西部区域内能流分布的不均衡，不利于对人口分布的调整。非生物能量转化器所受自然条件的限制要比生物能量转化器少得多。我国西部地区恶劣的自然气候条件实际上不利于利用生物能量转化器形成较大规模的区域内能流。但如果利用非生物能量转化器将西部地区的资源进行就地转化释放，就能够创造出规模可观的内能流子系统，从而吸引东部地区的人口迁入，以达到在一定程度上缓解我国人口东西分布不均的目标。

第三，由于一些迁移障碍的存在，我国人口分布与区域内能流分布的匹配程度较差。

新中国成立以来，除了新中国初创的那一段短暂时期，我国总体的迁移政策是限制人口自由迁移的。具体说来就是以户籍为核心，围绕就业、医疗、社保、子女就学等所作的一系列制度设计，对人口的自由迁移起到了限制作用。长期以来，这些制度性障碍的存在使人口不能够根据区域内能流的变化作出相应的迁移变化，从而导致我国人口分布与区域内能流分布的匹配程度较差，地区间积累了较大的人口能量密度差。

这一点在我国人口城乡分布上表现得最为明显。改革开放以前，我国实行计划经济，为了给工业发展提供资本积累，政府人为抬高工业产品的价格、压低农业产品的收购价格，在工农产品价格之间制造剪刀差。工农产品的交换本来就存在能量

———————
① 南水北调也涉及部分西水东调。

交换不等律，剪刀差的存在则进一步加重了工农产品交换在能量上的不等性。在非生物能量转化器的相对优势和剪刀差的共同作用下，当时我国城市内能流相对于农村内能流高速增长，但由于户籍等制度性限制，并没有引发农村人口向城市迁移的浪潮，而是在城乡之间形成了巨大的人口能量密度差。这种城乡之间的人口能量密度差大到了何种程度，我们从当时农民希望自己的孩子能够"吃上商品粮"的迫切愿望上就可见一斑了。

改革开放以后，虽然农业生产力得到了解放，但我国城市内能流在非生物能量转化器的巨大推动作用下以更快的速度进行着扩张。计划经济时代形成的城乡之间的人口能量密度差非但没有弥合，反而进一步扩大了。改革开放以后，虽然对人口迁移的限制有所放松，但户籍等制度性障碍并没有完全废除。这种现实就导致了一种具有中国特色的人口迁移浪潮——民工潮的产生。在巨大的能量势差力的推动下，农村人口流入人口能量密度相对较低的城市，但由于政策性障碍的存在，这些流入人口若要完全定居下来，则要额外耗费一部分能量。这事实上增加了迁移者的能量成本。那些无法支付这些额外能量的迁移者就只能在农村和城市之间往返流动，从而形成了这种中国特有的人口迁移潮。

人口城市化是一种符合社会系统发展方向的必然趋势，而城市内能流的扩张必然要求人口向城市集中。在一国内部对人口迁移进行限制，一方面有损于社会公正和正义，不利于和谐社会的建设；另一方面也是对人口分布规律的违背。因此，在人口迁移政策上，政府应更多地注重对迁移流的疏导和服务，而不应一味加以限制。

第四，区域内能流的创建与发展应以一定水平的能量转化技术为基础，而不能脱离实际，盲目发展。

内能流是人类在一定科技水平下进行能量转化而形成的。内能流的吸纳率和热效率，以及由此决定的有效能量，都是人类科技水平的函数。内能流扩张的动力，或者说整个人类社会进步的动力，很大程度上来自于人类科技水平的进步。因此，为了调整人口分布而对我国西部一些地区的区域内能流进行创建与发展，也必然要以一定水平的能量转化技术为基础，而不能脱离实际，盲目发展。

近年来，西部一些地区认识到了保护环境的重要性，强调发展地区经济和环境保护要齐头并进。因此鼓励发展循环经济，并积极推动筹划、建立循环经济工业园。发展经济的同时保护环境是十分必要的，但盲目发展循环经济则并不一定能够带来区域有效能量的增长，进而带来相应的人气和经济的繁荣。这是由于循环经济是一种建立在物质在经济系统中不断循环利用基础上的经济发展模式，具有浓厚的自然科学色彩，其运行与发展不但要受社会经济规律的制约，而且要受自然规律的制约。循环经济系统的基本运行特征是"资源——产品——再生资源"的闭环反馈式物质运动方式，与传统经济模式相比，废弃物在经济系统内部通过人工过程重新转化为再生资源，并不进入或较少进入自然系统。这必然要增加内能流的能量转化的环节，进而影响到区域内能流的热效率。如果要实现区域有效能量的增长（这也是发展循环经济的意义所在），就必须要实现"负熵盈利"。[①] 而这就必须要以高科技水平的生产技术作为基础。如果在不具备相应的技术条件下盲目发展循环经济，即便是在地方政府的推动下建立起了一个内能流子系统，这样的能量转化通道在能量上也是不"经济"的，其整个能量转化系统也是违背耗散结构系统发展规律的、不稳定的。这样的循环经济只能为地方经济创造国民生产总值（GDP）（与商品中的第一类能量一样，是随着能量转化环节

---

① 史学斌，陈明立，江华锋. 论循环经济的基本矛盾与负熵盈利原则. 生态经济，2008（5）.

的增加而增加的），但由于不能通过"负熵盈利"实现区域内能流热效率的提高，因此不能带来区域有效能量的真正增长，也不能带来稳定的人口集聚。

参考文献

一、书籍：

1. 马克思，恩格斯．马克思恩格斯选集．北京：人民出版社，1971.

2. 托马斯·R 马尔萨斯．人口原理．朱泱，胡企林，朱和中，译．北京：商务印书馆，1992.

3. 阿尔弗雷德·索维．人口通论．查瑞传，邹沧萍，戴世光，等，译．北京：商务印书馆，1983.

4. A M 卡尔－桑德斯．人口问题——人类进化研究．宁嘉风，译．北京：商务印书馆，1983

5. E 拉兹洛．进化——广义综合理论．闵家胤，译．北京：社会科学文献出版社，1988.

6. 埃尔温·薛定谔．生命是什么．罗来鸥，罗辽复，译．长沙：湖南科学技术出版社，2003.

7. I 普利高津．确定性的终结——时间、混沌与新自然法则．湛敏，译．上海：上海科技教育出版社，1998.

8. I 普利高津，I 斯唐热．从混沌到有序——人与自然的新对话．王贵友，译．上海：上海译文出版社，1987.

9. 路德维希·冯·贝塔朗菲．生命问题．吴晓江，译．北京：商务印书馆，1999.

10. 路德维希·冯·贝塔朗菲. 一般系统论. 秋同, 袁嘉新, 译. 北京: 商务印书馆, 1987.

11. J 里夫金, T 霍华德. 熵, 一种新的世界观. 吕明, 袁舟, 译. 上海: 上海译文出版社, 1987.

12. 沈小峰, 胡岗, 姜璐. 耗散结构论. 上海: 上海人民出版社, 1987.

13. 山边茂. 生物热力学导论. 屈松生, 黄素秋, 译. 北京: 高等教育出版社, 1987.

14. 槌田敦. 资源物理学. 朴昌根, 译. 上海: 华东化工学院出版社, 1991.

15. 奥斯特瓦尔德. 自然哲学概论. 李醒民, 译. 北京: 华夏出版社, 2000.

16. 亚当·斯密. 国民财富的性质和原因的研究. 郭大力, 王亚南, 译. 北京: 商务印书馆, 2005.

17. 托马斯·库恩. 科学革命的结构. 金吾伦, 胡新和, 译. 北京: 北京大学出版社, 2003.

18. 钟学富. 物理社会学. 北京: 中国社会科学出版社, 2002.

19. 钟学富. 社会系统——社会生活准则的演绎生成. 北京: 中国社会科学出版社, 2007.

20. 范泽孟. 社会物理学国际前沿研究透视. 北京: 科学出版社, 2007.

21. 朴昌根. 系统学基础. 上海: 上海辞书出版社, 2005.

22. 张锡纯. 二熵——源事理. 北京: 北京航空航天大学出版社, 2000.

23. 曾健, 张一方. 社会协同学. 北京: 科学出版社, 2000.

24. 吴忠观, 等. 当代人口学学科体系研究. 成都: 西南财经大学出版社, 2000.

25. 邬沧萍．人口学学科体系研究．北京：中国人民大学出版社，2006.

26. 刘铮，李竞能．人口理论教程．北京：中国人民大学出版社，1985.

27. 李竞能．人口理论新编．北京：中国人口出版社，2001.

28. 李竞能．现代西方人口理论．上海：复旦大学出版社，2004.

29. 刘家强．人口经济学新论．成都：西南财经大学出版社，2004.

30. 刘家强．中国人口城市化——道路、模式与战略选择．成都：西南财经大学出版社，1997.

31. H 鲁宾逊．人口与资源．高等教育出版社，1985.

32. 夏沂光．广义时空相对论．北京：人民交通出版社，2003.

33. 理查德·道金斯．自私的基因．卢允中，译．长春：吉林人民出版社，1998.

34. 吴锡珑．大学物理教程．北京：高等教育出版社，1999.

35. 商务印书馆编辑部．马克思、恩格斯、列宁、斯大林论人口问题．北京：商务印书馆，1960.

36. D 米都斯，等．增长的极限——罗马俱乐部关于人类困境的报告．李宝恒，译．长春：吉林人民出版社，1997.

37. 保罗·艾里奇，安妮·艾里奇．人口爆炸．张建中，钱力，译．北京：新华出版社，2000.

38. 普雷斯．人口原理的说明与例证．对外贸易学院，译．北京：商务印书馆，1963.

39. W A 刘易斯．二元经济论．施炜等译．北京：北京经济学院出版社，1989.

321

40. M P 托达罗. 第三世界的经济发展. 于同申、苏蓉生，等，译. 北京：中国人民大学出版社，1988.

41. 费景汉，G·拉尼斯. 劳动剩余经济的发展. 王月，甘杏娣，吴立范，译. 北京：华夏出版社，1989.

42. 胡焕庸. 论中国人口之分布. 上海：华东师范大学出版社，1982.

43. 胡焕庸、张善余. 中国人口地理. 上海：华东师范大学出版社，1984.

44. 张善余. 世界人口地理. 上海：华东师范大学出版社，2002.

45. 张善余. 中国人口地理. 北京：科学出版社，2003.

46. 张善余，等. 人口垂直分布规律和我国山区人口合理再分布研究. 华东师范大学出版社，1996.

47. W 库尔斯. 人口地理学. 胡崇庆，译. 重庆：重庆出版社，1987.

48. 瓦·维·波克希舍夫斯基. 人口地理学. 南致善，顾鉴堂，王钊贤，等，译. 北京：北京大学出版社，1987.

49. 吴玉麟、李玉江. 人口地理学. 山东人民出版社，2001.

50. 祝卓. 人口地理学. 北京：中国人民大学出版社，1991.

51. 邬沧萍，侯文若. 世界人口. 北京：中国人民大学出版社，1983.

52. 潘纪一，朱国宏. 世界人口通论. 北京：中国人口出版社，1991.

53. 邬沧萍，侯东民. 人口、资源、环境关系史. 北京：中国人民大学出版社，2005.

54. 田方，陈一筠. 国外人口迁移. 北京：知识出版社，1986.

55. 田方，林发棠．中国人口迁移．北京：知识出版社，1986.

56. 田方，陈一筠．中国移民史略．北京：知识出版社，1986.

57. 朱国宏．人地关系论——中国人口与土地关系问题的系统研究．上海：复旦大学出版社，1996.

58. 沈益民，童乘珠．中国人口迁移．北京：中国统计出版社，1992.

59. 段成荣．人口迁移研究原理与方法．重庆：重庆出版社，1998.

60. 王桂新．中国人口分布与区域经济发展——一项人口分布经济学的探索研究．上海：华东师范大学出版社，1997.

61. L 芒福德．城市发展史——起源、演变和前景．宋俊岭，倪文彦，译．北京：中国建筑工业出版社，2005.

62. K J 巴顿．城市经济学．上海社会科学院城市经济研究室，译．北京：商务印书馆，1984.

63. 高佩义．中外城市化比较研究．天津：南开大学出版社，1992.

64. 张承安．城市发展史．武汉：武汉大学出版社，1985.

65. 王章辉，黄柯克．欧美农村劳动力的转移与城市化．北京：社会科学文献出版社，1999.

66. 刘景华．城市转型与英国经济的勃兴．北京：中国纺织出版社，1994.

67. 傅崇兰．中国运河城市发展史．成都：四川人民出版社，1985.

68. 盛朗．人口与城市化．沈阳：辽宁人民出版社，1987.

69. 秦润新．农村城市化的理论与实践．北京：中国经济出版社，2000.

70. 简·雅各布斯．美国大城市的死与生．金衡山，译．

上海：译林出版社，2005.

71. 冯云延. 城市经济学. 大连：东北财经大学出版社，2007.

72. 卓勇良. 空间集中化战略——产业聚集、人口集中与城市化发展战略研究. 北京：社会科学文献出版社，2000.

73. 杨中新. 西方人口思想史. 广州：暨南大学出版社，1996.

74. 毛志峰. 适度人口与控制. 太原：山西人民出版社，1994.

75. 冯薇，等. 发展经济学. 北京：经济科学出版社，1997.

76. 顾宝昌. 社会人口学的视野. 北京：商务印书馆，1992.

77. H P 奥德姆. 系统生态学. 蒋有绪，译. 北京：科学出版社，1993.

78. E P 奥德姆. 生态学基础. 孙儒泳，钱国桢，林浩然，等，译. 北京：人民教育出版社，1981.

79. 唐纳德·哈迪斯蒂. 生态人类学. 郭凡，邹和，译. 北京：文物出版社，2002.

80. 牛文元，毛志烽. 可持续发展理论的系统解析. 武汉：湖北科学技术出版社，1998.

81. 刘国城等. 生物圈与人类社会. 北京：人民出版社，1992.

82. 姜学民，徐志辉. 生态经济学通论. 北京：中国林业出版社，1993.

83. 杨魁孚，田雪原. 人口、资源、环境可持续发展. 杭州：浙江人民出版社，2001.

84. 王维. 人·自然·可持续发展. 北京：首都师范大学出版社，1999.

85. 潘纪一. 人口生态学. 上海：复旦大学出版社，1988.

85. 周鸿. 生态学的归宿——人类生态学. 合肥：安徽科技技术出版社，1989.

86. 戈峰. 现代生态学. 北京：科学出版社，2002.

87. 童玉芬. 人口与可持续发展. 北京：中国人口出版社，2001.

88. 曹凤中. 国外环境发展战略研究. 北京：中国环境科学出版社，1993.

89. 西奥多·W 舒尔茨. 论人力资本投资. 吴珠华，等，译. 北京：北京经济学院出版社，1990.

90. 张明. 负熵与货币——经济学的重构. 杭州：浙江大学出版社，2002.

91. J L 西蒙. 人口增长经济学. 彭松建，译. 北京：北京大学出版社，1984.

92. 阿尔文·托夫勒. 第三次浪潮. 黄明坚，译. 北京：中信出版社，2006.

93. W 福格特. 生存之路. 张子美，译. 北京：商务印书馆，1981.

94. 霍华德·T 奥德姆. 伊丽莎白·C 奥德姆. 繁荣的走向衰退——人类在能源危机笼罩下的行为选择. 尹茂超，毛志锋，译. 北京：中信出版社，2002.

95. 米哈依罗·米萨诺维科，爱德华·帕斯托尔. 人类处在转折点——罗马俱乐部研究报告. 刘长毅，李永平，孙晓光，译. 北京：中国和平出版社，1987.

96. 宋豫秦，等. 中国文明起源的人地关系简论. 北京：科学出版社，2002.

97. 联合国开发计划署. 1998 年人类发展报告：消费模式及其对人类发展的影响. 高春燕，等，译. 北京：中国财政经济出版社，2000.

98. 联合国开发计划署,联合国环境规划署,世界银行,世界资源研究所.世界资源报告(2000—2001).国家环保总局国际同,译.北京:中国环境科学出版社,2002.

99. 联合国环境规划署.全球环境展望.刘毅,等,译.北京:中国环境科学出版社,2002.

100. 霍华德·格尔勒.能源革命:通向可持续未来的政策.刘显法,代存峰,吴施勤,译.北京:中国环境科学出版社,2006.

101. 张帆.环境与自然环境经济学.上海:上海人民出版社,1998.

102. 亚伯拉罕·马斯洛.动机与人格.许金声,译.北京:中国人民大学出版社,2007.

103. W 葛德文.政治正义论:第一卷.何慕李,译.北京:商务印书馆,1980.

104. 刘长茂,张纯元.人口结构学.北京:中国人口出版社,1991.

105. 李仲生.人口经济学.北京:清华大学出版社,2006.

106. 阿尔弗雷德.D 钱德勒,詹姆斯.W 科塔达.信息改变了美国——驱动国家转型的力量.万岩,邱艳娟,译.上海:上海远东出版社,2008.

107. 米尔顿·费里德曼.货币的祸害——货币史片断.安佳,译.北京:商务印书馆,2007.

108. 腾泰.新财富论.上海:上海财经大学出版社,2006.

109. 艾尔·巴比.社会研究方法.邱泽奇,译.北京:华夏出版社,2005.

110. 昂利·彭加勒.科学与方法.李醒民,译.北京:商务印书馆,2006.

111. 庞元正，李建华．系统论、控制论、信息论经典文献选编．北京：求实出版社，1989.

112. 黄欣荣．复杂性科学与哲学．北京：中央编译出版社，2007.

113. 王彬．熵与信息．西安：西北工业大学出版社，1994.

114. 赵鑫珊．普朗克之魂．上海：文汇出版社，1999.

115. 周一星．城市地理学．北京：商务印书馆，2003.

116. 沈福煦．建筑概论．上海：同济大学出版社，1994.

117. 于景元．人口分布参数系统控制理论．武汉：华中理工大学出版社，1999.

118. 高炜宇，李飞．人口：上海经济社会进一步发展的关键．上海：上海财经大学出版社，2007.

119. 隋玉柱，胡双熙，申元村．城郊土地人口承载力系统动力学应用研究．济南：山东地图出版社，1992.

120. 张志良．人口承载力与人口迁移．兰州：甘肃科学技术出版社，1993.

121. A G 威尔逊．地理学与环境——系统分析方法．蔡运龙，译．北京：商务印书馆，1997.

122. R·哈特向．地理学性质透视．黎樵，译．北京：商务印书馆，1963.

123. S 布雷克曼，H 盖瑞森，C 范·马勒惠克．地理经济学．西南财经大学文献中心翻译部，译．成都：西南财经大学出版社，2004.

124. 大卫·哈维．地理学中的解释．高泳源，刘立华，蔡运龙，译．北京：商务印书馆，1996.

125. 阿·德芒戎．人文地理学问题．葛以德，译．北京：商务印书馆，1993.

126. 路易斯·亨利·摩尔根．古代社会．杨东莼，马雍，马巨，译．南京：江苏教育出版社，2005.

127. V G 柴尔德．远古文化史．周进楷，译．北京：群联出版社，1954.

128. V G 柴尔德．工具发展小史．周进楷，译．北京：中国科学图书仪器公司，1953.

129. 卡洛·M 奇波拉．世界人口经济史．黄朝华，周秀鸾，译．北京：商务印书馆，1993.

130. 杰里·本特利，赫伯特·齐格勒．新全球史．魏凤莲，张颖，白玉广，译．北京：北京大学出版社，2007.

131. 郑若葵．新编世界古代史．北京：中国国际广播出版社，1996.

132. 马西姆·利维巴茨．繁衍——世界人口简史．郭峰，庄瑾，译．北京：北京大学出版社，2005.

133. 卡洛·M 齐波拉．欧洲经济史．徐璇，等，译．北京：商务印书馆，1988.

134. M M 波斯坦．剑桥欧洲经济史．朗丽华，黄云涛，常茂华，等，译．北京：经济科学出版社，2002.

135. 杰拉尔德·冈德森．美国经济史新编．杨宇光，等，译．北京：商务印书馆，1994.

136. P N 斯特恩斯，等．全球文明史．赵轶峰，等，译．北京：中华书局，2006.

137. L S 斯塔夫里阿诺斯．远古以来的人类生命线——一部新的世界史．吴象婴，屠笛，马晓光，译．北京：中国社会科学出版社，1992.

138. 南亮三郎．人口思想史．苏正绪，译．长春：吉林省出版局，1980.

139. 葛剑雄．简明中国移民史．福州：福建人民出版社，1993.

140. 王育民．中国人口史．南京：江苏人民出版社，

1995.

141. 张呈琮．人口发展史．北京：中国人口出版社，1998.

142. 路遇、腾泽之．中国人口通史．济南：山东人民出版社，2000.

143. 姜涛．中国近代人口史．杭州：浙江人民出版社，1993.

144. 杨子惠，张庆五．中国历代的人口与户籍．天津：天津教育出版社，1991.

145. 宋全成．欧洲移民研究．济南：山东大学出版社，2007.

146. 江立华．英国人口迁移与城市发展（1500—1750）．北京：中国人口出版社，2002.

147. 科林·麦克伊韦迪，理查德·琼斯．世界人口历史图集．陈海宏，刘文涛，译．北京：东方出版社，1992.

148. C 布鲁克．世界人口——民族与人口手册．周启元，等，译．乌鲁木齐：新疆人民出版社，1985.

149. 罗淳，吕昭河．中国东西部人口发展比较研究．北京：中国社会科学出版社，2007.

150. 李世平．四川人口史．成都：四川大学出版社，1987.

151. 孙晓芬．清代前期的移民填四川．成都：四川大学出版社，1997.

152. 葛庆华．近代苏浙皖交界地区人口迁移研究．上海：上海社会科学院出版社，2002.

153. 肖平．客家人：一个东方族群的隐秘历史．成都：成都地图出版社，2002.

154. 罗平汉．大迁徙：1961—1963 年的城镇人口精简．南宁：广西人民出版社，2003.

155. 刘科. 新疆生产建设兵团人口迁移与开发研究. 乌鲁木齐：新疆人民出版社, 1997.

156. John I. Clarke. Population Geography. Pergamon Press Ltd, 1970.

157. N. Georgescu－Roegen. the entropy law and the economic process. Harvard University, 1999.

158. A. Lotka. Elements of Mathematical biology, Dover Publications, inc. , New York, 1956.

159. United Nations. Population Distribution and Migration, United Nations Publication, 1998.

160. United Nations. Population Distribution and Migration. United Nations Pubication, 1998.

二、论文

1. 史育龙, 周一星. 戈特曼关于大都市带的学术思想评价. 经济地理, 1996（3）.

2. 曹向均. 西方人口迁移研究的主要流派及观点综述. 中国人口科学, 1995（1）.

3. 王定忍. 熵定律宇宙观与耗散结构论进化观——辩证唯物主义自然观学习札记. 三明师专学报（自然科学版), 1994（2）.

4. 高佛佑. 自然科学与社会科学的交叉点——熵. 天津商学院学报, 1996（3）.

5. 林广等. 中外城市化比较新论. 东南大学出版社, 2000 年。

6. 许激. 组织的性质. ［2005－11－21］http：//www. manage9. com/type. asp? news ＿ id＝64.

7. 王新文. 城市化发展的代表性理论综述. 济南市社会主义学报. 2002（1）.

8. 王琼．城市化道路选择与大城市超先发展规律理论综述．市场与人口分析．2003（4）．

9. 郑锋．关于熵与城市发展之探讨．热带地理，2001（4）．

10. 曹宏铎，等．耗散结构理论及 20 世纪重大科技成就诱因——兼论科技发展对策．天津大学学报（社会科学版），2000（4）．

11. 赵玲．自然观的现代形态——自组织生态自然观．吉林大学社会科学学报，2001（2）．

12. 李学通．翁文灏与民国时期的西部开发．（2008 - 03 - 28）［2008 - 04 - 25］http：//jds. cass. cn/Article/20080328 100002. asp.

13. 满颖之，隋干城．关于人口地理分布规律的探讨．人口与城市地理研究，1983（4）．

14. 原新．新疆人口垂直分布规律初探．西北人口，1986（1）．

15. 原新．论新疆人口东西分布不均与经济的关系．西北人口，1987（2）．

16. 童玉芬．耗散结构理论与人口的空间分布．西北人口，1988（4）．

17. 黎倩文．试论人口分布的决定因素．广州师范学院学报（社会科学版），1996（2）．

18. E L Smiths. 农业起源于人类历史（续）．农业考古，1989（2）．

19. 冬屏亚．玉米的起源、传播和分布．农业考古，1986（1）．

20. 宋波，玄玉仁，卢凤勇，等．浅评逻辑斯蒂方程．生态学杂志，1986（5）．

21. 关中．玉门：被废弃的"石油城"．中国城市经济，2007（6）．

22. 毛曦．试论城市的起源和形成．天津师范大学学报（社会科学版），2004（5）．

23. 刘涛，王光宇．城市的起源及本质．湖南城市学院学报，2006（6）．

24. E L 史密斯．农业起源与人类历史——食物生产及其对人类的影响．玉美，云翔，译．农业考古，1990（2）．

25. 王建革．人口、生态与我国刀耕火种区的演变．农业考古，1997（1）．

26. 阎万英．我国古代人口因素与耕作制的关系．中国农史，1994（2）．

27. 卡罗·R 恩伯，梅尔文·恩伯．食物生产的起源及定居生活．彭景元，译．农业考古，1990（2）．

28. 弗拉基米尔·卡博．食物生产经济的起源．黄其煦，译．1988（1）．

29. 郑君雷，曹小曙．近东、中东和非洲大陆游牧业起源研究的若干背景资料译介．农业考古，2005（3）．

30. 潘悦容．爪哇古人类．化石，1979（2）．

31. 吴春明．史前城市的考古新发现与中国文明的起源．厦门大学学报（哲学社会科学版），1999（3）．

32. 许靖华．太阳、气候、饥荒与民族大迁移．中国科学（D 辑），1998（4）．

33. 宋海斌．西汉移民屯田与古罗马土地政策之比较．中央民族大学学报（哲学社会科学版），2003（3）．

34. 陈金凤．汉武帝时期的流民问题及其解决方式论析．咸阳师范学院学报，2007（5）．

35. 尹虹．近代中英流民问题产生原因之比较．华南师范大学学报（社会科学版），2007（4）．

36. 国际水稻研究所. 水稻对人类文明和人口增长的影响. 张德慈，虞文霞，译. 农业考古，1988（1）.

37. 何清涟. 中国近代农村经济破产和人口压力的关系. 中国农史，1987（4）.

38. 章楷，李根蟠. 玉米在我国粮食作物中地位的变化——兼论我国于民玉米生产的发展和人口增长的关系. 农业考古，1983（2）.

39. 郑卫，李京生. 论"逆城市化"实质是远郊化. 城市规划，2008（4）.

40. 王瑞成. 运河和中国古代城市的发展. 西南交通大学学报（社会科学版），2003（1）.

41. 敖天顺. 略论唐前期营建东都洛阳的经济价值. 四川大学学报（哲学社会科学版），2004（增刊）.

42. 刘兴林. 中国史前农业发生原因试说. 中国农史，1991（3）.

43. 翟麦玲，谢丽. 辨析唐代的屯田与营田. 中国农史，2008（1）.

44. 顾列铭. 新奥尔良：美国的"飓风中心". 生态经济，2005（11）.

45. 孟向京，贾绍凤. 中国省级人口分布影响因素的定量分析. 地理研究，1993（3）.

46. 冯志伟. 汉字的信息量大不利于中文信息处理. 语文建设，1994（3）.

47. 高志强，刘纪远，庄大方. 基于遥感和 GIS 的中国土地资源生态环境质量同人口分布的关系研究. 遥感学报，1999（1）.

48. 蔡坊，王美艳，都阳. 人口密度与地区经济发展. 浙江社会科学，2001（6）.

49. 王书国，段学军，姚士谋. 长江三角洲地区人口空间演变特征及动力机制.长江流域资源与环境,2007（4）.

50. 韦小丽,朱宇.福州市流动人口空间分布及形成机制.福建师范大学学报,2007（6）.

51. 李旭东,张善余.贵州喀斯特高原人口分布与自然环境定量研究.人口学刊,2006（3）.

52. 张善余.近年来上海市人口分布态势的巨大变化.人口研究,1999（5）.

53. 乔瑞迁.试论我国人口分布的平衡与不平衡.西北人口,1987（4）.

54. 韩惠,刘勇,刘瑞雯.中国人口分布的空间格局及其成因探析.兰州大学学报,2008（4）.

55. 林其宝.略论远古至汉代的人口分布.人口研究,1995（4）.

56. 安介生.历史时期中国人口迁移若干规律的探讨.地理研究,2004（5）.

57. 吴小平,汪伟宏.论我国史前时期人口压力及其影响.中国社会经济史研究,2003（3）.

58. 谢崇安.中国原始畜牧业的起源与发展.农业考古,1985（1）.

59. 叶洵灶.略论日耳曼民族大迁徙的原因.浙江师范大学学报,1987（2）.

60. 张五钢.日耳曼民族的大迁徙.殷都学刊,1998（4）.

61. 吴兴勇.匈奴与世界民族大迁徙.求索,1992（5）.

62. 肖忠东,孙林岩,吕坚.经济系统与生态系统的比较研究.管理工程学报,2003（4）.

63. 李工有.从经济系统中的环境问题倒生态环境中的经济问题.深圳大学学报（人文社会科学版）,1999（4）.

64. 周国逸.论城市生态系统:从负熵的引进看城市生态

系统的发展．湖南师范大学自然科学学报，1992（3）．

65．余洪滨．从信息经济再认识信息的哲学属性．唐山职业技术学院学报，2006（1）．

66．谢保国．信息和能量的本质．科学、技术与辩证法，1986（2）．

67．孙志海．论进化的另一个维度：物质、能量和信息的流动方式．系统辩证学学报，2004（4）．

68．白彦壮，张保银．基于复杂系统理论的循环经济研究．中国农机化，2006（3）．

69．刘启明．人口迁移的空间过程及其迁移场研究．中国人口科学，1992（6）．

70．苏小康，曾光明，黄国和，等．城市人口区域分布动态演化自组织模型初步研究．系统工程理论与实践，2003（10）．

71．谢雷光．耗散结构与人口有序流动．人口与计划生育，2001（2）．

72．王铮，邓峰，杨云彦．人口扩散与空间相互作用的联系．地理研究，1991（1）．

73．食物生产物质投入研究课题组．食物生产的物质投入研究．农业经济问题，1999（12）．

74．李德辉．论我国城乡人口流动的有序调控．上海社会科学院学术季刊，1992（4）．

75．罗孟秋．人口系统论．人口与经济，1990（5）．

76．穆光宗．人口流迁与人口现代化：系统科学的视野．人口与经济，1997（4）．

77．戴武堂．论人和自然之间物质循环规律．中南财经政法大学学报，2007（4）．

78．钟学富．信息概念能作为哲学范畴吗？．哲学研究，1986（6）．

79. 范红忠，李国平. 对我国生产与人口分布现状与问题的比较分析. 预测，2003（6）.

80. 程开明，陈宇峰. 国内外城市自组织性研究进展及综述. 城市问题，2006（7）.

81. 柴金艳. 基于耗散结构理论的循环经济产业链优化. 中原工学院学报，2006（6）.

82. 王建革. 人口压力与中国原始农业的发展. 农业考古，1997（3）.

83. 黄溶冰，胡运权，吴冲. 耗散结构视角下的矿业城市产业转型路径. 西安交通大学学报（社会科学版），2005（4）.

84. 马克·纳森·科恩. 人口压力与农业起源. 王利华，译. 农业考古，1990（2）.

85. 汤安中. 科技是促进人口、资源与环境良性循环的关键因素. 中国人口、资源与环境，1992（2）.

86. 腾业龙，郑玉林. 论人口、资源、环境与熵. 人口与经济，1992（6）.

87. 任勇. 循环经济在城市可持续发展中的定位、模式与方法探讨. 国外城市规划，2005（6）.

88. 王加璇，王清照. 新经典经济学与生态经济学——一条值得探讨的技术与经济结合的新路. 华北电力大学学报，2003（5）.

89. 于伟佳. 熵与经济学的结合——一种新的经济学立场和方法. 工业技术经济，1992（5）.

90. E F Henzell. 饲草对世界人类食物生产的贡献. 草原与草坪，1984（2）.

91. 槌田敦，室田武. 水、生物、人类与熵的理论. 洪时明，译. 世界科学，1986（9）.

92. 王辉. 人口增长、经济增长和熵定律. 国土与自然资源研究，1991（3）．

93. 于伟佳. 自然本性的熵阐释. 工业技术经济，1992（2）.

94. 解恩泽，于伟佳. 日本资源物理学研究的哲学思考. 外国问题研究，1992（4）.

95. 薛国良. 交叉学科新成员——资源物理学. 天津师范大学学报，1994（2）.

96. 陈明立. 人口再生产的社会本质一元论. 财经科学，1990（3）.

97. 陈明立. 人类自身生产中"两种生命的生产"及其相互关系. 人口与经济，1984（2）.

98. 陈明立. 资本论中的"两种生产"思想. 财经科学，1983（4）.

99. 史学斌，等. 人口容量与适度人口的热力学解释. 西北人口，2006（1）.

100. 史学斌，陈明立，江华锋. 论循环经济的基本矛盾与负熵盈利原则. 生态经济，2008（5）.

101. Ellsworth Huntington. Climate Change and Agricultural Exhaustion as Elements in the Fall of Roma. the Quarterly Journal of Economics，Vol. 31，No. 2. Feb.，1917.

102. Christian Kühnert，Dirk Helbing，Geoffrey B. West，Scaling Laws in Urban Supply Network，Physica A：Statistical Mechanics and its Applications. Volume 363，Issue 1：96 - 103.

103. E S Deevey. The Human Population. Scientific American. Sept. 1960：194 - 204.

104. M E Moses，J，H，Brown. Allometry of Human Fertility and Energy Use，Ecology Letters，2003（6）：295 - 300.

105. Ellsworth Huntington. Climate and History，The Canadi-

an Journal of Economics and Political Science. Revue canadienne d'Economique et de Science politique, 1937, 3（4）: 565 - 572.

106. V. G. Childe, The Urban Revolution, The Town Planning Review, Vol. XXI, No. 1.

后 记

在当今这样一个实证研究盛行的时代，我深深知道，以这样一个学术主流之外的纯理论研究作为博士学位论文，实在是一件吃力不讨好的事情。但我同时也深知，社会系统的复杂性决定了社会现象绝不可能被一种研究范式所穷尽。学术研究的生命力在于创新（包括研究范式的创新），人类对客观世界的认识就是在这种创新之中不断获得深化的。如果本研究能够为后续研究者提供一些有益的启迪和借鉴，成为通向真理路上的一颗铺路石，就是对作者的最大安慰了。

本研究不能说提出了一个成熟的研究范式，但确实为人口分布与迁移研究提供了一个新的研究视角，并初步构建了一个新的研究体系。当然，囿于作者自身能力的限制，这一研究体系仍存在一些问题和不足。首先，由于现实物质产品在广义能量上存在计量和换算的巨大困难，导致本书在定量化研究上较为欠缺。这也直接导致了本书的相关结论很难通过实证研究加以证实。其次，对一些基于人类心理预期而引发的人口迁移流，例如人们预期到战争将要发生而逃离交战区域，人口分布生成机制理论尚不能作出有效解释。也正是这些问题与不足的存在，将激励和鞭策我在未来的科研生涯中，继续开拓进取而不敢稍有懈怠。

六年来，我一直自由徜徉在自己的思想试验中，并自得其乐。至本书脱稿，我终于对这六年来执着追寻的梦想和为之付出的心血有了一个交待。它也标志着我人生中一个重要阶段的结束和下一个阶段的开始。谨以此文记之。

致　谢

　　手且释卷，心怎释怀！回首走过的岁月，浮现在脑海的都是众多良师益友的鞭策鼓励，帮衬扶持。对此，我铭感五内、谨记在心！

　　首先要感谢我的导师陈明立教授。这篇博士论文缘起于六年前陈明立教授人口理论课上的一篇课后作业。从我萌生借用熵定律和耗散结构理论来研究人口分布和迁移现象的那一刻起，陈老师就鼓励我坚持走下去，并从各方面为我的研究提供帮助和支持。可以说，陈老师见证了本文从一个模糊的想法变成一篇课程论文，再从一篇课程论文变成硕士论文，直到这篇博士论文的全部历程。文章的每一个章节无不渗透着老先生的汗水和心血。尤其是在我博士阶段，陈老师知道可资我借鉴的资料太少，就从各种途径为我搜集资料，甚至每次到外地开学术会议都会为我留意有无相关研究成果。当我拿着老人家从千里之外"背"回来的资料的时候，每每感动得热泪盈眶，但一个谢字却始终未能出口。每念至此，我又深深地感觉到，先生的恩泽又岂是一个"谢"字可以承载的！

　　我的博士论文是与硕士论文一脉相承的，在这里，我还要感谢我的硕士导师刘家强教授和邵昱研究员。刘老师针对我的硕士论文提出了很多真知灼见，使我的博士论文受益良多；邵老师为我提供了许多实地调研的机会，促使我将理论与实践相互印证。两位先生严谨的治学态度、渊博的专业知识、温和的处世风范都是我一生学习的榜样。

在光华园六年的学习生活生涯中，我还有幸得到了西南财经大学人口研究所众多老师的关怀和指导。吴忠观教授和周君玉教授认真审阅了我的论文，给我提出了中肯的修改意见；杨成钢教授多次鼓励我迎难而上，并与我反复讨论论文的细节问题；王学义教授一直关心我的论文进展情况，从论文的研究提纲直至答辩都给了我热情的指导；张俊良副教授尽管工作繁忙，但只要我向他请教，每次都是有求必应。还有李永胜教授、俞德怡老师、凌锡森老师多年来在学习上和生活上对我的帮助也很多。在此，对他们表示由衷的感谢。

此外，我还获得了很多校外专家学者的指导和帮助。如果不是他们无私的援助，我的博士论文将会步履维艰。

感谢美国密苏里大学堪萨斯城分校物理系的钟学富教授！每次遇到物理学上的疑问向钟老师请教，都会从他那里获得详尽的解答。博士论文动笔之前，我将与钟老师通信的电子邮件进行了整理，竟然洋洋洒洒有几万字。这些信都成为了我博士论文的第一手资料，并对论文的顺利完成起到了很大的作用。2007年9月，钟老师还借回国的机会，当面解答我的疑问，并赠书鼓励我克服困难、勇攀高峰。"5·12"大地震之后，在刚刚恢复通信的时候，我就接到了钟老师的慰问电话，要我注意安全。考虑到钟老师作为国际知名的物理学家，又年近古稀，对我这样一个后学小辈能够耳提面命、循循善诱、热心扶植、备加关心，真是尽显学术大家之风范，实在令人敬佩！

感谢复旦大学国际问题研究院韩国研究中心的朴昌根教授！朴老师是我国系统科学的先驱和知名学者，也是一些重要系统学文献的中文译者。当我四处寻找槌田敦教授的《资源物理学》而不可得时，朴老师向我伸出了援手，无偿向我提供了一本《资源物理学》，并为我解答了一些系统学方面的疑惑。

感谢西南财经大学统计学院的郭建军教授！乔治斯库—罗根的"The Entropy Law and Economic Process"是运用熵定律研究经济问题的名著，但苦无中文译著而一直无法看到全文。多亏在美国做访问学者的郭建军教授多方寻找，并代为购买，我才得以一窥乔治斯库—罗根完整的经济学思想。事实证明，这本书对我的博士论文助益甚大。

感谢四川大学化学学院的焦运红博士！由于西南财经大学图书馆自然科学和社会学类的书籍较少，我就将搜集资料的目光投向了四川大学图书馆。在焦运红博士的帮助下，四川大学图书馆就成了我的第二图书馆。虽然自己的科研压力也较重，但焦博士每次对我的求助都有求必应，帮我索引目录、查找图书，然后再从自己有限的借阅权限中挤出几本甚至十几本给我。三年来，我去四川大学索引、查找、借书、还书不知多少次，耗费了焦博士多少时间和精力！

感谢工商银行北京分行的姜志敏师妹！姜师妹可以说是我派驻北京的"资料搜集员"，当一些资料我在四川省内无法找到的时候，就只能求助于姜师妹了。姜师妹在北大图书馆和国家图书馆为我复印、邮寄过来的资料，对我博士论文的写作也帮助甚大。

此外，师兄（姐）杨凤博士、陶斯文博士、车茂娟博士、张俭博士在学术上的指引使我少走了很多弯路；在和河北老乡李双海博士、徐宏玲博士、刘大平博士、马长海博士、张旭蕾博士相处过程中，让我感受到了家庭般的温暖；同窗张军博士、王艳博士、卢继红博士、刘金华博士、哈斯齐齐格博士、刘一博士、李江涛博士、郭文博博士、胡国平博士、曹满云博士、费友海博士为我提供了自由的学术空气；师弟（妹）杨帆硕士、董涛涛硕士、张荷硕士也给予了我许多帮助。在此，向他们表示诚挚的感谢！

最后，感谢我的父母默默给予我的理解和支持！

史学斌

2009 年 4 月 26 日